Opere di Pier Paolo Pasolini nel catalogo Garzanti:

poesia
Le ceneri di Gramsci
Poesia in forma di rosa
Poesie
La religione del mio tempo
Trasumanar e organizzar
L'usignolo della Chiesa Cattolica
La nuova gioventù
Canzoniere italiano (a cura di Pier Paolo Pasolini)

teatro
Teatro 1 (Calderón – Affabulazione – Pilade)
Teatro 2 (Porcile – Orgia – Bestia da stile)
Il vantone di Plauto
L'Orestiade di Eschilo

narrativa
Alì dagli occhi azzurri
Amado mio – Atti impuri
Ragazzi di vita
Il sogno di una cosa
Teorema
Una vita violenta
Petrolio

critica
Canzoniere italiano
Descrizioni di descrizioni
Empirismo eretico
Lettere luterane
Passione e ideologia
Scritti corsari
Il caos
Il fascismo degli antifascisti
Io so
Il mio calcio
Le belle bandiere

sceneggiature
Accattone – Mamma Roma – Ostia
Il Vangelo secondo Matteo – Edipo re – Medea
Trilogia della vita (Il Decameron, I racconti di Canterbury, Il Fiore delle Mille e una notte)
San Paolo

memoir
L'odore dell'India
Le lettere

PIER PAOLO PASOLINI

SCRITTI CORSARI

Prefazione di
ALFONSO BERARDINELLI

Garzanti

Prima edizione: 1975
Prima edizione negli Elefanti: febbraio 1990
Ottava edizione: maggio 2001
Ottava ristampa: luglio 2006
Prima edizione nella Nuova Biblioteca Garzanti: giugno 2007
Prima edizione in Garzanti Novecento: novembre 2008
Prima ristampa: marzo 2009
Seconda ristampa: febbraio 2010
Terza ristampa: novembre 2010
Quarta ristampa: settembre 2011
Quinta ristampa: giugno 2012
Sesta ristampa: marzo 2013
Settima ristampa: dicembre 2013
Nuova edizione: gennaio 2015
Prima ristampa: luglio 2015
Seconda ristampa: novembre 2015
Terza ristampa: febbraio 2016
Quarta ristampa: agosto 2016
Quinta ristampa: marzo 2017
Sesta ristampa: dicembre 2017
Settima ristampa: luglio 2018
Ottava ristampa: marzo 2019
Nona ristampa: dicembre 2019
Decima ristampa: settembre 2020
Undicesima ristampa: giugno 2021
Dodicesima ristampa: marzo 2022
Tredicesima ristampa: gennaio 2023

ISBN 978-88-11-68837-2

Printed in Italy

www.garzanti.it

PREFAZIONE

L'invisibile rivoluzione conformistica, l'«omologazione culturale», la «mutazione antropologica» degli italiani, di cui Pasolini parlava con tanto inspiegabile accanimento e sofferenza dal 1973 al 1975 (l'anno della sua morte), non erano affatto fenomeni invisibili. Era lui solo a vederli? Perché i suoi discorsi suonavano allora così inopportuni, irritanti, scandalosi? Anche gli interlocutori meno rozzi gli rimproveravano, nello stesso tempo e come sempre, l'ostinazione passionale e lo schematismo ideologico. Ciò che Pasolini diceva era insomma in larga misura risaputo. La sociologia e la teoria politica avevano già parlato. I critici dell'idea di progresso, della società di massa, della mercificazione totale, avevano già detto da tempo tutto ciò che c'era da dire. La stessa Nuova Sinistra non era forse nata da queste analisi? Che senso aveva fare ora *gli apocalittici? Si trattava, anche per l'Italia, di una normale e prevedibile catastrofe dovuta al normale e prevedibile sviluppo capitalistico. Perché Pasolini si ostinava col suo caso personale? Rimpiangere il passato era assurdo (quando mai un ideologo, un politico, uno scienziato sociale osano rimpiangere qualcosa?). Tornare indietro era impossibile. Soffermarsi in modo così irragionevole sui «prezzi da pagare» per andare avanti era inopportuno e poco virile. La sola cosa era semmai organizzare una lotta rivoluzionaria contro il Potere e il Capitale divenuti ormai interamente multinazionali: o cercare di controllare e «civilizzare» la loro inarrestabile e tutto sommato positiva dinamica. Così, gli articoli che Pasolini scriveva sulle prime pagine del «Corriere della Sera» (allora diretto dall'innovatore Piero Ottone), giornale borghese e padronale e anti-operaio, non potevano che suscitare reazioni irritate, gesti di noncuranza, deplorazione e perfino disprezzo.*

Soprattutto chi ricorda anche vagamente le polemiche giornalistiche di allora, a rileggere questi Scritti corsari *può restare sbalordito. Non solo per l'intelligenza, per l'immaginazione sociologica di Pasolini, che sa ricavare una tale visione d'insieme da una base empirica limitata alla propria esperienza personale e occasionale (ma del resto da dove derivava tutto il sapere «sociologico» dei grandi romanzieri del passato, da Balzac e Dickens in poi, se non dalla loro capacità di vedere quello che avevano sotto gli occhi?). In nessun semiologo specializzato e professionale la semiologia, che Pasolini nomina con grande rispetto ma di cui fa un uso così discreto, ha fruttato tanto. Si resta sbalorditi soprattutto, direi, dall'inventività inesauribile del suo stile saggistico e polemico, dalla selvaggia energia e astuzia socratica della sua arte retorica e dialettica, della sua «psicagogia»: che sa far emergere con tanta chiarezza i pregiudizi intellettuali (di ceto, di casta), e spesso l'ottusità un po' meschina e persecutoria dei suoi interlocutori. Che sembrano avere sempre torto: o, se hanno in parte ragione, la loro ragione risulta stridula e stizzosa, oltre che conoscitivamente inerte. Mentre Pasolini stava cercando di rivelare qualcosa di nuovo, loro non facevano che difendere nozioni acquisite.*

Il fatto è che per Pasolini i concetti sociologici e politici diventavano evidenze fisiche, miti e storie della fine del mondo. Finalmente, così, Pasolini trovava il modo di esprimere, di rappresentare e drammatizzare teoricamente e politicamente le sue angosce. Solo ora gli era possibile ritrovare uno spazio che sentiva perduto negli anni precedenti, e usare in modo diretto la propria ragione autobiografica per parlare in pubblico del destino presente e futuro della società italiana, della sua classe dirigente, della fine irreversibile e violenta di una storia secolare.

Ma l'evidenza fisica della sparizione di un mondo, che doveva essere ed era in effetti sotto gli occhi di tutti, sembrava risultare invisibile ai più. Nella descrizione sommaria, violentemente schematica di queste evidenze fisiche, Pasolini era unilaterale, ingiusto. A volte sembrava accecato dalle sue visioni. Era un'invincibile estraneità che faceva sembrare «tutte uguali» le facce dei nuovi giovani (come sembrano «tutte uguali» le facce di popoli lontani che non abbiamo an-

cora imparato a guardare, ad amare). Ma il senso dell'argomentazione era chiaro: ciò che rendeva indistinguibili un giovane fascista da un giovane anti-fascista, o una coppia di proletari da una coppia di borghesi, era la fine del fascismo e dell'antifascismo classici, la fine del vecchio proletariato e della vecchia borghesia. Era l'avvento (l'Avvento) di un nuovo modello umano e di un nuovo potere che cancellavano il precedente volto fisico e culturale dell'Italia, mutando radicalmente la base sociale e umana delle vecchie istituzioni.

È strano che Pasolini se la prendesse con l'abuso del termine «Sistema» da parte del movimento del '68. Lui stesso, ora che quel movimento stava precipitando in una condizione involutiva, formulava a sua volta, nei suoi termini, una denuncia violenta e globale, delineando sommariamente i contorni di un sistema sociale onnipervadente. Partiva da dettagli che venivano assolutizzati, sottolineati e ingranditi (il taglio dei capelli, uno slogan pubblicitario, la scomparsa delle lucciole). Il quadro, come in ogni analisi tendenziosa, ne risultava deformato. Ma questa deformazione tendenziosa dava una straordinaria efficacia e coerenza provocatoria ai suoi discorsi. E dava una nuova immagine della società come globalità, come Sistema.

Certo l'«omologazione» culturale di cui parlava con ossessiva e didascalica insistenza, la riduzione cioè degli italiani ad un unico e solo dispotico modello di comportamento (Nuova Classe Media o nuova Piccola Borghesia totale) non era un processo giunto già a compimento. Ma lo sarebbe stato presto. Era questa radicale e totale trasformazione che rendeva di colpo vecchie, svuotate di senso e falsificanti tutte le precedenti categorie di giudizio. Fascismo e antifascismo, destra e sinistra, progresso e reazione, rivoluzione e restaurazione stavano diventando opposizioni puramente terminologiche e consolatorie: buona coscienza degli intellettuali di sinistra. La realtà era diversa, era fuori del Palazzo (come dirà nelle Lettere luterane*), fuori dei correnti dibattiti fra intellettuali. La storia italiana aveva avuto un'improvvisa accelerazione: «A un certo punto il potere ha avuto bisogno di un tipo diverso di suddito, che fosse prima di tutto un consumatore». Il Centro aveva annullato tutte le periferie. La nuova so-*

cietà realizzava per la prima volta in Italia il potere totale, senza alternative, della Classe Media. Un incubo dell'uniformità, nel quale c'era posto solo per il perbenismo consumistico e l'idolatria delle merci. Si compiva così un «genocidio» culturale definitivo. Senza bisogno di colpi di stato, dittature militari, controlli polizieschi e propaganda ideologica il Nuovo Potere senza volto si impadroniva pragmaticamente del comportamento e della vita quotidiana di tutti. Le differenze di ricchezza, di reddito e di gerarchia avevano smesso di creare differenze qualitative di cultura, tipi umani diversi. I poveri e i senza potere non aspiravano ad avere più ricchezza e più potere, ma ad essere in tutto e per tutto come la classe dominante, divenuta culturalmente la sola classe esistente.

A questi discorsi la cultura di sinistra italiana reagì con un'alzata di spalle spesso al limite dell'irrisione. Pasolini scopriva cose risapute e le caricava di enfasi. O forse voleva soltanto «rilanciare» l'immagine un po' usurata dello scrittore come coscienza pubblica, vittima perseguitata, anima ferita. Protagonismo e vittimismo, insomma. Era davvero possibile, in buona fede, scoprire solo ora la «tolleranza repressiva», l'«Uomo a una dimensione» di Marcuse? O gli effetti dell'Industria culturale di massa analizzati decenni prima da Horkheimer e Adorno? O infine il feticismo della Merce nelle società capitalistiche?

In effetti, da questo punto di vista, nelle analisi degli Scritti corsari *non c'è niente di originale. Pasolini, però, questo lo sa bene (il «genocidio» culturale, dice, era già stato descritto da Marx nel* Manifesto*). Tutto,* in teoria, *era stato detto. Ma solo ora quei processi di cui aveva parlato la sociologia critica in Germania, in Francia e negli Stati Uniti, arrivavano a compimento in Italia, con una violenza concentrata e improvvisa. Per Pasolini si trattava di una scoperta personale, di una «questione di vita o di morte». Il suo strumento conoscitivo era la sua esistenza, la vita che gli veniva imposta dalla sua «diversità», dal suo amore per i ragazzi sottoproletari, deformati anima e corpo dallo Sviluppo. E questo, nella polemica ingaggiata sulle pagine dei giornali, non poteva che diventare un maggiore, quasi insuperabile motivo di scandalo e di malcelato disprezzo nei suoi confronti.*

L'intellettualismo formale e il politicismo diffusi nella cultura di sinistra di quegli anni (da quella laico-moderata a quella marxista ortodossa o neo-rivoluzionaria) offrivano a Pasolini un vantaggio culturale insolito. Tutti guardavano a quanto avveniva ai vertici del potere, quasi nessuno riusciva più a guardare in faccia i propri simili, i propri connazionali: masse da ricondurre all'ordine, da promuovere alla modernità o da mobilitare per il comunismo. L'esasperazione stessa dello scontro politico in Italia fra il 1967 e il 1975 impedivano la spregiudicatezza intellettuale e la percezione empirica che avrebbero permesso di osservare i cambiamenti dello scenario e degli stessi attori dello scontro.

D'altra parte Pasolini, pur avendo diffidato del movimento degli studenti, aveva anche preso atto delle accuse subite. In un articolo pubblicato sul settimanale Tempo *il 18 ottobre del 1969 leggiamo:*

«È stato un anno di restaurazione. Ciò che è più doloroso constatare e stata la fine del Movimento studentesco, se di fine si può parlare (ma spero di no). In realtà la novità che gli studenti hanno portato nel mondo l'anno scorso (i nuovi aspetti del potere e la sostanziale e drammatica attualità della lotta di classe) ha continuato a operare dentro di noi, uomini maturi, non solo per quest'anno, ma, credo, ormai, per tutto il resto della nostra vita. Le ingiuste e fanatiche accuse di integrazione rivolte a noi dagli studenti, in fondo, erano giuste e oggettive. E – male, naturalmente, con tutto il peso dei vecchi peccati – cercheremo di non dimenticarlo più» (Il caos, *Editori Riuniti, 1979, pp. 215-16).*

Nonostante lo schematismo concettuale, Scritti corsari *resta uno dei rari esempi in Italia di critica intellettuale radicale della società sviluppata. Se non può sostituire da solo una sociologia spregiudicata e ricca di descrizioni (peraltro sempre meno praticata dagli specialisti), è almeno in parte riuscito a salvare l'onore della nostra cultura letteraria, spesso così manieristica e di ristrette vedute. Ciò che anche qui colpisce in Pasolini è il colore livido e luttuoso delle sue constatazioni e dei suoi rifiuti, la tensione esasperata della sua razionalità, una disarmata mancanza di umori ironici e satirici. La forza degli* Scritti corsari *è anzitutto nella realtà emotiva e morale di questo lutto.*

Pasolini è stato uno degli ultimi scrittori e poeti italiani (con i suoi coetanei Zanzotto, Volponi, Giudici) inconcepibili in uno sfondo non italiano, astrattamente cosmopolitico. Quella particolare «eternità», sacrale e mitica, del paesaggio, del mondo sociale italiano quale egli lo aveva elaborato nella sua opera, la troviamo evocata qui soprattutto nell'articolo dedicato a Sandro Penna: «Che paese meraviglioso era l'Italia durante il periodo del fascismo e subito dopo! La vita era come la si era conosciuta da bambini, e per trent'anni non è più cambiata: non dico i suoi valori... ma le apparenze parevano dotate del dono dell'eternità: si poteva appassionatamente credere nella rivolta o nella rivoluzione, ché tanto quella meravigliosa cosa che era la forma della vita, non sarebbe cambiata... sarebbero giustamente migliorate soltanto le loro condizioni economiche e culturali, che non sono niente rispetto alla verità preesistente che regola meravigliosamente immutabile i gesti, gli sguardi, gli atteggiamenti del corpo di un uomo o di un ragazzo. Le città finivano con grandi viali...».

È questa saggistica politica d'emergenza la vera invenzione letteraria degli ultimi anni di Pasolini. Si fonda sullo schema retorico della requisitoria, ed è la grande oratoria di accusa e di autodifesa pubblica di un poeta. Gli stessi toni dell'elegia sono qui trascinati dalla semplicità contundente dell'argomentazione. Quella degli Scritti corsari *è un'ideologia «vocale», a braccio, che si muove sull'improvvisazione polemica e su una nitida architettura di concetti, di nervature razionali nude, che sostengono il fragile edificio del discorso con la forza dell'iterazione. Sparisce ogni gioco di sfumature, di attenuazioni, correzioni, incisi, luci e ombre. In questi nuovi poemetti civili o incivili in prosa, tutto è disperatamente e rigoristicamente in piena luce. Un nuovo potere sociale, pragmatico ed elementare, che tutto schiaccia nella sua uniformità, viene descritto con altrettanto spietata uniformità, e con un uso altrettanto pragmatico ed elementare dei concetti, come per ritorsione mimetica. La genialità saggistico-teatrale di Pasolini è tutta in questo intellettualismo spoglio, geometrico che esprime distruttivamente la sua angoscia per la perdita di un oggetto d'amore, e per la desacralizzazione moderna di* tutta *la realtà.*

Alfonso Berardinelli

Nota introduttiva

La ricostruzione di questo libro è affidata al lettore. È lui che deve rimettere insieme i frammenti di un'opera dispersa e incompleta. È lui che deve ricongiungere passi lontani che però si integrano. È lui che deve organizzare i momenti contraddittori ricercandone la sostanziale unitarietà. È lui che deve eliminare le eventuali incoerenze (ossia ricerche o ipotesi abbandonate). È lui che deve sostituire le ripetizioni con le eventuali varianti (o altrimenti accepire le ripetizioni come delle appassionate anafore).

Ci sono davanti a lui due «serie» di scritti, le cui date, incolonnate, più o meno corrispondono: una «serie» di scritti *primi*, e una più umile «serie» di scritti integrativi, corroboranti, documentari. L'occhio deve evidentemente correre dall'una all'altra «serie». Mai mi è capitato nei miei libri, più che in questo di scritti giornalistici, di pretendere dal lettore un così necessario fervore filologico. Il fervore meno diffuso del momento. Naturalmente, il lettore è rimandato anche altrove che alle «serie» di scritti contenuti nel libro. Per esempio, ai testi degli interlocutori con cui polemizzo o a cui con tanta ostinazione replico o rispondo. Inoltre, all'opera che il lettore deve ricostruire, mancano del tutto dei materiali, che sono peraltro fondamentali. Mi riferisco soprattutto a un gruppo di poesie italo-friulane. Circa nel periodo che comprende, nella prima «serie», l'articolo sul discorso dei «blue-jeans» Jesus (17-5-1973) e quello sul mutamento antropologico degli italiani (10-6-1974), e, nella «serie» parallela, la recensione a *Un po' di febbre* di Sandro Penna (10-6-1973), e quella a *Io faccio il poeta* di Ignazio Buttitta (11-1-1974) – è uscito sul «Paese sera» (5-1-1974) – seguendo una nuova mia tradizione appunto italo-friulana, inaugurata sulla «Stampa» (16-12-1973) – un certo gruppo di testi poetici che costituiscono un nesso essenziale non solo tra le due «serie» ma anche all'interno della stessa «serie» prima, cioè del discorso più attualistico di questo libro. Non potevo raccogliere qui quei versi, che non sono «corsari» (o lo sono molto di più). Dunque il lettore è rimandato ad essi, sia nelle sedi già citate, sia nella nuova sede in cui hanno trovato collocazione definitiva, ossia *La nuova gioventù* (Einaudi Editore, 1975).

[1975] P.P.P.

SCRITTI CORSARI

*7 gennaio 1973. Il «Discorso» dei capelli**

La prima volta che ho visto i capelloni, è stato a Praga. Nella hall dell'albergo dove alloggiavo sono entrati due giovani stranieri, con i capelli lunghi fino alle spalle. Sono passati attraverso la hall, hanno raggiunto un angolo un po' appartato e si sono seduti a un tavolo. Sono rimasti lì seduti per una mezzoretta, osservati dai clienti, tra cui io; poi se ne sono andati. Sia passando attraverso la gente ammassata nella hall, sia stando seduti nel loro angolo appartato, i due non hanno detto parola (forse – benché non lo ricordi – si sono bisbigliati qualcosa tra loro: ma, suppongo, qualcosa di strettamente pratico, inespressivo).

Essi, infatti, in quella particolare situazione – che era del tutto pubblica, o sociale, e, starei per dire, ufficiale – non avevano affatto bisogno di parlare. Il loro silenzio era rigorosamente funzionale. E lo era semplicemente, perché la parola era superflua. I due, infatti, usavano per comunicare con gli astanti, con gli osservatori – coi loro fratelli di quel momento – un altro linguaggio che quello formato da parole.

Ciò che sostituiva il tradizionale linguaggio verbale, rendendolo superfluo – e trovando del resto immediata collocazione nell'ampio dominio dei «segni», nell'ambito cioè della semiologia – era il *linguaggio dei loro capelli*.

Si trattava di un unico segno – appunto la lunghezza dei loro

* Nel «Corriere della Sera» col titolo «Contro i capelli lunghi».

capelli cadenti sulle spalle – in cui erano concentrati tutti i possibili segni di un linguaggio articolato. Qual era il senso del loro messaggio silenzioso ed esclusivamente fisico?

Era questo: «Noi siamo due Capelloni. Apparteniamo a una nuova categoria umana che sta facendo la comparsa nel mondo in questi giorni, che ha il suo centro in America e che, in provincia (come per esempio – anzi, soprattutto – qui a Praga) è ignorata. Noi siamo dunque per voi una Apparizione. Esercitiamo il nostro apostolato, già pieni di un sapere che ci colma e ci esaurisce totalmente. Non abbiamo nulla da aggiungere oralmente e razionalmente a ciò che fisicamente e ontologicamente dicono i nostri capelli. Il sapere che ci riempie, anche per tramite del nostro apostolato, apparterrà un giorno anche a voi. Per ora è una Novità, una grande Novità, che crea nel mondo, con lo scandalo, un'attesa: la quale non verrà tradita. I borghesi fanno bene a guardarci con odio e terrore, perché ciò in cui consiste la lunghezza dei nostri capelli li contesta in assoluto. Ma non ci prendano per della gente maleducata e selvaggia: noi siamo ben consapevoli della nostra responsabilità. Noi non vi guardiamo, stiamo sulle nostre. Fate così anche voi, e attendete gli Eventi.»

Io fui destinatario di questa comunicazione, e fui anche subito in grado di decifrarla: quel linguaggio privo di lessico, di grammatica e di sintassi, poteva essere appreso immediatamente, anche perché, semiologicamente parlando, altro non era che una forma di quel «linguaggio della presenza fisica» che da sempre gli uomini sono in grado di usare.

Capii, e provai una immediata antipatia per quei due.

Poi dovetti rimangiarmi l'antipatia, e difendere i capelloni dagli attacchi della polizia e dei fascisti: fui naturalmente, per principio, dalla parte del Living Theatre, dei Beats ecc.: e il principio che mi faceva stare dalla loro parte era un principio rigorosamente democratico.

I capelloni diventarono abbastanza numerosi – come i primi cristiani: ma continuavano a essere misteriosamente silenziosi; i loro capelli lunghi erano il loro solo e vero linguaggio, e poco importava aggiungervi altro. Il loro parlare coincideva col loro essere. L'ineffabilità era l'*ars retorica* della loro protesta.

Cosa dicevano, col linguaggio inarticolato consistente nel segno monolitico dei capelli, i capelloni nel '66-67?

Dicevano questo: «La civiltà consumistica ci ha nauseati. Noi protestiamo in modo radicale. Creiamo un anticorpo a tale civiltà, attraverso il rifiuto. Tutto pareva andare per il meglio, eh? La nostra generazione doveva essere una generazione di integrati? Ed ecco invece come si mettono in realtà le cose. Noi opponiamo la follia a un destino di "executives". Creiamo nuovi valori religiosi nell'entropia borghese, proprio nel momento in cui stava diventando perfettamente laica ed edonistica. Lo facciamo con un clamore e una violenza rivoluzionaria (violenza di non-violenti!) perché la nostra critica verso la nostra società è totale e intransigente.»

Non credo che, se interrogati secondo il sistema tradizionale del linguaggio verbale, essi sarebbero stati in grado di esprimere in modo così articolato l'assunto dei loro capelli: fatto sta che era questo che essi in sostanza esprimevano. Quanto a me, benché sospettassi fin da allora che il loro «sistema di segni» fosse prodotto di una sottocultura di protesta che si opponeva a una sottocultura di potere, e che la loro rivoluzione non marxista fosse sospetta, continuai per un pezzo a essere dalla loro parte, assumendoli almeno nell'elemento anarchico della mia ideologia.

Il linguaggio di quei capelli, anche se ineffabilmente, esprimeva «cose» di Sinistra. Magari della Nuova Sinistra, nata *dentro* l'universo borghese (in una dialettica creata forse artificialmente da quella Mente che regola, al di fuori della coscienza dei Poteri particolari e storici, il destino della Borghesia).

Venne il 1968. I capelloni furono assorbiti dal Movimento Studentesco; sventolarono con le bandiere rosse sulle barricate. Il loro linguaggio esprimeva sempre più «cose» di Sinistra. (Che Guevara era capellone ecc.)

Nel 1969 – con la strage di Milano, la Mafia, gli emissari dei colonnelli greci, la complicità dei Ministri, la trama nera, i provocatori – i capelloni si erano enormemente diffusi: benché non fossero ancora numericamente la maggioranza, lo erano però per il peso ideologico che essi avevano assunto. Ora i capelloni non erano più silenziosi: non delegavano al sistema segnico dei loro capelli la loro intera capacità comunicativa ed espressiva. Al contrario, la presenza fisica dei capelli era, in certo modo, declassata a funzione distintiva. Era tornato in funzione l'uso tradizionale del linguaggio verbale. E non dico verbale per puro caso. Anzi, lo sottolineo. Si è parlato tanto dal '68 al '70, tanto, che per un pezzo se ne potrà fare a meno: si è dato fondo alla verbalità, e il verbalismo è stata la nuova *ars retorica* della rivoluzione (gauchismo, malattia verbale del marxismo!).

Benché i capelli – riassorbiti nella furia verbale – non parlassero più autonomamente ai destinatari frastornati, io trovai tuttavia la forza di acuire le mie capacità decodificatrici, e, nel fracasso, cercai di prestare ascolto al discorso silenzioso, evidentemente non interrotto, di quei capelli sempre più lunghi.

Cosa dicevano, essi, ora? Dicevano: «Sì, è vero, diciamo cose di Sinistra; il nostro senso – benché puramente fiancheggiatore del senso dei messaggi verbali – è un senso di Sinistra... Ma... Ma...»

Il discorso dei capelli lunghi si fermava qui: lo dovevo integrare da solo. Con quel «ma» essi volevano evidentemente dire due cose: 1) «La nostra ineffabilità si rivela sempre più di tipo irrazionalistico e pragmatico: la preminenza che noi silenziosamente attribuiamo all'azione è di carattere sottoculturale, e quindi sostanzialmente di destra.» 2) «Noi siamo stati adottati anche dai provocatori fascisti, che si mescolano ai rivoluzionari verbali (il verbalismo può portare però anche all'azione, soprattutto quando la mitizza): e costituiamo una maschera perfetta, non solo dal punto di vista fisico – il nostro disordinato fluire e ondeggiare tende a omologare tutte le facce – ma anche dal punto di vista culturale: infatti una sottocultura di Destra può benissimo essere confusa con una sottocultura di Sinistra.»

Insomma capii che il linguaggio dei capelli lunghi non esprimeva più «cose» di Sinistra, ma esprimeva qualcosa di equivoco, Destra-Sinistra, che rendeva possibile la presenza dei provocatori.

Una diecina d'anni fa, pensavo, tra noi della generazione precedente, un provocatore era quasi inconcepibile (se non a patto che fosse un grandissimo attore): infatti la sua sottocultura si sarebbe distinta, *anche fisicamente*, dalla nostra cultura. L'avremmo conosciuto dagli occhi, dal naso, *dai capelli*! L'avremmo subito smascherato, e gli avremmo dato subito la lezione che meritava. Ora questo non è più possibile. Nessuno mai al mondo potrebbe distinguere dalla presenza fisica un rivoluzionario da un provocatore. Destra e Sinistra si sono fisicamente fuse.

Siamo arrivati al 1972.

Ero, questo settembre, nella cittadina di Isfahan, nel cuore della Persia. Paese sottosviluppato, come orrendamente si dice, ma, come altrettanto orrendamente si dice, in pieno decollo.

Sull'Isfahan di una diecina di anni fa – una delle più belle città del mondo, se non chissà, la più bella – è nata una Isfahan nuova, moderna e bruttissima. Ma per le sue strade, al lavoro, o a passeggio, verso sera, si vedono i ragazzi che si vedevano in Italia una diecina di anni fa: figli dignitosi e umili, con le loro belle nuche, le loro belle facce limpide sotto i fieri ciuffi innocenti. Ed ecco che una sera, camminando per la strada principale, vidi, tra tutti quei ragazzi antichi, bellissimi e pieni dell'antica dignità umana, due esseri mostruosi: non erano proprio dei capelloni, ma i loro capelli erano tagliati all'europea, lunghi di dietro, corti sulla fronte, resi stopposi dal tiraggio, appiccicati artificialmente intorno al viso con due laidi ciuffetti sopra le orecchie.

Che cosa dicevano questi loro capelli? Dicevano: «Noi non apparteniamo al numero di questi morti di fame, di questi poveracci sottosviluppati, rimasti indietro alle età barbariche! Noi siamo impiegati di banca, studenti, figli di gente arricchita che lavora nelle società petrolifere; conosciamo l'Europa, abbiamo letto. Noi siamo dei borghesi: ed ecco qui i nostri capelli lunghi che testimoniano la nostra modernità internazionale di privilegiati!»

Quei capelli lunghi alludevano dunque a «cose» di Destra.

Il ciclo si è compiuto. La sottocultura al potere ha assorbito la sottocultura all'opposizione e l'ha fatta propria: con diabolica abilità ne ha fatto pazientemente una moda, che, se non si può proprio dire fascista nel senso classico della parola, è però di una «estrema destra» reale.

Concludo amaramente. Le maschere ripugnanti che i giovani si mettono sulla faccia, rendendosi laidi come le vecchie puttane di una ingiusta iconografia, ricreano oggettivamente sulle loro fisionomie ciò che essi solo verbalmente hanno condannato per sempre. Sono saltate fuori le vecchie facce da preti, da giudici, da ufficiali, da anarchici fasulli, da impiegati buffoni, da Azzeccagarbugli, da Don Ferrante, da mercenari, da imbroglioni, da benpensanti teppisti. Cioè la condanna radicale e indiscriminata che essi hanno pronunciato contro i loro padri – che sono la storia in evoluzione e la cultura precedente – alzando contro di essi una barriera insormontabile, ha finito con l'isolarli, impedendo loro, coi loro padri, un rapporto dialettico. Ora, solo attraverso tale rapporto dialettico – sia pur drammatico ed estremizzato – essi avrebbero potuto avere reale coscienza storica di sé, e andare avanti, «superare» i padri. Invece l'isolamento in cui si sono chiusi – come in un mondo a parte, in un ghetto riservato alla gioventù – li ha tenuti fermi alla loro insopprimibile realtà storica: e ciò ha implicato – fatalmente – un regresso. Essi sono in realtà andati più indietro dei loro padri, risuscitando nella loro anima terrori e conformismi, e, nel loro aspetto fisico, convenzionalità e miserie che parevano superate per sempre.

Ora così i capelli lunghi dicono, nel loro inarticolato e ossesso linguaggio di segni non verbali, nella loro teppistica iconicità, le «cose» della televisione o delle *réclames* dei prodotti, dove è ormai assolutamente inconcepibile prevedere un giovane che non abbia i capelli lunghi: fatto che, oggi, sarebbe scandaloso per il potere.

Provo un immenso e sincero dispiacere nel dirlo (anzi, una vera e propria disperazione): ma ormai migliaia e centinaia di migliaia di facce di giovani italiani, assomigliano sempre più alla faccia di Merlino. La loro libertà di portare i capelli come vogliono, non è più difendibile, perché non è più libertà. È giunto il momento, piuttosto, di dire ai giovani che il loro modo di acconciarsi è orribile, perché servile e volgare. Anzi, è giunto il momento che essi stessi se ne accorgano, e si liberino da questa loro ansia colpevole di attenersi all'ordine degradante dell'orda.

*17 maggio 1973. Analisi linguistica di uno slogan**

Il linguaggio dell'azienda è un linguaggio per definizione puramente comunicativo: i «luoghi» dove si produce sono i luoghi dove la scienza viene «applicata», sono cioè i luoghi del pragmatismo puro. I tecnici parlano fra loro un gergo specialistico, sì, ma in funzione strettamente, rigidamente comunicativa. Il canone linguistico che vige *dentro* la fabbrica, poi, tende ad espandersi anche fuori: è chiaro che coloro che producono vogliono avere con coloro che consumano un rapporto d'affari assolutamente chiaro.

C'è un solo caso di espressività – ma di espressività aberrante – nel linguaggio puramente comunicativo dell'industria: è il caso dello slogan. Lo slogan infatti deve essere espressivo, per impressionare e convincere. Ma la sua espressività è mostruosa perché diviene immediatamente stereotipa, e si fissa in una rigidità che è proprio il contrario dell'espressività, che è eternamente cangiante, si offre a un'interpretazione infinita.

La finta espressività dello slogan è così la punta massima della nuova lingua tecnica che sostituisce la lingua umanistica. Essa è il simbolo della vita linguistica del futuro, cioè di un mondo inespressivo, senza particolarismi e diversità di culture, perfettamente omologato e acculturato. Di un mondo che a noi, ultimi depositari di una visione molteplice, magmatica, religiosa e razionale della vita, appare come un mondo di morte.

Ma è possibile prevedere un mondo così negativo? È possibile

* Sul «Corriere della Sera» col titolo «Il folle slogan dei jeans Jesus».

prevedere un futuro come «fine di tutto»? Qualcuno – come me – tende a farlo, per disperazione: l'amore per il mondo che è stato vissuto e sperimentato impedisce di poter pensarne un altro che sia altrettanto reale; che si possano creare altri valori analoghi a quelli che hanno resa preziosa una esistenza. Questa visione apocalittica del futuro è giustificabile, ma probabilmente ingiusta.

Sembra folle, ma un recente slogan, quello divenuto fulmineamente celebre, dei «jeans Jesus»: «Non avrai altri jeans all'infuori di me», si pone come un fatto nuovo, una eccezione nel canone fisso dello slogan, rivelandone una possibilità espressiva imprevista, e indicandone una evoluzione diversa da quella che la convenzionalità – subito adottata dai disperati che vogliono sentire il futuro come morte – faceva troppo ragionevolmente prevedere.

Si veda la reazione dell'«Osservatore romano» a questo slogan: con il suo italianuccio antiquato, spiritualistico e un po' fatuo, l'articolista dell'«Osservatore» intona un treno, non certo biblico, per fare del vittimismo da povero, indifeso innocente. È lo stesso tono con cui sono redatte, per esempio, le lamentazioni contro la dilagante immoralità della letteratura o del cinema. Ma in tal caso quel tono piagnucoloso e perbenistico nasconde la volontà minacciosa del potere: mentre l'articolista, infatti, facendo l'agnello, si lamenta nel suo ben compitato italiano, alle sue spalle il potere lavora per sopprimere, cancellare, schiacciare i reprobi che di quel patimento son causa. I magistrati e i poliziotti sono all'erta; l'apparato statale si mette subito diligentemente al servizio dello spirito. Alla geremiade dell'«Osservatore» seguono i procedimenti legali del potere: il letterato o cineasta blasfemo è subito colpito e messo a tacere.

Nei casi insomma di una rivolta di tipo umanistico – possibili nell'ambito del vecchio capitalismo e della prima rivoluzione industriale – la Chiesa aveva la possibilità di intervenire e reprimere, contraddicendo brutalmente una certa volontà formalmente democratica e liberale del potere statale. Il meccanismo era semplice: una parte di questo potere – per esempio la magistratura e la polizia – assumeva una funzione conservatrice o reazionaria, e, come tale, poneva automaticamente i suoi strumenti di potere al servizio della Chiesa. C'è dunque un doppio legame di malafede in questo rapporto tra Chiesa e Stato: da parte sua la Chiesa accetta lo Stato borghese – al posto di quello monarchico o feudale – concedendo ad esso il suo consenso e il suo appoggio, senza il quale, fino a oggi, il potere statale non avrebbe potuto sussistere: per far questo la Chiesa doveva però ammettere e approvare l'esigenza liberale e la formalità democratica: cose che ammetteva e approvava solo a patto di ottenere dal potere la tacita autorizzazione a limitarle e a sopprimerle. Autorizzazioni, d'altra parte, che il potere borghese concedeva di tutto cuore. Infatti il suo patto con la Chiesa in quanto *instrumentum regni* in altro non consisteva che in questo: mascherare il proprio sostanziale illiberalismo e la propria sostanziale antidemocraticità affidando la funzione illiberale e antidemocratica alla Chiesa, accettata in malafede come superiore istituzione religiosa. La Chiesa ha insomma fatto un patto col diavolo, cioè con lo Stato borghese. Non c'è contraddizione più scandalosa infatti che quella tra religione e borghesia, essendo quest'ultima il contrario della religione. Il potere monarchico o feudale lo era in fondo di meno. Il fascismo, perciò, in quanto momento regressivo del capitalismo, era meno diabolico, oggettivamente, dal punto di vista della Chiesa, che il regime democratico: il fascismo era una bestemmia, ma non minava all'interno la Chiesa, perche esso era una *falsa* nuova ideologia. Il Concordato non è stato un sacrilegio negli anni Trenta, ma lo è oggi, se il fascismo non ha nemmeno scalfito la Chiesa, mentre oggi il Neocapitalismo la distrugge. L'accettazione del fascismo è stato un atroce episodio: ma l'accettazione della civiltà borghese capitalistica è un fatto definitivo, il cui cinismo non è solo una macchia, l'ennesima macchia nella storia della Chiesa, ma un errore storico che la Chiesa pagherà probabilmente con il suo declino. Essa non ha infatti intuito – nella sua cieca ansia di stabilizzazione e di fissazione eterna della propria funzione istituzionale – che la Borghesia rappresentava un nuovo spirito che non è certo quello fascista: un nuovo spirito che si sarebbe mostrato dapprima competitivo con quello religioso (salvandone solo il clericalismo), e avrebbe finito poi col prendere il suo posto nel fornire agli uomini una visione totale e unica della vita (e col non avere più bisogno quindi del clericalismo come strumento di potere).

È vero: come dicevo, alle lamentele patetiche dell'articolista dell'«Osservatore» segue tuttora immediatamente – nei casi di opposizione «classica» – l'azione della magistratura e della polizia. Ma è un caso di sopravvivenza. Il Vaticano trova ancora vecchi uomini fedeli nell'apparato del potere statale: ma sono, appunto, vecchi. Il futuro non appartiene né ai vecchi cardinali, né ai vecchi uomini politici, né ai vecchi magistrati, né ai vecchi poliziotti. Il futuro appartiene alla giovane borghesia che non ha più bisogno di detenere il potere con gli strumenti classici; che non sa più cosa farsene della Chiesa, la quale, ormai, ha finito genericamente con l'appartenere a quel mondo umanistico del passato che costituisce un impedimento alla nuova rivoluzione industriale; il nuovo potere borghese infatti necessita nei consumatori di uno spirito totalmente pragmatico ed edonistico: un universo tecnicistico e puramente terreno è quello in cui può svolgersi secondo la propria natura il ciclo della produzione e del consumo. Per la religione e soprattutto per la Chiesa non c'è più spazio. La lotta repressiva che il nuovo capitalismo combatte ancora per mezzo della Chiesa è una lotta ritardata, destinata, nella logica borghese, a essere ben presto vinta, con la conseguente dissoluzione «naturale» della Chiesa.

Sembra folle, ripeto, ma il caso dei jeans «Jesus» è una spia di tutto questo. Coloro che hanno prodotto questi jeans e li hanno lanciati nel mercato, usando, per lo slogan di prammatica uno dei dieci Comandamenti, dimostrano – probabilmente con una certa mancanza di senso di colpa, cioè con l'incoscienza di chi non si pone più certi problemi – di essere già oltre la soglia entro cui si dispone la nostra forma di vita e il nostro orizzonte mentale.

C'è, nel cinismo di questo slogan, un'intensità e una innocenza di tipo assolutamente nuovo, benché probabilmente maturato a lungo in questi ultimi decenni (per un periodo più breve in Italia). Esso dice appunto, nella sua laconicità di fenomeno rivelatosi di colpo alla nostra coscienza, e già così completo e definitivo, che i nuovi industriali e i nuovi tecnici sono completamente laici, ma di una laicità che non si misura più con la religione. Tale laicità è un «nuovo valore» nato nell'entropia borghese, in cui la religione sta deperendo come autorità e forma di potere, e sopravvive in quanto ancora prodotto naturale di enorme consumo e forma folcloristica ancora sfruttabile.

Ma l'interesse di questo slogan non è solo negativo, non rappresenta solo il modo nuovo in cui la Chiesa viene ridimensionata brutalmente a ciò che essa realmente ormai rappresenta: c'è in esso un interesse anche positivo, cioè la possibilità imprevista di ideologizzare, e quindi rendere espressivo, il linguaggio dello slogan e quindi, presumibilmente, quello dell'intero mondo tecnologico. Lo spirito blasfemo di questo slogan non si limita a una apodissi, a una pura osservazione che fissa la espressività in pura comunicatività. Esso è qualcosa di più che una trovata spregiudicata (il cui modello è l'anglosassone «Cristo super-star»): al contrario, esso si presta a un'interpretazione, che non può essere che infinita: esso conserva quindi nello slogan i caratteri ideologici e estetici della espressività. Vuol dire – forse – che anche il futuro che a noi – religiosi e umanisti – appare come fissazione e morte, sarà in un modo nuovo, storia; che l'esigenza di pura comunicatività della produzione sarà in qualche modo contraddetta. Infatti lo slogan di questi jeans non si limita a comunicarne la necessità del consumo, ma si presenta addirittura come la nemesi – sia pur incosciente – che punisce la Chiesa per il suo patto col diavolo. L'articolista dell'«Osservatore» questa volta sì è davvero indifeso e impotente: anche se magari magistratura e poliziotti, messi subito cristianamente in moto, riusciranno a strappare dai muri della nazione questo manifesto e questo slogan, ormai si tratta di un fatto irreversibile anche se forse molto anticipato: il suo spirito è il nuovo spirito della seconda rivoluzione industriale e della conseguente mutazione dei valori.

*15 luglio 1973. La prima, vera rivoluzione di destra**

Nel 1971-72 è cominciato uno dei periodi di reazione più violenti e forse più definitivi della storia. In esso coesistono due nature: una è profonda, sostanziale e assolutamente nuova, l'altra è epidermica, contingente e vecchia. La natura profonda di questa reazione degli anni Settanta è dunque irriconoscibile; la natura esteriore è invece ben riconoscibile. Non c'è nessuno infatti che non la individui nel risorgere del fascismo, in tutte le sue forme, comprese quelle decrepite del fascismo mussoliniano, e del tradizionalismo clericale-liberale, se possiamo usare questa definizione tanto inedita quanto ovvia.

Questo aspetto della restaurazione (che però nel nostro contesto si presenta come termine improprio, perché in realtà niente d'importante viene restaurato) è un comodo pretesto per ignorare l'altro aspetto, più profondo e reale, che sfugge alle nostre abitudini interpretative di ogni specie. Esso viene colto solo empiricamente e fenomenologicamente dai sociologi o dai biologi, che naturalmente sospendono il giudizio, oppure lo rendono ingenuamente apocalittico.

La restaurazione o reazione reale cominciata nel 1971-72 (dopo l'intervallo del 1968) è in realtà una rivoluzione. Ecco perché non restaura niente e non ritorna a niente; anzi, essa tende letteralmente a cancellare il passato, coi suoi «padri», le sue religioni, le sue ideologie e le sue forme di vita (ridotte oggi a mera soprav-

* Sul «Tempo illustrato» col titolo «P. giudica i temi di italiano».

vivenza). Questa rivoluzione di destra, che ha distrutto prima di ogni cosa la destra, è avvenuta fattualmente, pragmaticamente. Attraverso una progressiva accumulazione di novità (dovute quasi tutte all'applicazione della scienza): ed è cominciata dalla rivoluzione silenziosa delle infrastrutture.

Naturalmente non è cessata, in tutti questi anni, la lotta di classe; e continua naturalmente ancora. E, infatti, ecco l'aspetto esteriore, di questa reazione rivoluzionaria; aspetto esteriore che si presenta appunto nelle forme tradizionali della destra fascista e clerical-liberale.

Mentre la reazione prima distrugge rivoluzionariamente (rispetto a se stessa) tutte le vecchie istituzioni sociali – famiglia, cultura, lingua, chiesa – la reazione seconda (di cui la prima temporaneamente si serve, per poter adempiersi al riparo della lotta diretta di classe), si dà da fare per difendere tali istituzioni dagli attacchi degli operai e degli intellettuali. È così che questi sono anni di falsa lotta, sui vecchi temi della restaurazione classica, in cui credono ancora sia i suoi portatori che i suoi oppositori. Mentre, alle spalle di tutti, la «vera» tradizione umanistica (non quella falsa dei ministeri, delle accademie, dei tribunali e delle scuole) viene distrutta dalla nuova cultura di massa e dal nuovo rapporto che la tecnologia ha istituito – con prospettive ormai secolari – tra prodotto e consumo; e la vecchia borghesia paleoindustriale sta cedendo il posto a una borghesia nuova che comprende sempre di più e più profondamente anche le classi operaie, tendendo finalmente alla identificazione di borghesia con umanità.

Questo stato di cose viene accettato dalle sinistre: perché non c'è altra alternativa a tale accettazione che quella di restare fuori dal gioco. Di qui un generale ottimismo delle sinistre, un vitale tentativo di annettersi il nuovo mondo – totalmente diverso da ogni mondo precedente – creato dalla civiltà tecnologica. I gauchisti vanno ancora più avanti in tale illusione (protervi e trionfalistici come sono) attribuendo a tale nuova forma di storia creata dalla civiltà tecnologica, una potenzialità miracolosa di riscatto e di rigenerazione. Essi son convinti che questo piano diabolico della borghesia che tende a ridurre a sé l'intero universo, compresi gli operai, finirà col portare all'esplosione di un'entropia così costituita, e l'ultima scintilla della coscienza operaia sarà capace, allora, di far risorgere dalle sue ceneri quel mondo esploso (per sua propria colpa) in una sorta di palingenesi (vecchio sogno borghese-cristiano dei comunisti non operai).

Tutti dunque fingono di non vedere (o forse non vedono realmente) qual è la vera, nuova reazione; e così tutti lottano contro la vecchia reazione che la maschera. I temi d'italiano assegnati agli ultimi esami di maturità sono un esempio del falso dilemma e della falsa lotta che ho qui delineato. Da parte delle autorità c'è stato, evidentemente, prima di tutto un tacito patteggiamento: la destra tradizionalistica ha concesso qualcosa ai moderati e ai progressisti, e questi ultimi hanno concesso qualcosa alla destra tradizionalistica: cosicché il mondo accademico e ministeriale clerical-liberale si è compiutamente espresso.

Al tema liberaleggiante proposto dalla spagnolesca frase del Croce, si oppone il tema fatalistico estrapolato teppisticamente dal De Sanctis; alla lettura, che non può essere che moderna, anche se di carattere agnostico e sociologico, di una città, si oppone la lettura meramente scolastica di Pascoli e D'Annunzio eccetera, eccetera.

La finzione però è unica. Tutti coloro che hanno inventato questi bei temi si sono attenuti a un tradizionalismo e a un riformismo classici, ignorando di perfetto accordo che si tratta di termini di riferimento assolutamente privi di ogni rapporto con la realtà.

I «padri» di cui si parla nella frase del Croce sono padri che andavano bene per i figli della fine dell'Ottocento o di tutto il Novecento fino a una decina d'anni fa: ora non più (anche se i figli, come vedremo, non lo sanno o lo sanno male). Semanticamente il termine «padre» ha cominciato a cambiare, naturalmente con Freud e la psicanalisi, per cui l'«eredità» del padre non è più necessariamente un dato positivo; può anzi essere lecitamente interpretato come totalmente negativo. È cambiato ancor più, il termine «padre», attraverso l'analisi marxista della società: infatti i «padri» cui si riferisce candidamente Croce, sono tutti dei bellissimi signori borghesi (come lui) con barbe solenni e venerate canizie, davanti a tavoli pieni di carte, o seduti dignitosamente su seggiole dorate: sono insomma i padri del privilegio e del potere. Non c'è riferimento benché minimo a padri spazzini o muratori, braccianti o minatori, metalmeccanici o tornitori, oppure ladri e vagabondi. L'eredità di cui si parla è una eredità classista di padri classisticamente definiti. Occorrono molti sforzi, non c'è dubbio, per poter tenersi stretti «solidamente» i privilegi. Ma, a parte tutto questo (che io avrei potuto osservare anche dieci o quindici anni fa) c'è qualcosa di totalmente nuovo: è proprio il vero nuovo potere che non vuole più avere tra i piedi simili padri. È proprio questo potere che non vuole più che i figli si impossessino di simili eredità ideali.

Il rapporto, dunque, tra chi ha assegnato il tema e chi lo ha svolto, è un rapporto che avviene su quel margine di finto potere che il potere reale lascia ancora in concessione ai suoi difensori e ai suoi avversari, perché vi smaltiscano, accademicamente, i vecchi sentimenti.

Anche il meraviglioso diritto alla «interiorizzazione» – attribuito peraltro, attraverso un De Sanctis falsificato a un Leopardi falsificato – non ha più rapporto con la realtà odierna: perché, evidentemente, si può interiorizzare solo ciò che è esteriore. L'uomo medio dei tempi del Leopardi poteva interiorizzare ancora la natura e l'umanità nella loro purezza ideale oggettivamente contenuta in esse; l'uomo medio di oggi può interiorizzare una Seicento o un frigorifero, oppure un week-end a Ostia. Cosa in cui c'è un residuo di umanità proprio nella passionalità e nel caos in cui ancora tali nuovi valori vengono vissuti. In attesa che la passionalità venga del tutto sterilizzata e omologata e il caos venga tecnicamente abolito, il nuovo potere reale concede ancora un terreno vago dove il finto potere all'antica possa proclamare la bontà dell'interiorizzazione come evasione nobile, disprezzo di beni, e consolazione per i beni perduti.

Gli studenti stanno perfettamente al gioco che l'autorità impone loro. L'enorme maggioranza degli studenti avrà probabilmente svolto i temi come immaginavano che fosse il desiderio delle autorità: e si saranno generosamente impegnati a descrivere gli sforzi che devono fare, da bravi figli, per assimilare le prodezze paterne. o si saranno prodigati nel tessere gli elogi della vita interiore.

In tal caso è inutile discutere: nella buffonata recitata sul palcoscenico del vecchio finto potere in piena finta reazione, autorità scolastiche e studenti si comprendono perfettamente, in una odiosa ansia praticistica di integrazione. Ma ci saranno stati naturalmente dei casi in cui gli studenti avranno polemizzato con le «apodissi» enunciate nei temi (frasi ricattatoriamente avulse dal contesto) ma anche in tal caso, il palcoscenico in cui avviene il contrasto tra autorità scolastiche e studenti, è lo stesso: quello che il vero potere nuovo, nella sua reazione rivoluzionaria, concede cinicamente alle vecchie abitudini.

Gli studenti che hanno svolto (conformisticamente o polemicamente) questi temi sono i fratelli minori degli studenti che si sono rivoltati nel '68. Sarebbe sbagliato credere che essi sono stati messi a tacere, e ridotti a uno stato di passività, da un tipo di reazione all'antica, quella che (come i temi sopra esaminati dimostrano) è nei voti delle autorità scolastiche. Il loro silenzio e la loro passività hanno, nell'enorme maggioranza, le apparenze di una specie di atroce nevrosi euforica, che gli fa accettare senza più resistenza alcuna il nuovo edonismo con cui il potere reale sostituisce ogni altro valore morale del passato. In una piccola minoranza, invece, hanno i caratteri della nevrosi d'ansia, che quindi mantiene viva in essi la possibilità di una protesta. Ma si tratta degli ultimi, veramente degli ultimi, umanisti. Sono giovani padri, come noi siamo vecchi figli. Tutti destinati alla scomparsa, anche con ciò che ci lega ma che è legato a noi: la tradizione, la confessione religiosa, il fascismo. Ci stanno sostituendo degli uomini nuovi, portatori di valori tanto indecifrabili quanto incompatibili con quelli, così drammaticamente contraddittori, finora vissuti. Questo, i giovani migliori istintivamente lo capiscono; ma non sono capaci, credo, di esprimerlo.

*9 dicembre 1973. Acculturazione e acculturazione**

Molti lamentano (in questo frangente dell'*austerity*) i disagi dovuti alla mancanza di una vita sociale e culturale organizzata fuori dal Centro «cattivo» nelle periferie «buone» (viste come dormitori senza verde, senza servizi, senza autonomia, senza più reali rapporti umani). Lamento retorico. Se infatti ciò di cui nelle periferie si lamenta la mancanza, ci fosse, esso sarebbe comunque organizzato dal Centro. Quello stesso Centro che, in pochi anni, ha distrutto tutte le culture periferiche dalle quali – appunto fino a pochi anni fa – era assicurata una vita propria, sostanzialmente libera, anche alle periferie più povere e addirittura miserabili.

Nessun centralismo fascista è riuscito a fare ciò che ha fatto il centralismo della civiltà dei consumi. Il fascismo proponeva un modello, reazionario e monumentale, che però restava lettera morta. Le varie culture particolari (contadine, sottoproletarie, operaie) continuavano imperturbabili a uniformarsi ai loro antichi modelli: la repressione si limitava ad ottenere la loro adesione a parole. Oggi, al contrario, l'adesione ai modelli imposti dal Centro, è totale e incondizionata. I modelli culturali reali sono rinnegati. L'abiura è compiuta. Si può dunque affermare che la «tolleranza» della ideologia edonistica voluta dal nuovo potere, è la peggiore delle repressioni della storia umana. Come si è potuta esercitare tale repressione? Attraverso due rivoluzioni, interne

* Nel «Corriere della Sera» col titolo «Sfida ai dirigenti della televisione». L'ultima parte dell'articolo (la sfida) è qui soppressa.

all'organizzazione borghese: la rivoluzione delle infrastrutture e la rivoluzione del sistema d'informazioni. Le strade, la motorizzazione ecc. hanno ormai strettamente unito la periferia al Centro, abolendo ogni distanza materiale. Ma la rivoluzione del sistema d'informazioni è stata ancora più radicale e decisiva. Per mezzo della televisione, il Centro ha assimilato a sé l'intero paese, che era così storicamente differenziato e ricco di culture originali. Ha cominciato un'opera di omologazione distruttrice di ogni autenticità e concretezza. Ha imposto cioè – come dicevo – i suoi modelli: che sono i modelli voluti dalla nuova industrializzazione, la quale non si accontenta più di un «uomo che consuma», ma pretende che non siano concepibili altre ideologie che quella del consumo. Un edonismo neolaico, ciecamente dimentico di ogni valore umanistico e ciecamente estraneo alle scienze umane.

L'antecedente ideologia voluta e imposta dal potere era, come si sa, la religione: e il cattolicesimo, infatti, era formalmente l'unico fenomeno culturale che «omologava» gli italiani. Ora esso è diventato concorrente di quel nuovo fenomeno culturale «omologatore» che è l'edonismo di massa: e, come concorrente, il nuovo potere già da qualche anno ha cominciato a liquidarlo.

Non c'è infatti niente di religioso nel modello del Giovane Uomo e della Giovane Donna proposti e imposti dalla televisione. Essi sono due Persone che avvalorano la vita solo attraverso i suoi Beni di consumo (e, s'intende, vanno ancora a messa la domenica: in macchina). Gli italiani hanno accettato con entusiasmo questo nuovo modello che la televisione impone loro secondo le norme della Produzione creatrice di benessere (o, meglio, di salvezza dalla miseria). Lo hanno accettato: ma sono davvero in grado di realizzarlo?

No. o lo realizzano materialmente solo in parte, diventandone la caricatura, o non riescono a realizzarlo che in misura così minima da diventarne vittime. Frustrazione o addirittura ansia nevrotica sono ormai stati d'animo collettivi. Per esempio, i sottoproletari, fino a pochi anni fa, rispettavano la cultura e non si vergognavano della propria ignoranza. Anzi, erano fieri del proprio modello popolare di analfabeti in possesso però del mistero della realtà. Guardavano con un certo disprezzo spavaldo i «figli di papà», i piccoli borghesi, da cui si dissociavano, anche quando erano costretti a servirli. Adesso, al contrario, essi cominciano a vergognarsi della propria ignoranza: hanno abiurato dal proprio modello culturale (i giovanissimi non lo ricordano neanche più, l'hanno completamente perduto), e il nuovo modello che cercano di imitare non prevede l'analfabetismo e la rozzezza. I ragazzi sottoproletari – umiliati – cancellano nella loro carta d'identità il termine del loro mestiere, per sostituirlo con la qualifica di «studente». Naturalmente, da quando hanno cominciato a vergognarsi della loro ignoranza, hanno cominciato anche a disprezzare la cultura (caratteristica piccolo borghese, che essi hanno sùbito acquisito per mimesi). Nel tempo stesso, il ragazzo piccolo borghese, nell'adeguarsi al modello «televisivo» – che, essendo la sua stessa classe a creare e a volere, gli è sostanzialmente naturale – diviene stranamente rozzo e infelice. Se i sottoproletari si sono imborghesiti, i borghesi si sono sottoproletarizzati. La cultura che essi producono, essendo di carattere tecnologico e strettamente pragmatico, impedisce al vecchio «uomo» che è ancora in loro di svilupparsi. Da ciò deriva in essi una specie di rattrappimento delle facoltà intellettuali e morali.

La responsabilità della televisione, in tutto questo, è enorme. Non certo in quanto «mezzo tecnico», ma in quanto strumento del potere e potere essa stessa. Essa non è soltanto un luogo attraverso cui passano i messaggi, ma è un centro elaboratore di messaggi. È il luogo dove si fa concreta una mentalità che altrimenti non si saprebbe dove collocare. È attraverso lo spirito della televisione che si manifesta in concreto lo spirito del nuovo potere.

Non c'è dubbio (lo si vede dai risultati) che la televisione sia autoritaria e repressiva come mai nessun mezzo di informazione al mondo. Il giornale fascista e le scritte sui cascinali di slogans mussoliniani fanno ridere: come (con dolore) l'aratro rispetto a un trattore. Il fascismo, voglio ripeterlo, non è stato sostanzialmente in grado nemmeno di scalfire l'anima del popolo italiano: il nuovo fascismo, attraverso i nuovi mezzi di comunicazione e di informazione (specie, appunto, la televisione), non solo l'ha scalfita, ma l'ha lacerata, violata, bruttata per sempre...

*Marzo 1974. Gli intellettuali nel '68: manicheismo e ortodossia della «Rivoluzione dell'indomani»**

C'è stato un momento, pochi anni fa, in cui pareva ogni giorno che la Rivoluzione sarebbe scoppiata l'indomani. Insieme ai giovani – dal 1968 in poi – a credere nella Rivoluzione imminente che avrebbe rovesciato e distrutto dalle fondamenta il Sistema (come allora veniva ossessivamente chiamato; e chi l'ha fatto arrossisca) c'erano anche degli intellettuali non più giovani o addirittura coi capelli bianchi. In essi questa certezza di una «Rivoluzione dell'indomani» non trova le giustificazioni che trova nei giovani: essi si sono resi colpevoli di aver mancato al primo dovere di un intellettuale: quello di esercitare prima di tutto e senza cedimenti di nessun genere un esame critico dei fatti. E se, per la verità, si sono fatte in quei giorni orge di diagnosi critiche, ciò che mancava era la reale volontà della critica.

Non esiste razionalità senza senso comune e concretezza. Senza senso comune e concretezza la razionalità è fanatismo. E infatti, su quelle mappe intorno a cui si affollavano gli strateghi della guerriglia di oggi e della rivoluzione del giorno dopo, l'idea del «dovere» dell'intervento politico degli intellettuali non veniva fondata sulla necessità e sulla ragione, ma sul ricatto e sul partito preso.

Oggi è chiaro che tutto ciò era prodotto di disperazione e di inconscio sentimento di impotenza. Nel momento in cui si delineava in Europa una nuova forma di civiltà e un lungo futuro di «sviluppo» programmato dal Capitale – che realizzava così una propria rivoluzione interna: la rivoluzione della Scienza Applica-

* Sul «Dramma» per un'inchiesta sugli interventi politici degli intellettuali.

ta, pari per importanza alla Prima Seminagione, su cui si è fondata la millenaria civiltà contadina – si è sentito che ogni speranza di Rivoluzione operaia stava andando perduta. È per questo che si è tanto gridato il nome di Rivoluzione. Non solo, ma ormai era chiara non tanto l'impossibilità di una dialettica, quanto addirittura l'impossibilità di una commensurabilità, tra capitalismo tecnologico e marxismo umanistico.

Da ciò l'urlo che è echeggiato in tutta l'Europa, e in cui predominava, su ogni altra, la parola Marxismo. Non si voleva – giustamente – accettare l'inaccettabile. I giovani hanno vissuto disperatamente i giorni di questo lungo urlo, che era una specie di esorcismo e di addio alle speranze marxiste: gli intellettuali maturi che erano con loro hanno invece commesso, ripeto, un errore politico. Errore politico che, al contrario, non è stato commesso dal PCI. Il PCI si è reso realisticamente conto fin da allora dell'ineluttabilità del nuovo corso storico del capitalismo e del suo «sviluppo»: ed è stato probabilmente proprio in quei giorni che è cominciata a maturare l'idea del «compromesso storico».

Ammesso che a proposito di un intellettuale non politico – un letterato, uno scienziato – si possa parlare del «dovere» di un intervento politico, questo è il momento di farlo. Nel 1968 e negli anni successivi, le ragioni per muoversi, per lottare, per urlare, erano profondamente giuste, ma storicamente pretestuali. La rivolta degli studenti è nata da un giorno all'altro. Non c'erano ragioni oggettive, reali, per muoversi (se non forse il pensiero che la rivoluzione si poteva fare allora o mai più: ma è un pensiero astratto e romantico). Inoltre per le masse la reale novità storica erano il consumismo, il benessere e l'ideologia edonistica del potere. Al contrario, oggi ci sono delle ragioni oggettive per un impegno totale. Lo stato di emergenza coinvolge le masse: anzi, soprattutto le masse.

Riassumerei tali ragioni in due punti: primo, una lotta, «subìta», contro i vecchi assassini fascisti che cercano la tensione non più lanciando le loro bombe, ma mobilitando le piazze in disordini in parte giustificati dal malcontento estremo; secondo, rimettere in discussione il «compromesso storico», ora che esso non si configura più come un intervento su un corso ineluttabile, lo «sviluppo» identificato con tutto il nostro futuro; ma si presenta piuttosto come un aiuto agli uomini del potere a mantenere l'ordine. Non direi semplicisticamente che il «realismo» del compromesso storico sia definitivamente superato: ma certo esso va, quanto meno, ridefinito al di fuori dal suo stretto carattere di «manovra politica». Dunque, una forma di lotta disperatamente ritardata, e una forma di lotta avanzatissima. Ma è in queste condizioni ambigue, contraddittorie, frustranti, ingloriose, odiose che l'uomo di cultura deve impegnarsi alla lotta politica, dimenticando le rabbie manichee contro *tutto* il Male, rabbie che opponevano ortodossia a ortodossia.

*28 marzo 1974. Previsione della vittoria al «referendum»**

Il fascismo è durato al potere vent'anni. Sono trent'anni che è caduto. Dovrebbe dunque essere già dimenticato, o almeno sbiadito, passato di moda, impopolare. In sostanza è così. Un Fascismo come quello 1922-1944 non potrebbe più andare al potere in Italia: a meno che la sua illogica ideologia non si limitasse a puntare sull'«Ordine» come concetto del tutto autonomo, o addirittura tecnico: un «Ordine», cioè, non più al servizio di «Dio», della «Patria» e della «Famiglia», cose in cui nessuno crede più, soprattutto perché sono indissolubilmente legate all'idea di «povertà» (non dico «ingiustizia»).

L'«edonismo» del potere della società consumistica ha disabituato di colpo, in neanche un decennio, gli italiani alla rassegnazione, all'idea del sacrificio ecc.: gli italiani non son più disposti – e radicalmente – ad abbandonare quel tanto di comodità e di benessere (sia pur miserabile) che hanno in qualche modo raggiunto. Ciò che potrebbe promettere un nuovo Fascismo, dovrebbero essere appunto, dunque, «comodità e benessere»: che è una contraddizione in termini.

In realtà tuttavia c'è stato, e c'è, in Italia un nuovo Fascismo che fonda il suo potere proprio sulla promessa della «comodità e del benessere»: ed è appunto quello che Marco Pannella chiama il nuovo Regime, un po' immaginosamente, ma giustamente. Ben-

* Sulla pagina dedicata alla LID nel «Mondo». Pubblico questo breve intervento per evitare che si parli di «senno di poi» a proposito del mio articolo «Studio sulla rivoluzione antropologica in Italia» scritto, appunto, *dopo* il «referendum».

ché dunque tale Regime abbia fondato il suo potere su principi sostanzialmente opposti a quelli del Fascismo classico (rinunciando in questi ultimi anni addirittura al contributo della Chiesa, ridotta allo spettro di se stessa) esso può ancora lecitamente essere chiamato fascista. Perché? Prima di tutto perché l'organizzazione dello Stato, ossia il sotto-Stato è rimasto praticamente lo stesso: anzi, attraverso, per esempio, l'intervento della Mafia, la gravità delle forme di sottogoverno è molto aumentata. Questo fardello arcaico – che il nuovo Regime, così moderno, così spregiudicato, così cinico, così agile – si trascina dietro, impotente a liberarsene, rende perfettamente logica e storica la presenza di uomini di potere come Fanfani, ad esempio. In lui il vecchio (legalitarismo, clericalismo e intrallazzo) può convivere pacificamente col nuovo (produzione del superfluo, edonismo, sviluppo cinico e indiscriminato): perché tale convivenza è un dato oggettivo della nazione italiana.

La continuità tra il ventennio fascista e il trentennio democristiano trova il suo fondamento sul caos morale e economico, sul qualunquismo come immaturità politica e sull'emarginazione dell'Italia dai luoghi per dove passa la storia. Ciò che ha differenziato, formalmente, gli antichi padroni fascisti dai nuovi padroni democristiani (che di cristiano non hanno ormai proprio più nulla: hanno cinicamente gettato la maschera) è l'esercizio del potere: il ventennio fascista è stato una dittatura, il trentennio democristiano è stato un regime poliziesco parlamentare. Il parlamentarismo è un lusso che è stato consentito ai nuovi padroni (antifascisti!) dalla presenza della Chiesa. La grandiosa maggioranza che la DC ha sempre ottenuto alle votazioni del trentennio, grazie alle masse elettrici cattoliche asservite ai preti, le ha permesso una parvenza di democrazia, che viene disonestamente usata come prova di dissociazione col fascismo. In questi trent'anni la DC nelle elezioni ha subito qualche flessione, e qualche piccolo smacco: mai una sconfitta.

Oggi, per la prima volta, si delinea per la DC la possibilità di una sconfitta: le masse di consumatori che le sono sfuggite di mano, formandosi una nuova mentalità «moderna», il crollo dell'organizzazione ecclesiastica e del suo prestigio, espongono la DC a quella sconfitta che la costringerà a gettare la maschera della democrazia, e la porrà di fronte a un'unica alternativa: quella di ricorrere agli stessi strumenti di potere del fascismo classico. Cosa però – io credo – ormai storicamente irrealizzabile. La minaccia per l'Italia è se mai un colpo di Stato simile a quello etiopico (o portoghese?): in cui l'esercito si porrebbe al di fuori – credo – dal vecchio universo ideologico fascista. Esso potrebbe infatti fondarsi unicamente sullo slogan dell'«ordine»: ma un «ordine» mantenuto a protezione non più di uno stato di miseria e di ingiustizia (come il fascismo e la DC degli anni Cinquanta), ma a protezione dello «sviluppo», così come lo vogliono gli industriali.

Per tutte queste considerazioni, io sono per un confronto diretto, che porti la DC alla prima sconfitta. Quindi non solo non temo il «referendum», ma sono per la grande sfida lanciata dai radicali degli «otto referendum». A parte, naturalmente, altre due considerazioni che sarebbero sufficienti da sole per spingermi a prendere una simile posizione: 1) Le abrogazioni chieste dagli «otto referendum» sono sacrosante, sono il minimo che si possa fare per una «reale» democratizzazione della vita pubblica (io, personalmente, ho qualche dubbio solo a proposito dell'aborto); 2) non bisogna mai, in nessun caso, temere l'immaturità degli elettori: ciò è brutalmente paternalistico: è lo stesso ragionamento che fanno i censori o i magistrati quando considerano il pubblico «immaturo» per vedere certe opere.

*Marzo 1974. Altra previsione della vittoria al «referendum»**

Ho visto ieri sera (Venerdì santo?) un mucchietto di gente davanti al Colosseo: intorno c'era un enorme «apparato» di polizia e vigili urbani che controllavano i passanti e facevano girare al largo le macchine. Ho creduto in un primo momento che si trattasse del gesto di qualche disoccupato arrampicato in cima al Colosseo. No. Era una funzione religiosa a cui doveva intervenire Paolo VI. C'erano quattro gatti; il traffico avrebbe potuto benissimo continuare regolarmente. Di questi quattro gatti la metà erano turisti e soldati in libera uscita (una dozzina); poi un po' di vecchie, e un gruppo di quelle suore semi-laiche, seguaci di De Foucauld che osservano la regola del silenzio. Credo che non ci fosse nessun romano. Un insuccesso più completo era impossibile immaginarlo. La gente non sente più non solo il prestigio ma neanche il valore della Chiesa. Ha inconsciamente abiurato da una delle sue più cieche abitudini. Per qualcosa di peggio della religione, indubbiamente. E non superando ancora l'ignoranza a cui il diabolico pragmatismo della Chiesa l'aveva per secoli condannata. In questo quadro – il crollo dei valori ecclesiastici determinato da una cieca determinazione delle masse che sono portatrici ormai di *altri* valori – il problema del divorzio, *dovrebbe concludersi con una grande vittoria laica.*[1] Almeno teoricamente: perché non è detto che il singolo che sigla il suo voto sulla scheda *sappia*, all'atto pratico, quali siano le cose in cui realmente crede. Ciò che si

* Intervento richiestomi dalla «Nuova Generazione» e poi non pubblicato. Cfr. la nota all'articolo precedente.
1 Il corsivo è del maggio 1975, data della prima edizione di questo libro.

vive esistenzialmente è sempre enormemente più avanzato di ciò che si vive consapevolmente. Inoltre la massa delle donne può essere ancora dominata dal vecchio pragmatismo ecclesiastico (è praticamente non liturgicamente che una «donna semplice» si attacca all'indissolubilità del matrimonio).

*Marzo 1974. Vuoto di Carità, vuoto di Cultura: un linguaggio senza origini**

Finché la Chiesa, il mondo contadino, la borghesia paleoindustriale erano un tutto unico, la Religione poteva essere riconosciuta in tutti e tre questi momenti di una stessa cultura. Anche – ed è tutto dire – nella Chiesa: nel Vaticano. I delitti contro la religione perpetrati dalla Chiesa – se non altro per il fatto stesso di esserci – erano giustificati dalla Religione. Era possibile prestar credito, cioè, al qualunquismo umanistico dei suoi prelati secondo cui, appunto, il fine poteva giustificare i mezzi: un'alleanza col Fascismo per esempio poteva parere un mezzo giustificato dal fine, consistente nel preservare, per i secoli futuri, la Religione. D'altra parte niente poteva far pensare che il mondo contadino, religioso (e la borghesia paleoindustriale di origine contadina) sarebbe così rapidamente finito. Esso perciò aveva diritto alla sua Religione e alla sua Religione codificata (contraddizione in termini che non poteva tuttavia toccare un contadino, lucano o bretone, friulano o andaluso, il cui modo di essere religioso era molto al di qua di tale contraddizione).

Il Concordato della Chiesa col Fascismo è stata una cosa molto grave, allora, al momento di quella firma che fu una bestemmia al cospetto di Dio: ma è molto più grave oggi. Perché? Perché il popolo italiano di allora era «solidale» – nel senso che danno a questa parola gli strutturalisti – alla Chiesa. E la Chiesa, pur di ripristinare col popolo l'agápe perduta, poteva permettersi il lusso «cinico» di passare sopra la vergogna del Fascismo.

* Prefazione a una raccolta di Sentenze della Sacra Rota, a cura di Francesco Perego.

Ma oggi il popolo non è più solidale con la Chiesa: il mondo contadino, dopo circa quattordicimila anni di vita, è finito praticamente di colpo. Il Concordato, ancora vigente, tra la Chiesa e lo Stato post-fascista è dunque una pura e semplice alleanza di potere, neanche più giustificato oggettivamente dalla presenza dell'anonimo religioso contadino. Prendiamo la famiglia. Anzi, per mimetismo con l'ingrata materia, la Famiglia. Nel mondo religioso-contadino (tutte le religioni del mondo sono profondamente simili fra loro) la Famiglia era la Cellula della Chiesa: non ci sarebbero potuti essere Dei nei templi se non ci fossero stati i Lari nella capanna.

Nel tempo stesso, la Famiglia era il nucleo di quello stato economico (appunto contadino: il ciclo delle stagioni, il tipo di produzione e consumo, il mercato, il risparmio, la povertà, la schiavitù) in cui era possibile, anzi, storicamente insostituibile, la presenza della Chiesa. Economia contadina e Chiesa sono un'unica realtà. Anche quando attraverso la prima rivoluzione industriale ha cominciato a formarsi la borghesia moderna. Ma è a questo punto che è cominciata la dissociazione cinica della Chiesa: essa è venuta a patti, per ragioni di potere, con una classe sociale la cui fede non era più pura, o addirittura era finita. La Chiesa ha strumentalizzato tale nuova classe dominante e se ne è lasciata strumentalizzare. C'era l'immensa mandria del popolo (ancora ripeto, classicamente religioso) che andava governato e tenuto in mano. Ma, presumiamo nella Chiesa la buona fede, e interpretiamo il suo abbietto patto coi fascisti come un modo per restare solidale con quel popolo ormai sfruttato e affamato. Oggi la Famiglia non è più – quasi di colpo – quel «nucleo», minimo, originario, cellulare dell'economia contadina com'era stata per migliaia di anni. Di conseguenza, per un contraccolpo perfettamente logico, la Famiglia ha cessato anche di essere il «nucleo» minimo della Chiesa.

Che cos'è, oggi, la Famiglia? Dopo aver rischiato, praticamente, di dissolvere se stessa e il proprio doppio mito economico-religioso – secondo le previsioni progressiste degli intellettuali laici

– oggi la Famiglia è tornata a essere una realtà più solida, più stabile, più accanitamente privilegiata di prima. È vero che, per esempio, per quanto riguarda l'educazione dei figli, le influenze esterne sono enormemente aumentate (tanto, ripeto, che a un certo punto si è pensato a una definitiva risistemazione pedagogica, del tutto fuori dalla Famiglia). Tuttavia la Famiglia è tornata a diventare quel potente e insostituibile centro infinitesimale di tutto che era prima. Perché? Perché la civiltà dei consumi ha bisogno della famiglia. Un singolo può non essere il consumatore che il produttore vuole. Cioè può essere un consumatore saltuario, imprevedibile, libero nelle scelte, sordo, capace magari del rifiuto: della rinuncia a quell'edonismo che è diventato la nuova religione. La nozione di «singolo» è per sua natura contraddittoria e inconciliabile con le esigenze del consumo. Bisogna distruggere il singolo. Esso deve essere sostituito (com'è noto) con l'uomo-massa. La famiglia è appunto l'unico possibile «exemplum» concreto di «massa». È in seno alla famiglia che l'uomo diventa veramente consumatore: prima per le esigenze sociali della coppia, poi per le esigenze sociali della famiglia vera e propria.

Dunque, la Famiglia (riscriviamola con la maiuscola) che per tanti secoli e millenni era stata lo «specimen» minimo, insieme, della economia contadina e della civiltà religiosa, ora è diventata lo «specimen» minimo della civiltà consumistica di massa.

La Chiesa nel suo rigido (e irreligioso) praticismo, e nel suo trionfalistico ottimismo escatologico (quel Fine che orrendamente ha giustificato nella sua storia tutti i mezzi) ignora questa sostanziale trasformazione della Famiglia: ciò di cui essa prende atto è il solito atto formale: cioè che la Famiglia sussiste (dopo aver rischiato di scomparire, in un diverso «sviluppo», di carattere umanistico, laico, marxista) ed è estremamente importante. Che cosa ha a che fare con la Religione una Famiglia intesa come «base» della vita di un mondo totalmente industrializzato, la cui unica ideologia è un neo-edonismo completamente materialistico e laico, nel senso più stupido e passivo di questi termini? Il rapporto completamente esteriore, calcolato, formale (e grettamente pietistico) della Chiesa con tale nuovo tipo di Famiglia, può essere esaminato sotto vari aspetti e su vari piani. Il punto di vista del problema del divorzio (col quale la Sacra Rota si è messa cinicamente in competizione) è uno dei tanti punti di vista con cui il rapporto della Chiesa con la Famiglia può essere analizzato.

. . . .

Quanto a me posso dire che queste Sentenze della Sacra Rota mi hanno scandalizzato. Ma sia chiaro: non per la loro aberrazione morale e politica, il loro strisciante servilismo verso i tradizionali alleati (uomini di potere democristiani e fascisti), non per l'aria dell'imbroglio, dell'intrallazzo, dell'ipocrisia, della malafede, dell'untuosità, del privilegio che mai come qui appaiono in tutta la loro ripugnante evidenza. Esse mi hanno scandalizzato per due ragioni che potrebbero essere piuttosto definite culturali che moralistiche.

Primo: l'assenza totale di ogni forma di Carità. Alla Fede e alla Speranza c'è qualche raro accenno puramente formale e verbale: anzi per la verità ci si occupa di esse solo nei formulari, del resto stranamente rapidi e laconici. La sacerdotalità di tali accenni fugaci e cinicamente sbrigativi accomuna queste sentenze ai più ottusi e ufficiali rotoli di qualsiasi classe sacerdotale al potere. E va bene. Ma l'assenza totale di Carità, nell'esaminare casi in cui essa sarebbe per definizione essenziale, non può apparirci come un fatto prevedibile e normale. Essa è una offesa brutale a quella dignità umana che non viene nemmeno presa in considerazione. L'esperienza umana su cui queste sentenze si fondano nell'esaminare i casi è perfettamente irreligiosa: il pessimismo del suo pragmatismo è senza fondo. La vita interiore degli uomini è ridotta a mero calcolo e miserabile riserva mentale: a cui si aggiungono, naturalmente, le azioni, ma nella loro pura nudità formale.

Seconda ragione di scandalo: l'assenza totale di ogni forma di Cultura. Gli estensori di queste sentenze sembrano non conoscere altro che gli uomini – visti in un orribile intrico di azioni dettate da sentimenti bruti o da infantili interessi – ché, quanto a libri, essi sembrano conoscere solo quelli di diritto canonico e San Tommaso. Se per caso si occupano di «problemi culturali» (in una di queste sentenze si parla per esempio di dannunzianesimo) lo fanno come se i problemi culturali fossero dei «fatti», cioè perfettamente pragmatizzati dal loro valore pubblico e sociale. Inoltre, se esaminati linguisticamente e stilisticamente, i testi di queste sentenze *non ricordano nulla e nessuno*. Il loro latino pare imparato direttamente da una grammatica che riporti come esempi brani di autori ritagliati in modo del tutto insignificante. A proposito dei testi di tali sentenze, infatti, non si potrebbe fare alcuna citazione. *Non sarebbe possibile alcuna esegesi*. Esse sembrano nascere da se stesse. L'interpretazione puramente pragmatica (senza Carità) delle azioni umane deriva dunque in conclusione da questa assenza di cultura: o perlomeno da questa cultura puramente formale e pratica. Tale assenza di cultura diviene anch'essa a sua volta offensiva della dignità dell'uomo quando essa si manifesta esplicitamente come disprezzo della cultura moderna, e altro non esprime dunque che la violenza e l'ignoranza di un mondo repressivo come totalità.

*10 giugno 1974. Studio sulla rivoluzione antropologica in Italia**

2 giugno: sull'«Unità» in prima pagina c'è il titolo delle grandi occasioni e suona: «Viva la repubblica antifascista.»

Certo, viva la repubblica antifascista. Ma che senso *reale* ha questa frase? Cerchiamo di analizzarlo.

Essa in concreto nasce da due fatti, che la giustificano del resto pienamente: 1) la vittoria schiacciante del «no» il 12 maggio, 2) la strage fascista di Brescia del 28 dello stesso mese.

La vittoria del «no» è in realtà una sconfitta non solo di Fanfani e del Vaticano, ma, in certo senso, anche di Berlinguer e del Partito comunista. Perché? Fanfani e il Vaticano hanno dimostrato di non aver capito niente di ciò che è successo nel nostro paese in questi ultimi dieci anni: il popolo italiano è risultato – in modo oggettivo e lampante – infinitamente più «progredito» di quanto essi pensassero, puntando ancora sul vecchio sanfedismo contadino e paleoindustriale.

Ma bisogna avere il coraggio intellettuale di dire che anche Berlinguer e il Partito comunista italiano hanno dimostrato di non aver capito bene cos'è successo nel nostro paese negli ultimi dieci anni. Essi infatti non volevano il referendum; non volevano la «guerra di religione» ed erano estremamente timorosi sull'esito positivo delle votazioni. Anzi, su questo punto erano decisamente pessimisti. La «guerra di religione» è risultata invece poi un'astrusa, arcaica, superstiziosa previsione senza alcun fonda-

* Sul «Corriere della Sera» col titolo «Gli italiani non sono più quelli».

mento. Gli italiani si sono mostrati infinitamente più moderni di quanto il più ottimista dei comunisti fosse capace di immaginare. Sia il Vaticano che il Partito comunista hanno sbagliato la loro analisi sulla situazione «reale» dell'Italia.

Sia il Vaticano che il Partito comunista hanno dimostrato di aver osservato male gli italiani e di non aver creduto alla loro possibilità di evolversi anche molto rapidamente, al di là di ogni calcolo possibile.

Ora il Vaticano piange sul proprio errore. Il PCI, invece, finge di non averlo commesso ed esulta per l'insperato trionfo.

Ma è stato proprio un vero trionfo?

Io ho delle buone ragioni per dubitarne. Ormai è passato quasi un mese da quel felice 12 maggio e posso perciò permettermi di esercitare la mia critica senza temere di fare del disfattismo inopportuno.

La mia opinione è che il cinquantanove per cento dei «no», non sta a dimostrare, miracolisticamente, una vittoria del laicismo, del progresso e della democrazia: niente affatto: esso sta a dimostrare invece due cose:

1) che i «ceti medi» sono radicalmente – direi antropologicamente – cambiati: i loro valori positivi non sono più i valori sanfedisti e clericali ma sono i valori (ancora vissuti solo esistenzialmente e non «nominati») dell'ideologia edonistica del consumo e della conseguente tolleranza modernistica di tipo americano. È stato lo stesso Potere – attraverso lo «sviluppo» della produzione di beni superflui, l'imposizione della smania del consumo, la moda, l'informazione (soprattutto, in maniera imponente, la televisione) – a creare tali valori, gettando a mare cinicamente i valori tradizionali e la Chiesa stessa, che ne era il simbolo.

2) che l'Italia contadina e paleoindustriale è crollata, si è disfatta, non c'è più, e al suo posto c'è un vuoto che aspetta probabilmente di essere colmato da una completa borghesizzazione, del tipo che ho accennato qui sopra (modernizzante, falsamente tollerante, americaneggiante ecc.).

Il «no» è stato una vittoria, indubbiamente. Ma la reale indicazione che esso dà è quella di una «mutazione» della cultura italiana: che si allontana tanto dal fascismo tradizionale che dal progressismo socialista.

Se così stanno le cose, allora, che senso ha la «strage di Brescia» (come già quella di Milano)? Si tratta di una strage fascista, che implica dunque una indignazione antifascista? Se son le parole che contano, allora bisogna rispondere positivamente. Se sono i fatti allora la risposta non può essere che negativa; o per lo meno tale da rinnovare i vecchi termini del problema.

L'Italia non è mai stata capace di esprimere una grande Destra. È questo, probabilmente, il fatto determinante di tutta la sua storia recente. Ma non si tratta di una causa, bensì di un effetto. L'Italia non ha avuto una grande Destra perché non ha avuto una cultura capace di esprimerla. Essa ha potuto esprimere solo quella rozza, ridicola, feroce destra che è il fascismo. In tal senso il neofascismo parlamentare è la fedele continuazione del fascismo tradizionale. Senonché, nel frattempo, *ogni* forma di continuità storica si è spezzata. Lo «sviluppo», pragmaticamente voluto dal Potere, si è istituito storicamente in una specie di *epoché*, che ha radicalmente «trasformato», in pochi anni, il mondo italiano.

Tale salto «qualitativo» riguarda dunque sia i fascisti che gli antifascisti: si tratta infatti del passaggio di una cultura, fatta di analfabetismo (il popolo) e di umanesimo cencioso (i ceti medi) da un'organizzazione culturale arcaica, all'organizzazione moderna della «cultura di massa». La cosa, in realtà, è enorme: è un fenomeno, insisto, di «mutazione» antropologica. Soprattutto forse perché ciò ha mutato i caratteri necessari del Potere. La «cultura di massa», per esempio, non può essere una cultura ecclesiastica, moralistica e patriottica: essa è infatti direttamente legata al consumo, che ha delle sue leggi interne e una sua autosufficienza ideologica, tali da creare automaticamente un Potere che non sa più che farsene di Chiesa, Patria, Famiglia e altre ubbìe affini.

L'omologazione «culturale» che ne è derivata riguarda tutti: popolo e borghesia, operai e sottoproletari. Il contesto sociale è mutato nel senso che si è estremamente unificato. La matrice che genera tutti gli italiani è ormai la stessa. Non c'è più dunque differenza apprezzabile – al di fuori di una scelta politica come schema morto da riempire gesticolando – tra un qualsiasi cittadino italiano fascista e un qualsiasi cittadino italiano antifascista. Essi sono culturalmente, psicologicamente e, quel che è più impressionante, fisicamente, interscambiabili. Nel comportamento quotidiano, mimico, somatico non c'è niente che distingua – ripeto, al di fuori di un comizio o di un'azione politica – un fascista da un antifascista (di mezza età o giovane: i vecchi, in tal senso possono ancora esser distinti tra loro). Questo per quel che riguarda i fascisti e gli antifascisti medi. Per quel che riguarda gli estremisti, l'omologazione è ancor più radicale.

A compiere l'orrenda strage di Brescia sono stati dei fascisti. Ma approfondiamo questo loro fascismo. È un fascismo che si fonda su Dio? Sulla Patria? Sulla Famiglia? Sul perbenismo tradizionale, sulla moralità intollerante, sull'ordine militaresco portato nella vita civile? O, se tale fascismo si autodefinisce ancora, pervicacemente, come fondato su tutte queste cose, si tratta di un'autodefinizione sincera? Il criminale Esposti – per fare un esempio – nel caso che in Italia fosse stato restaurato, a suon di bombe, il fascismo, sarebbe stato disposto ad accettare l'Italia della sua falsa e retorica nostalgia? L'Italia non consumistica, economa e eroica (come lui la credeva)? L'Italia scomoda e rustica? L'Italia senza televisione e senza benessere? L'Italia senza motociclette e giubbotti di cuoio? L'Italia con le donne chiuse in casa e semi-velate? No: è evidente che anche il più fanatico dei fascisti considererebbe anacronistico rinunciare a tutte queste conquiste dello «sviluppo». Conquiste che vanificano, attraverso nient'altro che la loro letterale presenza – divenuta totale e totalizzante – ogni misticismo e ogni moralismo del fascismo tradizionale.

Dunque il fascismo non è più il fascismo tradizionale. Che cos'è, allora?

I giovani dei campi fascisti, i giovani delle SAM, i giovani che sequestrano persone e mettono bombe sui treni, si chiamano e vengono chiamati «fascisti»: ma si tratta di una definizione puramente nominalistica. Infatti essi sono in tutto e per tutto identici all'enorme maggioranza dei loro coetanei. Culturalmente, psicologicamente, somaticamente – ripeto – non c'è niente che li distingua. Li distingue solo una «decisione» astratta e aprioristica che, per essere conosciuta, deve essere detta. Si può parlare casualmente per ore con un giovane fascista dinamitardo e non accorgersi che è un fascista. Mentre solo fino a dieci anni fa bastava non dico una parola, ma uno sguardo, per distinguerlo e riconoscerlo.

Il contesto culturale da cui questi fascisti vengono fuori è enormemente diverso da quello tradizionale. Questi dieci anni di storia italiana che hanno portato gli italiani a votare «no» al referendum, hanno prodotto – attraverso lo stesso meccanismo profondo – questi nuovi fascisti la cui cultura è identica a quella di coloro che hanno votato «no» al referendum.

Essi sono del resto poche centinaia o migliaia: e, se il governo e la polizia l'avessero voluto, essi sarebbero scomparsi totalmente dalla scena già dal 1969.

Il fascismo delle stragi è dunque un fascismo nominale, senza un'ideologia propria (perché vanificata dalla qualità di vita reale vissuta da quei fascisti), e, inoltre, artificiale: esso è cioè voluto da quel Potere, che dopo aver liquidato, sempre pragmaticamente, il fascismo tradizionale e la Chiesa (il clerico-fascismo che era effettivamente una realtà culturale italiana) ha poi deciso di mantenere in vita delle forze da opporre – secondo una strategia mafiosa e da Commissariato di Pubblica Sicurezza – all'eversione comunista. I veri responsabili delle stragi di Milano e di Brescia non sono i giovani mostri che hanno messo le bombe, né i loro sinistri mandanti e finanziatori. Quindi è inutile e retorico fingere di attribuire qualche reale responsabilità a questi giovani e al loro fascismo *nominale* e *artificiale*. La cultura a cui essi appartengono e che contiene gli elementi per la loro follia pragmatica è, lo ripeto ancora una volta, la stessa dell'enorme maggioranza dei loro coetanei. Non procura solo a loro condizioni intollerabili di conformismo e di nevrosi, e quindi di estremismo (che è appunto la conflagrazione dovuta alla miscela di conformismo e nevrosi).

Se il loro fascismo dovesse prevalere, sarebbe il fascismo di Spinola, non quello di Caetano: cioè sarebbe un fascismo ancora peggiore di quello tradizionale, ma non sarebbe più precisamente fascismo. Sarebbe qualcosa che già in realtà viviamo, e che i fascisti vivono in modo esasperato e mostruoso: ma non senza ragione.

*24 giugno 1974. Il vero fascismo e quindi il vero antifascismo**

Che cos'è la *cultura* di una nazione? Correntemente si crede, anche da parte di persone *colte*, che essa sia la *cultura* degli scienziati, dei politici, dei professori, dei letterati, dei cineasti ecc.: cioè che essa sia la *cultura* dell'*intelligencija*. Invece non è così. E non è neanche la cultura della classe dominante, che, appunto, attraverso la lotta di classe, cerca di imporla almeno formalmente. Non è infine neanche la *cultura* della classe dominata, cioè la *cultura* popolare degli operai e dei contadini. La cultura di una nazione è l'insieme di tutte queste culture di classe: è la media di esse. E sarebbe dunque astratta se non fosse riconoscibile – o, per dir meglio, visibile – nel vissuto e nell'esistenziale, e se non avesse di conseguenza una dimensione pratica. Per molti secoli, in Italia, queste *culture* sono state distinguibili anche se storicamente unificate. Oggi – quasi di colpo, in una specie di Avvento – distinzione e unificazione storica hanno ceduto il posto a una omologazione che realizza quasi miracolosamente il sogno interclassista del vecchio Potere. A cosa è dovuta tale omologazione? Evidentemente a un nuovo Potere.

Scrivo «Potere» con la P maiuscola – cosa che Maurizio Ferrara accusa di irrazionalismo, su «l'Unità» (12-6-1974) – solo perché sinceramente non so in cosa consista questo nuovo Potere e chi lo rappresenti. So semplicemente che c'è. Non lo riconosco più né nel Vaticano, né nei Potenti democristiani, né nelle Forze Armate. Non lo riconosco più neanche nella grande industria,

* Sul «Corriere della Sera» col titolo «Il Potere senza volto».

perché essa non è più costituita da un certo numero limitato di grandi industriali: a me, almeno, essa appare piuttosto come un *tutto* (industrializzazione totale), e, per di più, come *tutto non italiano* (transnazionale).

Conosco anche – perché le vedo e le vivo – alcune caratteristiche di questo nuovo Potere ancora senza volto: per esempio il suo rifiuto del vecchio sanfedismo e del vecchio clericalismo, la sua decisione di abbandonare la Chiesa, la sua determinazione (coronata da successo) di trasformare contadini e sottoproletari in piccoli borghesi, e soprattutto la sua smania, per così dire cosmica, di attuare fino in fondo lo «Sviluppo»: produrre e consumare.

L'identikit di questo volto ancora bianco del nuovo Potere attribuisce vagamente ad esso dei tratti «moderni», dovuti alla tolleranza e a una ideologia edonistica perfettamente autosufficiente: ma anche dei tratti feroci e sostanzialmente repressivi: la tolleranza è infatti falsa, perché in realtà nessun uomo ha mai dovuto essere tanto normale e conformista come il consumatore; e quanto all'edonismo, esso nasconde evidentemente una decisione a preordinare tutto con una spietatezza che la storia non ha mai conosciuto. Dunque questo nuovo Potere non ancora rappresentato da nessuno e dovuto a una «mutazione» della classe dominante, è in realtà – se proprio vogliamo conservare la vecchia terminologia – una forma «totale» di fascismo. Ma questo Potere ha anche «omologato» culturalmente l'Italia: si tratta dunque di una omologazione repressiva, pur se ottenuta attraverso l'imposizione dell'edonismo e della *joie de vivre*. La strategia della tensione è una spia, anche se sostanzialmente anacronistica, di tutto questo.

Maurizio Ferrara, nell'articolo citato (come del resto Ferrarotti, in «Paese sera», 14-6-1974) mi accusa di estetismo. E tende con questo a escludermi, a recludermi. Va bene: la mia può essere l'ottica di un «artista», cioè, come vuole la buona borghesia, di un matto. Ma il fatto per esempio che due rappresentanti del vecchio Potere (che servono però ora, in realtà, benché interlocutoriamente, il Potere nuovo) si siano ricattati a vicenda a proposito dei finanziamenti ai Partiti e del caso Montesi, può essere anche una buona ragione per fare impazzire: cioè screditare talmente una classe dirigente e una società davanti agli occhi di un uomo, da fargli perdere il senso dell'opportunità e dei limiti, gettandolo in un vero e proprio stato di «anomia». Va detto inoltre che l'ottica dei pazzi è da prendersi in seria considerazione: a meno che non si voglia essere progrediti in tutto fuorché sul problema dei pazzi, limitandosi comodamente a rimuoverli.

Ci sono certi pazzi che guardano le facce della gente e il suo comportamento. Ma non perché epigoni del positivismo lombrosiano (come rozzamente insinua Ferrara), ma perché conoscono la semiologia. Sanno che la cultura produce dei codici; che i codici producono il comportamento; che il comportamento è un linguaggio; e che in un momento storico in cui il linguaggio verbale è tutto convenzionale e sterilizzato (tecnicizzato) il linguaggio del comportamento (fisico e mimico) assume una decisiva importanza.

Per tornare così all'inizio del nostro discorso, mi sembra che ci siano delle buone ragioni per sostenere che la cultura di una nazione (nella fattispecie l'Italia) è oggi espressa soprattutto attraverso il linguaggio del comportamento, o linguaggio fisico, *più* un certo quantitativo – completamente convenzionalizzato e estremamente povero – di linguaggio verbale.

È a un tale livello di comunicazione linguistica che si manifestano: a) la mutazione antropologica degli italiani; b) la loro completa omologazione a un unico modello.

Dunque: decidere di farsi crescere i capelli fin sulle spalle, oppure tagliarsi i capelli e farsi crescere i baffi (in una citazione protonovecentesca); decidere di mettersi una benda in testa oppure di calcarsi una scopoletta sugli occhi; decidere se sognare una Ferrari o una Porsche; seguire attentamente i programmi televisivi; conoscere i titoli di qualche best-seller; vestirsi con pantaloni e magliette prepotentemente alla moda; avere rapporti ossessivi con ragazze tenute accanto esornativamente, ma, nel tempo stesso, con la pretesa che siano «libere» ecc. ecc. ecc.: tutti questi sono atti *culturali*.

Ora, *tutti* gli Italiani giovani compiono questi identici atti, hanno questo stesso linguaggio fisico, sono interscambiabili; cosa vecchia come il mondo, se limitata a una classe sociale, a una categoria: ma il fatto è che questi atti culturali e questo linguaggio somatico sono interclassisti. In una piazza piena di giovani, nessuno potrà più distinguere, dal suo corpo, un operaio da uno studente, un fascista da un antifascista; cosa che era ancora possibile nel 1968.

I problemi di un intellettuale appartenente all'*intelligencija* sono diversi da quelli di un partito e di un uomo politico, anche se magari l'ideologia è la stessa. Vorrei che i miei attuali contraddittori di sinistra comprendessero che io sono in grado di rendermi conto che, nel caso che lo Sviluppo subisse un arresto e si avesse una recessione, se i Partiti di Sinistra non appoggiassero il Potere vigente, l'Italia semplicemente si sfascerebbe; se invece lo Sviluppo continuasse così com'è cominciato, sarebbe indubbiamente realistico il cosiddetto «compromesso storico», unico modo per cercare di correggere quello Sviluppo, nel senso indicato da Berlinguer nel suo rapporto al CC del partito comunista (cfr. «l'Unità», 4-6-1974). Tuttavia, come a Maurizio Ferrara non competono le «facce», a me non compete questa manovra di pratica politica. Anzi, io ho, se mai, il dovere di esercitare su essa la mia critica, donchisciottescamente e magari anche estremisticamente. Quali sono dunque i miei problemi?

Eccone per esempio uno. Nell'articolo che ha suscitato questa polemica («Corriere della Sera», 10-6-1974) dicevo che i responsabili reali delle stragi di Milano e di Brescia sono il governo e la polizia italiana: perché se governo e polizia avessero voluto, tali stragi non ci sarebbero state. È un luogo comune. Ebbene, a questo punto mi farò definitivamente ridere dietro dicendo che responsabili di queste stragi siamo anche noi progressisti, antifascisti, uomini di sinistra. Infatti in tutti questi anni non abbiamo fatto nulla:

1) perché parlare di «Strage di Stato» non divenisse un luogo comune, e tutto si fermasse lì;

2) (e più grave) non abbiamo fatto nulla perché i fascisti non

ci fossero. Li abbiamo solo condannati gratificando la nostra coscienza con la nostra indignazione; e più forte e petulante era l'indignazione più tranquilla era la coscienza.

In realtà ci siamo comportati coi fascisti (parlo soprattutto di quelli giovani) razzisticamente: abbiamo cioè frettolosamente e spietatamente voluto credere che essi fossero predestinati razzisticamente a essere fascisti, e di fronte a questa decisione del loro destino non ci fosse niente da fare. E non nascondiamocelo: tutti sapevamo, nella nostra vera coscienza, che quando uno di quei giovani *decideva* di essere fascista, ciò era puramente casuale, non era che un gesto, immotivato e irrazionale: sarebbe bastata forse una sola parola perché ciò non accadesse. Ma nessuno di noi ha mai parlato con loro o a loro. Li abbiamo subito accettati come rappresentanti inevitabili del Male. E magari erano degli adolescenti e delle adolescenti diciottenni, che non sapevano nulla di nulla, e si sono gettati a capofitto nell'orrenda avventura per semplice disperazione.

Ma non potevamo distinguerli dagli altri (non dico dagli altri estremisti: ma da *tutti* gli altri). È questa la nostra spaventosa giustificazione.

Padre Zosima (letteratura per letteratura!) ha subito saputo distinguere, tra tutti quelli che si erano ammassati nella sua cella, Dmitrj Karamazov, il parricida. Allora si è alzato dalla sua seggioletta ed è andato a prosternarsi davanti a lui. E l'ha fatto (come avrebbe detto più tardi al Karamazov più giovane) perché Dmitrj era destinato a fare la cosa più orribile e a sopportare il più disumano dolore.

Pensate (se ne avete la forza) a quel ragazzo o a quei ragazzi che sono andati a mettere le bombe nella piazza di Brescia. Non c'era da alzarsi e da andare a prosternarsi davanti a loro? Ma erano giovani con capelli lunghi, oppure con baffetti tipo primo Novecento, avevano in testa bende oppure scopolette calate sugli occhi, erano pallidi e presuntuosi, il loro problema era vestirsi alla moda tutti allo stesso modo, avere Porsche o Ferrari, oppure motociclette da guidare come piccoli idioti arcangeli con dietro le ragazze ornamentali, sì, ma moderne, e a favore del divorzio, della liberazione della donna, e in generale dello sviluppo... Erano insomma giovani come tutti gli altri: niente li distingueva in alcun modo. Anche se avessimo voluto non avremmo potuto andare a prosternarci davanti a loro. Perché il vecchio fascismo, sia pure attraverso la degenerazione retorica, distingueva: mentre il nuovo fascismo – che è tutt'altra cosa – non distingue più: non è umanisticamente retorico, è americanamente pragmatico. Il suo fine è la riorganizzazione e l'omologazione brutalmente totalitaria del mondo.

*8 luglio 1974. Limitatezza della storia e immensità del mondo contadino**

Caro Calvino,

Maurizio Ferrara dice che io rimpiango un'«età dell'oro», tu dici che rimpiango l'«Italietta»: tutti dicono che rimpiango qualcosa, facendo di questo rimpianto un valore negativo e quindi un facile bersaglio.

Ciò che io rimpiango (se si può parlare di rimpianto) l'ho detto chiaramente, sia pure in versi («Paese sera», 5-1-1974). Che degli altri abbiano fatto finta di non capire è naturale. Ma mi meraviglio che non abbia voluto capire tu (che non hai ragioni per farlo). Io rimpiangere l'«Italietta»? Ma allora tu non hai letto un solo verso delle *Ceneri di Gramsci* o di *Calderón*, non hai letto una sola riga dei miei romanzi, non hai visto una sola inquadratura dei miei films, non sai niente di me! Perché tutto ciò che io ho fatto e sono, *esclude* per sua natura che io possa rimpiangere l'Italietta. A meno che tu non mi consideri radicalmente cambiato: cosa che fa parte della psicologia miracolistica degli italiani, ma che appunto per questo non mi par degna di te.

L'«Italietta» è piccolo-borghese, fascista, democristiana; è provinciale e ai margini della storia; la sua cultura è un umanesimo scolastico formale e volgare. Vuoi che rimpianga tutto questo? Per quel che mi riguarda personalmente, questa Italietta è stata un paese di gendarmi che mi ha arrestato, processato, perseguitato, tormentato, linciato per quasi due decenni. Questo un giovane può non saperlo. Ma tu no. Può darsi che io abbia avuto quel

* Su «Paese sera» col titolo «Lettera aperta a Italo Calvino: P.: quello che rimpiango».

minimo di dignità che mi ha permesso di nascondere l'angoscia di chi per anni e anni si attendeva ogni giorno l'arrivo di una citazione del tribunale e aveva terrore di guardare nelle edicole per non leggere nei giornali atroci notizie scandalose sulla sua persona. Ma se tutto questo posso dimenticarlo io, non devi però dimenticarlo tu...

D'altra parte questa «Italietta», per quel che mi riguarda, non è finita. Il linciaggio continua. Magari adesso a organizzarlo sarà l'«Espresso», vedi la noterella introduttiva («Espresso», 23-6-1974) ad alcuni interventi sulla mia tesi («Corriere della Sera», 10-6-1974): noterella in cui si ghigna per un titolo non dato da me, si estrapola lepidamente dal mio testo, naturalmente travisandolo orrendamente, e infine si getta su me il sospetto che io sia una specie di nuovo Plebe: operazione di cui finora avrei creduto capaci solo i teppisti del «Borghese».

Io so bene, caro Calvino, come si svolge la vita di un intellettuale. Lo so perché, in parte, è anche la *mia* vita. Letture, solitudini al laboratorio, cerchie in genere di pochi amici e molti conoscenti, tutti intellettuali e borghesi. Una vita di lavoro e sostanzialmente perbene. Ma io, come il dottor Hyde, ho un'altra vita. Nel vivere questa vita, devo rompere le barriere naturali (e innocenti) di classe. Sfondare le pareti dell'Italietta, e sospingermi quindi in un altro mondo: il mondo contadino, il mondo sottoproletario e il mondo operaio. L'ordine in cui elenco questi mondi riguarda l'importanza della mia esperienza personale, non la loro importanza oggettiva. Fino a pochi anni fa questo era il mondo preborghese, il mondo della classe dominata. Era solo per mere ragioni nazionali, o, meglio, statali, che esso faceva parte del territorio dell'Italietta. Al di fuori di questa pura e semplice formalità, tale mondo non coincideva affatto con l'Italia. L'universo contadino (cui appartengono le culture sottoproletarie urbane, e, appunto fino a pochi anni fa, quelle delle minoranze operaie – ché erano vere e proprie minoranze, come in Russia nel '17) è un universo transnazionale: che addirittura non riconosce le nazioni. Esso è l'avanzo di una civiltà precedente (o di un cumulo di civiltà precedenti tutte molto analoghe fra loro), e la classe dominante (nazionalista) modellava tale avanzo secondo i propri interessi e i propri fini politici (per un lucano – penso a De Martino – la nazione a lui estranea, è stato prima il Regno Borbonico, poi l'Italia piemontese, poi l'Italia fascista, poi l'Italia attuale: senza soluzione di continuità).

È questo illimitato mondo contadino prenazionale e preindustriale, sopravvissuto fino a solo pochi anni fa, che io rimpiango (non per nulla dimoro il più a lungo possibile, nei paesi del Terzo Mondo, dove esso sopravvive ancora, benché il Terzo Mondo stia anch'esso entrando nell'orbita del cosiddetto Sviluppo).

Gli uomini di questo universo non vivevano un'*età dell'oro*, come non erano coinvolti, se non formalmente con l'Italietta. Essi vivevano quella che Chilanti ha chiamato l'*età del pane*. Erano cioè consumatori di beni estremamente necessari. Ed era questo, forse, che rendeva estremamente necessaria la loro povera e precaria vita. Mentre è chiaro che i beni superflui rendono superflua la vita (tanto per essere estremamente elementari, e concludere con questo argomento).

Che io rimpianga o non rimpianga questo universo contadino, resta comunque affar mio. Ciò non mi impedisce affatto di esercitare sul mondo attuale *così com'è* la mia critica: anzi, tanto più lucidamente quanto più ne sono staccato, e quanto più accetto solo stoicamente di viverci.

Ho detto, e lo ripeto, che l'acculturazione del Centro consumistico, ha distrutto le varie culture del Terzo Mondo (parlo ancora su scala mondiale, e mi riferisco dunque appunto anche alle culture del Terzo Mondo, cui le culture contadine italiane sono profondamente analoghe): il modello culturale offerto agli italiani (e a tutti gli uomini del globo, del resto) è unico. La conformazione a tale modello si ha prima di tutto nel vissuto, nell'esistenziale: e quindi nel corpo e nel comportamento. È qui che si vivono i valori, non ancora espressi, della nuova cultura della civiltà dei consumi, cioè del nuovo e del più repressivo totalitarismo che si sia mai visto. Dal punto di vista del linguaggio verbale, si ha la riduzione di tutta la lingua a lingua comunicativa, con un enorme impoverimento dell'espressività. I dialetti (gli idiomi materni!) sono allontanati nel tempo e nello spazio: i figli sono costretti a non parlarli più perché vivono a Torino, a Milano o in Germania. Là dove si parlano ancora, essi hanno totalmente perso ogni loro potenzialità inventiva. Nessun ragazzo delle borgate romane sarebbe più in grado, per esempio, di capire il gergo dei miei romanzi di dieci-quindici anni fa: e, ironia della sorte!, sarebbe costretto a consultare l'annesso glossario come un buon borghese del Nord!

Naturalmente questa mia «visione» della nuova realtà culturale italiana è radicale: riguarda il fenomeno come fenomeno globale, non le sue eccezioni, le sue resistenze, le sue sopravvivenze.

Quando parlo di omologazione di tutti i giovani, per cui, dal suo corpo, dal suo comportamento e dalla sua ideologia *inconscia e reale* (l'edonismo consumistico) un giovane fascista non può più essere distinto da *tutti* gli altri giovani, enuncio un fenomeno generale. So benissimo che ci sono dei giovani che si distinguono. Ma si tratta di giovani appartenenti alla nostra stessa *élite*, e condannati a essere ancora più infelici di noi: e quindi probabilmente anche migliori. Questo lo dico per una allusione («Paese sera», 21-6-1974) di Tullio De Mauro, che, dopo essersi dimenticato di invitarmi a un convegno linguistico di Bressanone, mi rimprovera di non esservi stato presente: là, egli dice, avrei visto alcune decine di giovani che avrebbero contraddetto le mie tesi. Cioè come a dire che se alcune decine di giovani usano il termine «euristica» ciò significa che l'uso di tale termine è praticato da cinquanta milioni di italiani.

Tu dirai: gli uomini sono sempre stati conformisti (tutti uguali uno all'altro) e ci sono sempre state delle *élites*. Io ti rispondo: sì, gli uomini sono sempre stati conformisti e il più possibile uguali l'uno all'altro, ma secondo la loro classe sociale. E, all'interno di tale distinzione di classe, secondo le loro particolari e concrete condizioni culturali (regionali). Oggi invece (e qui cade la «mutazione» antropologica) gli uomini sono conformisti e tutti uguali uno all'altro *secondo un codice interclassista* (studente uguale operaio, operaio del Nord uguale operaio del Sud): almeno potenzialmente, nell'ansiosa volontà di uniformarsi.

Infine, caro Calvino, vorrei farti notare una cosa. Non da moralista, ma da analista. Nella tua affrettata risposta alle mie tesi, sul «Messaggero», (18 giugno 1974) ti è scappata una frase doppiamente infelice. Si tratta della frase: «I giovani fascisti di oggi non li conosco e spero di non aver occasione di conoscerli.» Ma: 1) certamente non avrai mai tale occasione, anche perché se nello scompartimento di un treno, nella coda a un negozio, per strada, in un salotto, tu dovessi incontrare dei giovani fascisti, *non li riconosceresti*; 2) augurarsi di non incontrare mai dei giovani fascisti è una bestemmia, perché, al contrario, noi dovremmo far di tutto per individuarli e per incontrarli. Essi non sono i fatali e predestinati rappresentanti del Male: *non sono nati per essere fascisti.* Nessuno – quando sono diventati adolescenti e sono stati in grado di scegliere, secondo chissà quali ragioni e necessità – ha posto loro razzisticamente il marchio di fascisti. È una atroce forma di disperazione e nevrosi che spinge un giovane a una simile scelta; e forse sarebbe bastata una sola piccola diversa esperienza nella sua vita, un solo semplice incontro, perché il suo destino fosse diverso.

*11 luglio 1974. Ampliamento del «bozzetto» sulla rivoluzione antropologica in Italia**

. . . .

Noi intellettuali tendiamo sempre a identificare la «cultura» con la nostra cultura: quindi la morale con la nostra morale e l'ideologia con la nostra ideologia. Questo significa: 1) che non usiamo la parola «cultura» nel senso scientifico, 2) che esprimiamo, con questo, un certo insopprimibile razzismo verso coloro che vivono, appunto, un'altra cultura. Per la verità, data la mia esistenza e i miei studi, io ho sempre potuto abbastanza evitare di cadere in questi errori. Ma quando Moravia mi parla di gente (ossia in pratica tutto il popolo italiano) che vive a un livello pre-morale e pre-ideologico, mi dimostra di esserci caduto in pieno, in questi errori. Il pre-morale e il pre-ideologico esistono solo in quanto si ipotizzi l'esistenza di una sola morale e di una sola ideologia storica giusta: che sarebbe poi la nostra borghese, la sua di Moravia, o la mia, di Pasolini. Non esiste, invece, pre-morale o pre-ideologico. Esiste semplicemente un'altra cultura (la cultura popolare) o una cultura precedente. È su queste culture che si innesta una nuova scelta morale e ideologica: per esempio, la scelta marxista, oppure la scelta fascista.

Ora, tale scelta è essenziale. Ma non è «tutto». Infatti tale scelta, come Moravia stesso osserva, non va giudicata per se stessa, ma per i suoi risultati teorici o pratici (il cambiamento del mondo). Come mai certe scelte giuste – per esempio un marxismo meravigliosamente ortodosso – danno risultati così orribilmente sbagliati? Esorto Moravia a pensare a Stalin. Quanto a me, non ho dubbi: i «crimini» di Stalin sono il risultato del rapporto tra la scelta politica (il bolscevismo) e la cultura precedente di Stalin

* Sul «Mondo», intervista a cura di Guido Vergani.

(cioè quello che Moravia chiama, con disprezzo, pre-morale o preideologico). Del resto non c'è bisogno di ricorrere a Stalin, alla sua scelta giusta e al suo fondo culturale contadino, clericale e barbarico. Gli esempi sono infiniti. Anch'io, per esempio, secondo Maurizio Ferrara (che sull'«Unità» mi muove la stessa critica di Moravia, cioè mi ricorda severamente il valore essenziale e definitivo della scelta), ho fatto una scelta giusta, ma una cattiva applicazione: dovuta, pare, al mio irrazionalismo culturale, cioè alla cultura precedente in cui mi sono formato.

Ora generalizziamo per milioni questi casi singoli. Milioni di italiani hanno fatto delle scelte (abbastanza schematiche): per esempio molti milioni di italiani hanno scelto il marxismo, o quanto meno il progressismo, altri milioni di italiani hanno scelto il clerico-fascismo. Tali scelte, come sempre avviene, si sono innestate in una cultura. Che è appunto la cultura degli italiani. La quale cultura degli italiani è frattanto, però, completamente cambiata. No, non nelle idee espresse, non nella scuola, non nei valori portati coscientemente. Per esempio, un fascista «modernissimo», cioè manovrato dalla espansione economica italiana e straniera, legge ancora Evola. La cultura italiana è cambiata nel vissuto, nell'esistenziale, nel concreto. Il cambiamento consiste nel fatto che la vecchia cultura di classe (con le sue divisioni nette: cultura della classe dominata, o popolare, cultura della classe dominante, o borghese, cultura delle élites), è stata sostituita da una nuova cultura interclassista: che si esprime attraverso il modo di essere degli italiani, attraverso la loro nuova qualità di vita. Le scelte politiche, innestandosi nel vecchio humus culturale, erano una cosa: innestandosi in questo nuovo humus culturale sono un'altra. Un operaio o un contadino marxista degli anni Quaranta o Cinquanta, nell'ipotesi di una vittoria rivoluzionaria, avrebbe cambiato il mondo in un modo: oggi, nella stessa ipotesi, lo cambierebbe in un altro modo. Non voglio fare profezie: ma non nascondo che sono disperatamente pessimista. Chi ha manipolato e radicalmente (antropologicamente) mutato le grandi masse contadine e operaie italiane è un nuovo potere che mi è difficile definire: ma di cui sono certo che è il più violento e totalitario che ci sia mai stato: esso cambia la natura della gente, entra nel più profondo delle coscienze. Dunque, sotto le scelte coscienti, c'è una scelta coatta, «ormai comune a tutti gli italiani»: la quale ultima non può che deformare le prime.

Quanto agli altri interventi dell'«Espresso», quello di Facchinelli mi è oscuro. L'oracolo è stato un po' troppo «a chiave». A quello di Colletti non rispondo perché è troppo sbrigativo. Non si può discutere con una persona che dimostra chiaramente di voler tagliar corto e di non voler decisamente prenderti in considerazione. Penso che il breve intervento di Fortini potrebbe essere da me utilizzato a mio favore («c'è da chiedersi se quel "no", almeno in una sua parte, non significhi anche una volontà di guardare oltre l'ottimismo "progressista"») e di accettare l'ascetico invito a continuare a lavorare anche per delle infime minoranze; o magari anche sperare che le «somiglianze» di oggi divengano «differenze» di domani. Infatti io poi lavoro per delle infime minoranze, e se lavoro vuol dire che non dispero (benché detesti ogni ottimismo, che è sempre eufemistico). Solo che l'accanimento di Fortini a voler star sempre sul punto più avanzato di ciò che si chiama storia – facendo molto pesare ciò sugli altri – mi dà un istintivo senso di noia e di prevaricazione. Io smetterò di «dire che la storia non c'è più» quando Fortini la smetterà di parlare col dito alzato. Quanto a Sciascia lo ringrazio per la sincerità della sua solidarietà (coraggiosa dato il linciaggio e l'atroce sospetto di essere addirittura una specie di Plebe lanciato su di me dai miserabili antifascisti dell'«Espresso»): ma sul suo discorso sulle brigate rosse c'è l'ombra dei vari biglietti scritti da Sossi: biglietti che a un'analisi linguistica mi son parsi di una tale insincerità, infantilismo, mancanza di umanità, da giustificare ogni sospetto.

. . . .

È stata la propaganda televisiva del nuovo tipo di vita «edonistico» che ha determinato il trionfo del «no» al referendum. Non c'è niente infatti di meno idealistico e religioso del mondo televisivo. È vero che in tutti questi anni la censura televisiva è stata una censura vaticana. Solo però che il Vaticano non ha capito che cosa doveva e cosa non doveva censurare. Doveva censurare per esempio «Carosello», perché è in «Carosello», onnipotente, che esplode in tutto il suo nitore, la sua assolutezza, la sua perentorietà, il nuovo tipo di vita che gli italiani «devono» vivere. E non mi si dirà che si tratta di un tipo di vita in cui la religione conti qualcosa. D'altra parte le trasmissioni di carattere specificamente religioso della Televisione sono di un tale tedio, di un tale spirito di repressività, che il Vaticano avrebbe fatto bene a censurarle tutte. Il bombardamento ideologico televisivo non è esplicito: esso è tutto nelle cose, tutto indiretto. Ma mai un «modello di vita» ha potuto essere propagandato con tanta efficacia che attraverso la televisione. Il tipo di uomo o di donna che conta, che è moderno, che è da imitare e da realizzare, non è descritto o decantato: è rappresentato! Il linguaggio della televisione è per sua natura il linguaggio fisico-mimico, il linguaggio del comportamento. Che viene dunque mimato di sana pianta, senza mediazioni, nel linguaggio fisico-mimico e nel linguaggio del comportamento nella realtà. Gli eroi della propaganda televisiva – giovani su motociclette, ragazze accanto a dentifrici – proliferano in milioni di eroi analoghi nella realtà.

Appunto perché perfettamente pragmatica, la propaganda televisiva rappresenta il momento qualunquistico della nuova ideologia edonistica del consumo: e quindi è enormemente efficace.

Se al livello della volontà e della consapevolezza la televisione in tutti questi anni è stata al servizio della democrazia cristiana e del Vaticano, al livello involontario e inconsapevole essa è stata invece al servizio di un nuovo potere, che non coincide più ideologicamente con la democrazia cristiana e non sa più che farsene del Vaticano.

. . . .

Ciò che più impressiona camminando per una città dell'Unione Sovietica è l'uniformità della folla: non si nota mai alcuna differenza sostanziale tra i passanti, nel modo di vestire, nel modo di camminare, nel modo di essere seri, nel modo di sorridere, nel modo di gestire, insomma, nel modo di comportarsi. Il «sistema di segni» del linguaggio fisico-mimico, in una città russa, non ha varianti: esso è perfettamente identico in tutti. Qual è dunque la proposizione prima di questo linguaggio fisico-mimico? È la seguente: «Qui non c'è più differenza di classe.» Ed è una cosa meravigliosa. Malgrado tutti gli errori e le involuzioni, malgrado i delitti politici e i genocidi di Stalin (di cui è complice l'intero universo contadino russo), il fatto che il popolo abbia vinto nel '17, una volta per sempre, la lotta di classe e abbia raggiunto l'uguaglianza dei cittadini, è qualcosa che dà un profondo esaltante sentimento di allegria e di fiducia negli uomini. Il popolo si è infatti conquistato la libertà suprema: nessuno gliel'ha regalata. Se l'è conquistata.

Oggi anche nelle città dell'Occidente – ma io voglio parlare soprattutto dell'Italia – camminando per le strade si è colpiti dall'uniformità della folla: anche qui non si nota più alcuna differenza sostanziale, tra i passanti (soprattutto giovani) nel modo di vestire, nel modo di camminare, nel modo di esser seri, nel modo di sorridere, nel modo di gestire, insomma nel modo di comportarsi. E si può dunque dire come per la folla russa, che il sistema di segni del linguaggio fisico-mimico, non ha più varianti, che esso è perfettamente identico in tutti. Ma mentre in Russia ciò è un fenomeno così positivo da riuscire esaltante, in Occidente esso è invece un fenomeno negativo da gettare in uno stato d'animo che rasenta il definitivo disgusto e la disperazione.

La proposizione prima di tale linguaggio fisico-mimico è infatti la seguente: «Il Potere ha deciso che noi siamo tutti uguali.»

L'ansia del consumo è un'ansia di obbedienza a un ordine non pronunciato. Ognuno in Italia sente l'ansia, degradante, di essere uguale agli altri nel consumare, nell'essere felice, nell'essere libero: perché questo è l'ordine che egli ha inconsciamente ricevuto, e a cui «deve» obbedire, a patto di sentirsi diverso. Mai la diversità è stata una colpa così spaventosa come in questo periodo di tolleranza. L'uguaglianza non è stata infatti conquistata, ma è una «falsa» uguaglianza ricevuta in regalo.

. . . .

Una delle caratteristiche principali di questa uguaglianza dell'esprimersi vivendo, oltre alla fossilizzazione del linguaggio verbale (gli studenti parlano come libri stampati, i ragazzi del popolo hanno perduto ogni inventività gergale), è la tristezza: l'allegria è sempre esagerata, ostentata, aggressiva, offensiva. La tristezza fisica di cui parlo è profondamente nevrotica. Essa dipende da una frustrazione sociale. Ora che il modello sociale da realizzare non è più quello della propria classe, ma imposto dal potere, molti non sono appunto in grado di realizzarlo. E ciò li umilia orrendamente. Faccio un esempio, molto umile. Una volta il fornarino, o cascherino – come lo chiamano qui a Roma – era sempre, eternamente allegro: un'allegria vera, che gli sprizzava dagli occhi. Se ne andava in giro per le strade fischiettando e lanciando motti. La sua vitalità era irresistibile. Era vestito molto più poveramente di adesso: i calzoni erano rattoppati, addirittura spesse volte la camicetta uno straccio. Però tutto ciò faceva parte di un modello che nella sua borgata aveva un valore, un senso. Ed egli ne era fiero. Al mondo della ricchezza egli aveva da opporre un proprio mondo altrettanto valido. Giungeva nella casa del ricco con un riso *naturaliter* anarchico, che screditava tutto: benché egli fosse magari rispettoso. Ma era appunto il rispetto di una persona profondamente estranea. E insomma, ciò che conta, questa persona, questo ragazzo, era allegro.

Non è la felicità che conta? Non è per la felicità che si fa la rivoluzione? La condizione contadina o sottoproletaria sapeva esprimere, nelle persone che la vivevano, una certa felicità «reale». Oggi, questa felicità – con lo Sviluppo – è andata perduta. Ciò significa che lo Sviluppo non è in nessun modo rivoluzionario, neanche quando è riformista. Esso non dà che angoscia. Ora ci sono degli adulti della mia età così aberranti da pensare che sia meglio la serietà (quasi tragica) con cui oggi il cascherino porta il suo pacco avvolto nella plastica, con lunghi capelli e baffetti, che l'allegria «sciocca» di una volta. Credono che preferire la serietà al riso sia un modo virile di affrontare la vita. In realtà sono dei vampiri felici di veder divenuti vampiri anche le loro vittime innocenti. La serietà, la dignità sono orrendi doveri che si impone la piccola borghesia; e i piccoli borghesi son dunque felici di vedere anche i ragazzi del popolo «seri e dignitosi». Non gli passa neanche per la testa il pensiero che questa è la vera degradazione: che i ragazzi del popolo sono tristi perché hanno preso coscienza della propria inferiorità sociale, visto che i loro valori e i loro modelli culturali sono stati distrutti.

. . . .

I comunisti che si illudono che (per esempio col referendum) si comincino a raccogliere le messi che essi hanno seminato, non si accorgono che la «partecipazione» delle masse alle grandi decisioni storiche «formali» è in realtà voluta dal potere; il quale ha appunto bisogno di un consumo di massa e di una cultura di massa. La massa «partecipante», inoltre, anche se formalmente comunista o progressista, è manipolata dal potere attraverso l'imposizione di «altri» valori e di «altre» ideologie: imposizione che avviene nel vissuto, e nel vissuto avviene dunque anche l'adozione. Sicché le masse vivono nuovi valori e nuove ideologie (il clericalismo da una parte, il progressismo dall'altra).

Purtroppo questo «momento» di immobilismo e di ufficialità del PCI è perfettamente rappresentato da Maurizio Ferrara nella sua polemica con me dalle colonne dell'«Unità». È vero che egli giunge a ingenerosità indegne di un dirigente del più grande partito italiano. Neanche il «Borghese» è mai giunto a mettere in dubbio una certa qualità della mia cultura, facendo a mio proposito nomi come quelli di Lombroso o di Carolina Invernizio. Ma questa è un'offesa che Ferrara ha fatto più ai lettori dell'«Unità» che a me. Ed è per rispetto a questi lettori che non ritorco su di lui il suo metodo. In conclusione Ferrara non risponde politicamente a nessuna delle domande che io pongo. Silenzio assoluto sulla mia ipotesi d'una sconfitta del PCI al referendum, in quanto le previsioni del PCI erano pessimistiche, fino alla paura addirittura della sconfitta. Segno di una analisi sbagliata della situazione reale del popolo italiano: e sbagliata in modo imponente. Silenzio assoluto sul vuoto oggettivamente lasciato dal mondo contadino, coi suoi valori negativi e positivi. Silenzio assoluto sui nuovi valori esistenzialmente adottati dai ceti medi, col conseguente superamento effettivo del clericalismo e del paleofascismo. Silenzio assoluto sui caratteri «scandalosi» del nuovo fascismo, che vanificano l'antifascismo classico. Silenzio assoluto sui rapporti razzistici coi fascisti giovani e adolescenti. La risposta di Ferrara consiste: a) nella pura e semplice affermazione retorica della presenza del PCI (che nessuno ha mai messo in dubbio!), b) in una serie di illazioni nei miei confronti: consistenti prima di tutto nell'attribuirmi proditoriamente dei rimpianti che io non ho affatto. Io non rimpiango l'Italietta: rimpiango l'immenso universo contadino e operaio prima dello Sviluppo: universo transnazionale nella cultura, internazionale nella scelta marxista. In secondo luogo, Ferrara – impreparato di fronte alla «semiologia», scienza che di colpo egli si è trovato tra i piedi – mi accusa di culturismo e di estetismo semplicemente perché io mi vi riferisco. Sono le lacune culturali di Ferrara – che evidentemente non legge più un libro dai tempi di Lombroso e di Carolina Invernizio – che gli fanno sembrare esperienze estetiche tutte le esperienze che le sue lacune culturali e umane gli impediscono di fare. Egli mi dà una qualunquistica lavata di capo dicendomi che non sono le facce, ma i cervelli della gente che contano. Ebbene, il cascherino di cui abbiamo parlato prima, attraverso la sua sola presenza fisica, rivela (come milioni di altri suoi simili): a) che nel suo cervello si sono depositati quei «valori» della civiltà capitalistica del consumo che fanno di lui un piccolo-borghese impotente a realizzare quei valori nella vita pratica; 2) che, di conseguenza, o accetta lo sviluppo o il PCI del *tout va bien*; 3) la sua frustrazione e la conseguente aggressività potrebbero accettare «anche» le parole d'ordine rivoluzionarie di «Lotta Continua» e di «Potere Operaio», perché egli è giunto ormai a quel livello di cattiva coscienza, e anche di volgarità, che gli consentono di accepire il messaggio estremistico (nel caso che esso fosse ancora lanciato da qualcuno).

. . . .

Il fascismo è un pietoso rudere. L'inchiesta di Bocca e Nozza sul «Giorno» è un compitino sbagliato e noioso. Perché delle varie componenti che formano oggi in Italia il mosaico fascista hanno senso «unicamente» quelle che vengono manovrate dalla CIA e da altre forze del capitalismo internazionale, tutto volto alla conquista di mercati: cioè di nazioni allegre, abbastanza libere, abbastanza tolleranti, perfettamente edonistiche, per niente militaristiche e per niente sanfedistiche (tendenze, queste, incompatibili col consumo). Ci può essere un caso limite come il Cile. In tal caso occorre la forza e un provvisorio ritorno al fascismo classico. In compenso però ci sono casi come quello del Portogallo, che doveva smetterla di essere una nazione severa, economa, arcaica: esso doveva essere immesso nel grande universo del consumo. Così probabilmente l'America ha fatto mettere d'accordo De Spinola e Caetano. Tra i due il peggiore fascista «reale» è De Spinola (che fra l'altro mi dicono abbia combattuto con una formazione portoghese accanto alle SS): perché io considero peggiore il totalitarismo del capitalismo del consumo che il totalitarismo del vecchio potere. Infatti – guarda caso – il totalitarismo del vecchio potere non ha potuto neanche scalfire il popolo portoghese: il 1° maggio lo dimostra. Il popolo portoghese ha festeggiato il mondo del Lavoro – dopo quarant'anni che non lo faceva – con una freschezza, un entusiasmo, una sincerità assolutamente intatte, come se l'ultima volta fosse stato ieri. È da prevedere invece che cinque anni di «fascismo consumistico» cambieranno radicalmente le cose: comincerà la borghesizzazione sistematica anche del popolo portoghese, e non ci sarà più spazio né cuore per le ingenue speranze rivoluzionarie. Ieri c'è stata una conferenza stampa di Marco Pannella. Parlando con meravigliosa vivacità, e allegria, malgrado una cinquantina di giorni di digiuno, Pannella ha detto una frase che forse pochi ascoltatori hanno colto: «Sono paleofascisti e quindi non fascisti.» Vorrei che questa frase facesse da epigrafe a questa nostra intervista.

*16 luglio 1974. Il fascismo degli antifascisti**

Marco Pannella è a più di settanta giorni di digiuno: è giunto allo stremo; i medici cominciano a essere veramente preoccupati e, più ancora, spaventati. D'altra parte non si vede la minima possibilità oggettiva che qualcosa di nuovo intervenga a consentire a Pannella di interrompere questo suo digiuno che può ormai divenire mortale (va aggiunto poi che un'altra quarantina di suoi compagni si sono man mano associati con lui a digiunare).

Nessuno dei rappresentanti del potere parlamentare (quindi sia del governo che dell'opposizione) sembra, neanche minimamente, disposto a «compromettersi» con Pannella e i suoi compagni. La volgarità del realismo politico sembra non poter trovare alcun punto di connessione col candore di Pannella, e quindi la possibilità di esorcizzare e inglobare il suo scandalo. Il disprezzo teologico lo circonda. Da una parte Berlinguer e il CC del PCI; dall'altra i vecchi potenti democristiani. Quanto al Vaticano è molto tempo ormai che lì i cattolici si sono dimenticati di essere cristiani. Tutto ciò non meraviglia, e vedremo il perché. Ma a cogliere il messaggio di Pannella sono renitenti, scettici e vilmente evasivi anche i «minori» (cioè quelli che hanno «minore potere»): per esempio i cosiddetti «cattolici del no»; oppure i progressisti più liberi (che intervengono in appoggio di Pannella solo in quanto «singoli», non mai come rappresentanti di partiti o gruppi).

Ora, ti meraviglierai profondamente, lettore, nel conoscere le

* Sul «Corriere della Sera» col titolo «Apriamo un dibattito sul caso Pannella».

iniziali ragioni per cui Pannella e altre decine di persone hanno dovuto adottare questa estrema arma del digiuno, in tale stato di disinteresse, abbandono, disprezzo. Nessuno infatti «ti ha informato», fin da principio e con un minimo di chiarezza e di tempestività, di tali ragioni: e certamente, vista la situazione che ti ho qui delineato, immaginerai chissà quali scandalose enormità. Invece, eccole:

1) la garanzia che fosse concesso dalla RAI-TV un quarto d'ora di trasmissione alla LID e un quarto d'ora a Dom Franzoni: 2) la garanzia che il presidente della Repubblica concedesse un'udienza pubblica ai rappresentanti della LID e del Partito Radicale, che l'avevano inutilmente richiesta e sollecitata da oltre un mese; 3) la garanzia che fosse presa in considerazione dalla commissione sanità della Camera la proposta di legge socialista sulla legalizzazione dell'aborto; 4) la garanzia che la proprietà del «Messaggero» assicurasse non una generica fedeltà ai principi laici del giornale, ma l'informazione laica e in particolare il diritto all'informazione delle minoranze laiche.

Si tratta, come vedi, di una richiesta di garanzie di normalissima vita democratica. La loro «purezza» di principio non esclude stavolta la loro perfetta attuabilità. Vista, ripeto, la totale mancanza di informazione in cui «tutta» la stampa italiana ti ha lasciato in proposito di Pannella e del suo movimento, non ci sarebbe da meravigliarsi se tu pensassi che questo Pannella sia un mostro. Mettiamo una specie di Fumagalli. Le cui richieste siano «comunque» e «aprioristicamente» da non prendere in considerazione. Ebbene, tanto per cominciare ti dirò che, secondo il principio democratico cui Pannella non deroga mai, lo stesso Fumagalli, che ho nominato *pour cause*, avrebbe diritto di essere preso in considerazione nel caso che avanzasse richieste del genere «formale» di quelle avanzate dai radicali. Il rispetto per la persona – per la sua configurazione profonda alla quale un sentimento della libertà la cui formalità sia intesa come sostanziale, permette di articolarsi ed esprimersi a un livello per così dire «sacralizzato» da una ragione laica, rispetto anche alle più degradate idee politiche concrete – è per Pannella il *primum* di ogni teoria e di ogni prassi politica. In questo consiste il suo essere scandaloso. Uno scandalo inintegrabile, proprio perché il suo principio, sia pure in termini schematici e popolari, è sancito dalla Costituzione.

Questo principio politico assolutamente democratico è attualizzato da Pannella attraverso l'ideologia della non-violenza. Ma non è tanto la non-violenza fisica che conta (essa può anche essere messa in discussione): quella che conta è la non-violenza morale: ossia la totale, assoluta, inderogabile mancanza di ogni moralismo. («Sosteniamo che è morale quel che appare a ciascuno.») È tale forma di non-violenza (che ripudia anche se stessa come moralistica) che porta Pannella e i radicali all'altro scandalo: l'assoluto rifiuto di ogni forma di potere e la conseguente condanna («non credo al potere, e ripudio perfino la fantasia se minaccia d'occuparlo»). Frutto dell'assoluta e quasi ascetica purezza di questi principi, che si potrebbero definire «metapolitici», è una straordinaria limpidezza dello sguardo posato sulle cose e sui fatti: esso infatti non incontra né l'oscurità involontaria dei pregiudizi né quella voluta dei compromessi. Tutto è luce e ragione intorno a tale sguardo, che dunque, avendo come oggetto le cose e i fatti storici e concreti – e il conseguente giudizio su di essi – finisce col creare le premesse dell'inaccettabilità scandalosa, da parte della gente-bene, della politica radicale («lungo l'antifascismo della linea Parri-Sofri si snoda da vent'anni la litania della gente-bene della nostra politica»; «... dove sono mai i fascisti se non al potere e al governo? sono i Moro, i Fanfani, i Rumor, i Pastore, i Gronchi, i Segni e – perché no? – i Tanassi, i Cariglia, e magari i Saragat, i La Malfa. Contro la politica di costoro, lo capisco, si può e si deve essere antifascisti...»).

Ecco, a questo punto, suppongo, caro lettore, che ti sia chiaro lo «scandalo» Pannella; ma suppongo anche che tu sia tentato di considerare nel tempo stesso tale scandalo come donchisciottesco e verbale. Che la posizione di questi militanti radicali (la non-violenza, il rifiuto di ogni forma di potere e così via) sia ingiallita come quella del pacifismo, della contestazione, eccetera, e che infine il loro sia mero velleitarismo, che sarebbe addirittura santo e santificabile, se le loro condanne e le loro proposte non fossero così circostanziate e così dirette *ad personam*.

Invece le cose non stanno affatto così. I loro principi per così dire «metapolitici» hanno condotto i radicali a una prassi politica di un assoluto realismo. E non è per tali principi «scandalosi» che il mondo del potere – governo e opposizione – ignora, reprime, esclude Pannella, fino al punto di fare, eventualmente, del suo amore per la vita un assassinio: ma è appunto per la sua prassi politica realistica. Infatti è il Partito Radicale, la LID (e il loro leader Marco Pannella) che sono i reali vincitori del referendum del 12 maggio. Ed è per l'appunto questo che non viene loro perdonato «da nessuno».

Essi sono stati i soli ad accettare la sfida del referendum e a volerlo, sicuri della schiacciante vittoria: previsione che era il risultato fatalmente concomitante di un «principio» democratico inderogabile (anche a rischio della sconfitta) e di una «realistica analisi» della vera volontà delle nuove masse italiane. Non è dunque, ripeto, un principio democratico astratto (diritto di decisione dal basso e rifiuto di ogni atteggiamento paternalistico), ma un'analisi realistica, che è attualmente l'imperdonabile colpa del PR e della LID.

Anziché essere ricevuti e complimentati dal primo cittadino della Repubblica, in omaggio alla volontà del popolo italiano, volontà da essi prevista, Pannella e i suoi compagni vengono ricusati come intoccabili. Invece che apparire come protagonisti sullo schermo della televisione, non gli si concede nemmeno un miserabile quarto d'ora di «tribuna libera». Certo il Vaticano e Fanfani, i grandi sconfitti del referendum, non potranno mai ammettere che Pannella, semplicemente «esista». Ma neanche Berlinguer e il PCI, gli altri sconfitti del referendum, potranno mai ammettere una simile esistenza. Pannella viene dunque «abrogato» dalla coscienza e dalla vita pubblica italiana.

A questo punto la vicenda si conclude con un interrogativo. La possibilità di digiunare di Pannella ha un limite organico drammatico. E niente lascia presumere ch'egli voglia abbandonare. Cosa stanno facendo gli uomini o i gruppi di potere in grado di decidere della sua sorte? Fino a che punto arriverà il loro cinismo, la loro impotenza o il loro calcolo? Non gioca poi certo a favore della sorte di Pannella il fatto che essi a questo punto abbiano ben poco da perdere, il loro unico problema essendo, ora, salvare il salvabile, e prima di tutto se stessi. La realtà gli si è voltata repentinamente contro; la barca vaticana, dentro la quale contavano di condurre a termine al sicuro l'intera traversata del pelago della loro vita, minaccia seriamente di affondare; le masse italiane sono nauseate di loro, e si son fatte, sia pure ancora esistenzialmente, portatrici di valori con cui essi hanno creduto di scherzare, e che invece si son rivelati i veri valori, tali da vanificare i grandi valori del passato, e da trascinare in una sola rovina fascisti e antifascisti (di oggi). Anche il minimo che poteva essere loro richiesto, cioè una certa capacità di amministrare, si rivela una atroce illusione: illusione di cui gli italiani dovranno ben accorgersi, perché – come i valori del consumo e del benessere – dovranno viverla «nel proprio corpo».

Sono le sinistre che devono intervenire. Ma non si tratta di salvare la vita di Pannella. E tantomeno di salvargliela facendo in modo che le quattro piccole «garanzie» che egli chiedeva e le altre che ora si sono aggiunte, vengano prese in considerazione. Si tratta di prendere in considerazione l'esistenza di Pannella, del PR e della LID. E la circostanza vuole che l'esistenza di Pannella, del PR e della LID coincidano con un pensiero e una volontà di azione di portata storica e decisiva. Che coincidano cioè con la presa di coscienza di una nuova realtà del nostro paese e di una nuova qualità di vita delle masse, che è finora sfuggita sia al potere che all'opposizione.

Pannella, il PR e la LID hanno preso coscienza di questo con totale ottimismo, con vitalità, con ascetica volontà di andare fino in fondo: ottimismo forse relativo o almeno drammatico per quanto riguarda gli uomini, ma incrollabile per quanto riguarda i principi (non visti come astratti né moralistici).

Essi propongono otto referendum (riuniti praticamente in uno solo): e lo propongono ormai da anni, in una cosciente sfida a quello proposto dalla destra clericale (e finito con la più grande vittoria democratica della recente storia italiana). Sono questi otto referendum (abrogazione del Concordato fra Stato e Chiesa, degli annullamenti ecclesiastici, dei codici militari, delle norme contro la libertà di stampa e contro la libertà di informazione televisiva, delle norme fasciste e parafasciste del codice, tra cui quelle contro l'aborto, e infine l'abrogazione del finanziamento pubblico dei partiti), sono questi otto referendum che stanno a dimostrare, in quanto ideazione concreta e progetto di lotta politica, la visione realistica di Pannella, del PR e della LID. Sfidare il vecchio mondo politico italiano su questo punto e batterlo è l'unico modo per imprimere una decisiva svolta pratica alla situazione in cui l'Italia è precipitata, oltre a essere oggi l'unico atto rivoluzionario possibile. Ma questo è contro troppi miserabili interessi di uomini e partiti, ed è questo che sta pagando Pannella di persona.

Nella vita pubblica ci sono dei momenti tragici, o peggio ancora, seri, in cui bisogna trovare la forza di giocare. Non resta altra soluzione. Dallo stile epistolare passerei qui dunque, caro lettore, a quello del volantinaggio, allo scopo di suggerirti il modo di non commettere, in questa circostanza, quello che i cattolici chiamano peccato di omissione, o, comunque, allo scopo di spingerti a fare il gioco, vitale, di chi decide di compiere un gesto «responsabile». Tu potresti decisamente intervenire nel rapporto, a quanto pare, insolubile, tra l'intransigenza democratica di Pannella e l'impotenza del Potere, inviando un telegramma o un biglietto di «protesta» ai seguenti indirizzi. 1) Segreterie Nazionali dei Partiti (escluso, s'intende, il MSI e affini), 2) Presidenza della Camera e del Senato.

26 luglio 1974. In che senso parlare di una sconfitta del PCI *al «referendum»**

Leggendo la risposta «ufficiale» di Maurizio Ferrara al mio intervento su Pannella, mi sono cascate le braccia. Dunque era vero. Tutta la polemica di Ferrara a nome del PCI contro la mia persona era fondata su niente altro che sull'estrapolazione di una frase dal mio testo («Corriere della Sera», 10 giugno 1974), frase accepita letteralmente, e infantilmente semplificata. Tale frase è: «La vittoria del "no" è in realtà una sconfitta... Ma, in certo senso, anche di Berlinguer e del partito comunista.»

Ora, anche un bambino avrebbe capito la «relatività» di tale affermazione: e che mentre la parola «sconfitta», riferita alla DC e al Vaticano, suona nel suo pieno significato letterale e oggettivo, la stessa parola riferita al PCI, ha un significato infinitamente più sottile e composito. Anche un bambino avrebbe capito quanto c'è di paradossale nell'identificazione di due sconfitte in realtà così sostanzialmente differenti. Resta però il fatto che anche quella del PCI è comunque una «sconfitta», e questo non doveva essere detto. E se qualcuno lo avesse detto, non avrebbe dovuto venire in nessun modo ascoltato. Avrebbe dovuto – come dice Pannella – essere abrogato.

Chi avesse la necessità primaria di «abrogarmi» – cancellando da ogni possibile realtà, anche figurata, la parola «sconfitta» riferita al PCI (ingrata incombenza affidata appunto a Maurizio Ferrara) – era aprioristicamente negato a comprendere qualsiasi altra cosa io dicessi: perché, come sanno bene gli avvocati, bisogna

* Sul «Corriere della Sera» col titolo «Abrogare P.».

screditare senza pietà tutta la persona del testimone per screditare la sua testimonianza.

Ecco spiegata l'incredibile incapacità di Maurizio Ferrara a capire i miei argomenti; incapacità non dunque dovuta a rozzezza, disinformazione, ristrettezza mentale, tutte ragioni a cui sarebbe spinto a pensare subito un lettore maligno, o esasperato.

Al di fuori che sul famoso punto (la «sconfitta»), in cui Ferrara usa degli argomenti perfettamente giusti (la presenza imponente e decisiva del PCI ecc.) ma altrettanto inutili, appunto perché da me stesso ritenuti talmente giusti da non poter essere ribaditi senza offesa dell'intelligenza del lettore – tutto il resto che ho detto nei miei «pazzeschi» interventi ha subito nell'interpretazione di Ferrara una deformazione caricaturale, oltre che slealmente riduttiva. Siamo, per meglio dire, al linciaggio. Perché si lincia una persona quando si dice che egli definisce «volgari» otto o nove milioni di comunisti, laddove egli invece definisce «volgare» la politica ufficiale delle oligarchie dirigenti. Si lincia una persona quando gli si attribuisce l'affermazione che DC e PCI sono «uguali nel potere», riassumendo meschinamente un concetto ben più complicato e drammatico. Si lincia una persona quando gli si attribuisce la affermazione che «Fumagalli ha diritto di accesso alla TV», laddove tale affermazione (ma non concernente l'«accesso alla TV», bensì, in senso infinitamente più liberale, i «diritti civili») è contenuta nel discorso – da me riportato – di un altro (nella fattispecie Pannella, che, tuttavia, ne parlava paradossalmente, in linea di principio). Si lincia una persona quando si prende un suo concetto, lo si riduce come fa comodo, e lo si rende delatoriamente facile bersaglio del disprezzo o dell'ilarità pubblica: cosa che fa Ferrara a proposito delle mie idee, certo non nuove, ma certo drammatiche, su ciò che sono oggi fascismo e antifascismo, confrontati con la massiccia, impenetrabile, immensa ideologia consumistica, che è l'«inconscia ma reale» ideologia delle masse, anche se i valori ne sono vissuti ancora solo esistenzialmente.

Ma qui forse Ferrara non ha capito, proprio in senso mentale, il problema. Come non ha capito il senso dei miei discorsi sull'«acculturazione omologante» (di cui io parlavo riferendomi esclusivamente ai giovani, e alle culture «particolari e reali» del paese). Cose queste, che se non si capiscono, sembrano stupidaggini. Così che io devo sentirmi prendere in giro a causa di idee nate esclusivamente nella testa di chi mi prende in giro (da uomo di potere – questa è la cosa grave –, da persona che rappresenta otto o nove milioni di elettori).

Quello che io invece vorrei sapere da Maurizio Ferrara, senza riserve mentali e senza cattiverie polemiche, è perché i comunisti «ritengono sbagliata» – come laconicamente annuncia Ferrara, quasi si trattasse della opinione del Papa – la richiesta degli otto referendum.

Tutto ciò che ho detto sulla ideologia «inconscia e reale» dell'edonismo consumistico coi suoi effetti di livellamento di tutte le masse nel comportamento e nel linguaggio fisico – per cui le scelte politiche della coscienza non corrispondono più con le scelte esistenziali –, tutto ciò che ho detto sulla violenta, repressiva, terrificante acculturazione dei centri del potere e la conseguente scomparsa delle vecchie culture particolari e reali (coi loro valori) – era già stato detto, e per di più (cosa definitivamente rassicurante) anche «denominato»? Si sono fatti, anzi, su questi problemi dei convegni internazionali di sociologi? È quanto mi oppone gentilmente Ferrarotti («Paese sera», 15 luglio 1974) per ridurmi a sua volta al silenzio e all'inesistenza. Ma proprio i nomi, proprio i nomi che tanto, e tanto piacevolmente, sembrano esaustivi a Ferrarotti, proprio i nomi (*melting pot!*), e proprio i luoghi internazionali dove tali nomi vengono fatti, dimostrano che il problema «italiano» non è stato neanche lontanamente affrontato. Ed è quello che io affronto. Perché lo vivo. E non gioco su due tavoli (quello della vita e quello della sociologia) perché altrimenti la mia ignoranza sociologica non avrebbe quel «candore accattivante» di cui parla Ferrarotti stesso.

Ebbene ritengo di poter ragionevolmente sostenere che il problema italiano non ha problemi equivalenti nel resto del mondo capitalistico. Nessun paese ha posseduto come il nostro una tale quantità di culture «particolari e reali», una tale quantità di «piccole patrie», una tale quantità di mondi dialettali: nessun paese, dico, in cui si sia poi avuto un così travolgente «sviluppo». Negli altri grandi paesi c'erano già state in precedenza imponenti «acculturazioni»: a cui l'ultima e definitiva, quella del consumo, si sovrappone con una certa logica. Anche gli Stati Uniti sono culturalmente enormemente compositi (sottoproletariati venuti a concentrarsi caoticamente da tutto il mondo), ma in senso verticale, e, come dire, molecolare: non in senso così perfettamente geopolitico come in Italia. Quindi del problema italiano non se ne è mai parlato. O, se lo si è fatto, non lo si è saputo. Il felice nominalismo dei sociologi pare esaurirsi dentro la loro cerchia. Io vivo nelle cose, e invento come posso il modo di nominarle. Certo se io cerco di «descrivere» l'aspetto terribile di un'intera nuova generazione, che ha subìto tutti gli squilibri dovuti a uno sviluppo stupido e atroce, e cerco di «descriverlo» in «questo» giovane, in «questo» operaio, non sono capito: perché al sociologo e al politico di professione non importa personalmente nulla di «questo» giovane, di «questo» operaio. Invece a me personalmente è la sola cosa che importa.

Anche qualche giovane «estremista» di sinistra ha capito male le mie parole (ho ricevuto delle lettere, peraltro molto care, da Milano, da Bergamo). Ma sia ben chiaro. Io ho condannato l'identificazione degli opposti estremismi fin dal 13-14 dicembre 1969. E, facendo il nome di Saragat, inauguratore ufficiale di tale identificazione, ho reso la mia condanna anche abbastanza solenne (nella poesia *Patmos*, scritta appunto il giorno dopo la strage di Milano e pubblicata su «Nuovi argomenti», n. 16 dell'ottobre-dicembre 1969). Non sono gli antifascisti e i fascisti estremisti che si identificano. D'altronde le poche migliaia di giovani estremisti fascisti sono in realtà forze statali: l'ho detto più volte, e ben chiaramente.

Il più sgradevole degli interventi che hanno portato confusione, frantumandola, in una discussione che poteva essere utile a tutti, è quello di Giorgio Bocca. Il mio amico ha fatto, anche lui, prima di tutto, delle illazioni personali, ricostruendo a suo piacimento, avvocatescamente, un episodio della mia biografia. Se una folla di studenti, com'egli dice in un inesatto e quindi sleale rendiconto, mi ha aggredito nel 1968, egli allora avrebbe dovuto subito prendere la penna in mano e difendermi impavidamente, visto che proprio lui in quel periodo aveva scritto, a proposito degli intellettuali italiani, che io «ero il migliore di tutti»! Come ha facilmente cambiato idea, il nostro amico! Gli è bastato che l'indice di popolarità, a quanto pare, mi si fosse messo contro. La logica di Bocca è peraltro fondata su un buon senso pragmatico molto sospetto. Risulta che mentre io chiacchiero, lui si rimbocca le maniche e lavora. Con una rozzezza che in Ferrara è comprensibile o spiegabile, ma in lui no, per nessuna ragione, Bocca ha preso alla lettera – forse attraverso un semplificatissimo referto orale di qualche collega (perché non mi pare possibile che egli mi abbia letto) – l'identificazione tra fascisti e antifascisti (nel senso che ho detto sopra), e la qualificazione di fascista attribuita al nuovo potere nominalmente antifascista. Bocca ha ridotto questi concetti a bersaglio blasfemo, ed è partito anche lui al linciaggio. Io dunque strido come aquila solitaria e lui intanto umile e indefesso lavora. Lavora, attualmente, a un «servizio» sul fascismo: «servizio» che io ho definito un compitino sbagliato e noioso. Ora aggiungo, sbagliato, noioso e anche copiato. Infatti nello stesso numero del «Giorno» (7-7-1974) in cui egli mi attacca, c'è la seconda puntata di tale «servizio» di cui una gran parte è letteralmente copiata da *Valpreda più quattro* a cura di «Magistratura democratica», con presentazione di Giuseppe Branca (edit. Nuova Italia), naturalmente non citato. Ogni zelo nasconde sempre qualcosa di poco bello: anche lo zelo antifascista.

Se Ferrara e Bocca hanno capito «male» ciò che ho scritto – riducendolo attraverso un'orrenda semplificazione – Prezzolini ha capito esattamente il contrario. Lo scandalo di Pannella consiste nel lottare in nome di tutte le minoranze, non solo Dom Franzoni, ma anche maomettani, buddisti, magari fascisti e magari gli stessi avversari del momento (compreso Prezzolini). Dunque

Prezzolini sfida con bassa ironia Pannella a fare qualcosa che infatti Pannella fa, in base a un principio supremamente formale di democrazia che Prezzolini non è in grado di capire. Come non ha capito che il paese dove ha vissuto per trentadue anni non è il regno della democrazia, ma del pragmatismo. È in nome di tale pragmatismo, che Prezzolini (con mia grande soddisfazione: è una nemesi) tiene bordone a Bocca.

Ultimo (per ora) il repubblicano Adolfo Battaglia, che mi dà del «buffone», solo perché sono un intellettuale-letterato. Non so se la cosa sia di derivazione scelbiana («culturame») o sociologica (Schumpeter, Kernhauser, Mannheim, Hoffer, von Mises, De Juvenel, Shils, Veblen ecc.): è da supporsi tuttavia che si tratti del solito moralismo all'italiana, grazie al quale automaticamente il «buffone» diviene «capro espiatorio», ristabilendosi così (oh, certo involontariamente) la verità.

Mi scuso con il lettore per averlo trascinato in questo labirinto di «coscienze infelici», in questa frantumazione di un discorso che poteva essere pieno e civile.

*22 settembre 1974. Lo storico discorsetto di Castelgandolfo**

Forse qualche lettore è stato colpito da una fotografia di Papa Paolo VI con in testa una corona di penne Sioux, circondato da un gruppetto di «Pellerossa» in costumi tradizionali: un quadretto folcloristico estremamente imbarazzante quanto più l'atmosfera appariva familiare e bonaria.

Non so cosa abbia ispirato Paolo VI a mettersi in testa quella corona di penne e a posare per il fotografo. Ma: non esiste incoerenza. Anzi, nel caso di questa fotografia di Paolo VI, si può parlare di atteggiamento particolarmente coerente con l'ideologia, consapevole o inconsapevole, che guida gli atti e i gesti umani, facendone «destino» o «storia». Nella fattispecie, «destino» di Paolo VI e «storia» della Chiesa.

Negli stessi giorni in cui Paolo VI si è fatto fare quella fotografia su cui «il tacere è bello» (ma non per ipocrisia, bensì per rispetto umano), egli ha infatti pronunciato un discorso che io non esiterei, con la solennità dovuta, a dichiarare storico. E non mi riferisco alla storia recente, o, meno ancora, all'attualità. Tanto è vero che quel discorso di Paolo VI non ha fatto nemmeno notizia, come si dice: ne ho letto nei giornali dei resoconti laconici ed evasivi, relegati in fondo alla pagina.

Dicendo che il recente discorsetto di Paolo VI è storico, intendo riferirmi all'intero corso della storia della Chiesa cattolica, cioè della storia umana (eurocentrica e culturocentrica, almeno). Paolo VI ha ammesso infatti esplicitamente che la Chiesa è stata

* Sul «Corriere della Sera» col titolo «I dilemmi di un Papa, oggi».

superata dal mondo; che il ruolo della Chiesa è divenuto di colpo incerto e superfluo; che il Potere reale non ha più bisogno della Chiesa, e l'abbandona quindi a se stessa; che i problemi sociali vengono risolti all'interno di una società in cui la Chiesa non ha più prestigio; che non esiste più il problema dei «poveri», cioè il problema principe della Chiesa ecc. ecc. Ho riassunto i concetti di Paolo VI con parole mie: cioè con parole che uso già da molto tempo per dire queste cose. Ma il senso del discorso di Paolo VI è proprio questo che ho qui riassunto: ed anche le parole non sono poi in conclusione molto diverse.

A dir la verità non è la prima volta che Paolo VI è sincero: ma, finora, i suoi impulsi di sincerità hanno avuto manifestazioni anomale, enigmatiche, e spesso (dal punto di vista della Chiesa stessa) un po' inopportune. Erano quasi dei *raptus* che rivelavano il suo stato d'animo reale, coincidente oggettivamente con la situazione storica della Chiesa, vissuta personalmente nel suo Capo. Le encicliche «storiche» di Paolo VI, poi, erano sempre frutto di un compromesso, fra l'angoscia del Papa e la diplomazia vaticana: compromesso che non lasciava mai capire se tali encicliche fossero un progresso o un regresso rispetto a quelle di Giovanni XXIII. Un Papa profondamente impulsivo e sincero come Paolo VI aveva finito con l'apparire, per definizione, ambiguo e insincero. Ora di colpo, è venuta fuori tutta la sua sincerità, in una chiarezza quasi scandalosa. Come e perché?

Non è difficile rispondere: per la prima volta Paolo VI ha fatto ciò che faceva normalmente Giovanni XXIII, cioè ha spiegato la situazione della Chiesa ricorrendo a una logica, a una cultura, a una problematica non ecclesiastica: anzi, esterna alla Chiesa; quella del mondo laico, razionalista, magari socialista – sia pur ridotto e anestetizzato attraverso la sociologia.

Un fulmineo sguardo dato alla Chiesa «dal di fuori» è bastato a Paolo VI a capirne la reale situazione storica: situazione storica che rivissuta poi «dal di dentro» è risultata tragica.

Ed è qui che è scoppiata, stavolta sinceramente, la sincerità di Paolo VI: anziché prendere la falsariga del compromesso, della ragion di Stato, dell'ipocrisia, sia pure postgiovannea, le parole «sincere» di Paolo VI hanno seguito la logica della realtà. Le ammissioni che ne sono seguite sono dunque ammissioni storiche nel senso solenne che ho detto: tali ammissioni infatti delineano la fine della Chiesa, o almeno la fine del ruolo tradizionale della Chiesa durato ininterrottamente duemila anni.

Certamente – magari attraverso le illusioni che non potrà non dare l'Anno Santo – Paolo VI troverà modo di ritornare (in buona fede) insincero. Il suo discorsetto di questa fine d'estate a Castelgandolfo, sarà formalmente dimenticato, saranno alzate intorno alla Chiesa nuove rassicuranti barriere di prestigio e speranza ecc. ecc. Ma si sa che la verità, una volta detta, è incancellabile; e irreversibile la nuova situazione storica che ne deriva.

Ora, a parte i particolari problemi pratici (come la fine delle vocazioni religiose) sulla cui soluzione il Papa è apparso impotente a fare qualsiasi ipotesi, è su tutta la drammatica situazione della Chiesa che egli si dimostra del tutto irrazionale (cioè, ancora una volta in altro modo, sincero). La soluzione infatti che egli propone è «pregare». Il che significa che dopo aver analizzato la situazione della Chiesa «dal di fuori», e averne intuito la tragicità, la soluzione che egli propone è riformulata «dal di dentro». Dunque non solo tra impostazione e soluzione del problema c'è un rapporto storicamente illogico: ma c'è addirittura incommensurabilità. A parte il fatto che se il mondo ha superato la Chiesa (in termini ancora più totali e decisivi di quanto abbia dimostrato il «referendum») è chiaro che tale mondo, appunto, non «prega» più. Quindi la Chiesa è ridotta a «pregare» per se stessa.

Così Paolo VI, dopo aver denunciato, con drammatica e scandalosa sincerità il pericolo della fine della Chiesa, non dà alcuna soluzione o indicazione per affrontarlo.

Forse perché non esiste possibilità di soluzione? Forse perché la fine della Chiesa è ormai inevitabile, a causa del «tradimento» di milioni e milioni di fedeli (soprattutto contadini, convertiti al laicismo e all'edonismo consumistico) e della «decisione» del potere, che è ormai sicuro, appunto, di tenere in pugno quegli ex fedeli attraverso il benessere e soprattutto attraverso l'ideologia imposta loro senza nemmeno il bisogno di nominarla?

Può darsi. Ma questo è certo: che se molte e gravi sono state le colpe della Chiesa nella sua lunga storia di potere, la più grave di tutte sarebbe quella di accettare *passivamente* la propria liquidazione da parte di un potere che se la ride del Vangelo. In una prospettiva radicale, forse utopistica, o, è il caso di dirlo, millenaristica, è chiaro dunque ciò che la Chiesa dovrebbe fare per evitare una fine ingloriosa. Essa dovrebbe *passare all'opposizione.* E, per passare all'opposizione, dovrebbe prima di tutto negare se stessa. Dovrebbe passare all'opposizione contro un potere che l'ha così cinicamente abbandonata, progettando, senza tante storie, di ridurla a puro folclore. Dovrebbe negare se stessa, per riconquistare i fedeli (o coloro che hanno un «nuovo» bisogno di fede) che proprio per quello che essa è l'hanno abbandonata.

Riprendendo una lotta che è peraltro nelle sue tradizioni (la lotta del Papato contro l'Impero), ma non per la conquista del potere, la Chiesa potrebbe essere la guida, grandiosa ma non autoritaria, di tutti coloro che rifiutano (e parla un marxista, proprio in quanto marxista) il nuovo potere consumistico che è completamente irreligioso; totalitario; violento; falsamente tollerante, anzi, più repressivo che mai; corruttore; degradante (mai più di oggi ha avuto senso l'affermazione di Marx per cui il capitale trasforma la dignità umana in merce di scambio). È questo rifiuto che potrebbe dunque simboleggiare la Chiesa: ritornando alle origini, cioè all'opposizione e alla rivolta. o fare questo o accettare un potere che non la vuole più: ossia suicidarsi.

Faccio un solo esempio, anche se apparentemente riduttivo. Uno dei più potenti strumenti del nuovo potere è la televisione. La Chiesa finora questo non lo ha capito. Anzi, penosamente, ha creduto che la televisione fosse un *suo* strumento di potere. E infatti la censura della televisione è stata una censura vaticana, non c'è dubbio. Non solo, ma la televisione faceva una continua *réclame* della Chiesa. Però, appunto, faceva un tipo di *réclame* totalmente diversa dalla *réclame* con cui lanciava i prodotti, da una parte, e dall'altra, e soprattutto, elaborava il nuovo modello umano del consumatore.

La *réclame* fatta alla Chiesa era antiquata e inefficace, puramente verbale: e troppo esplicita, troppo pesantemente esplicita. Un vero disastro in confronto alla *réclame* non verbale, e meravigliosamente lieve, fatta ai prodotti e all'ideologia consumistica, col suo edonismo perfettamente irreligioso (macché sacrificio, macché fede, macché ascetismo, macché buoni sentimenti, macché risparmio, macché severità di costumi ecc. ecc.). È stata la televisione la principale artefice della vittoria del «no» al referendum, attraverso la laicizzazione, sia pur ebete, dei cittadini. E quel «no» del referendum non ha dato che una pallida idea di quanto la società italiana sia cambiata appunto nel senso indicato da Paolo VI nel suo storico discorsetto di Castelgandolfo.

Ora, la Chiesa dovrebbe continuare ad accettare una televisione simile? Cioè uno strumento della cultura di massa appartenente a quel nuovo potere che «non sa più cosa farsene della Chiesa»? Non dovrebbe, invece, attaccarla violentemente, con furia paolina, proprio per la sua *reale irreligiosità*, cinicamente corretta da un vuoto clericalismo?

Naturalmente si annuncia invece un grande *exploit* televisivo proprio per l'inaugurazione dell'Anno Santo. Ebbene, sia chiaro per gli uomini religiosi che queste manifestazioni pomposamente teletrasmesse, saranno delle grandi e vuote manifestazioni folcloristiche, inutili ormai politicamente anche alla destra più tradizionale.

Ho fatto l'esempio della televisione perché è il più spettacolare e macroscopico. Ma potrei dare mille altri esempi riguardanti la vita quotidiana di milioni di cittadini: dalla funzione del prete in un mondo agricolo in completo abbandono, alla rivolta delle *élites* teologicamente più avanzate e scandalose.

Ma in definitiva il dilemma oggi è questo: o la Chiesa fa propria la traumatizzante maschera del Paolo VI folcloristico che «gioca» con la tragedia, o fa propria la tragica sincerità del Paolo VI che annuncia temerariamente la sua fine.

*6 ottobre 1974. Nuove prospettive storiche: la Chiesa è inutile al potere**

Riferendosi al mio intervento sulla situazione attuale e reale della Chiesa («Corriere della Sera», 22 settembre 1974) l'«Osservatore Romano» – in un articolo di violenta reazione – scrive fra l'altro: «Non sappiamo donde il suddetto tragga tanta autorevolezza se non da qualche film di un enigmatico e riprovevole decadentismo, dall'abilità di uno scrivere corrosivo e da taluni atteggiamenti alquanto eccentrici.»

Limitiamoci a osservare questa antiquata frase, che contiene tutto lo «spirito» (in senso di «cultura») dell'articolo clericale. Ciò che prima di tutto vi si nota è un'idea che a una persona normale sembra subito aberrante: l'idea cioè che qualcuno, per scrivere qualcosa, debba possedere «autorevolezza». Io non capisco sinceramente come possa venire in mente una cosa simile. Ho sempre pensato, come qualsiasi persona normale, che dietro a chi scrive ci debba essere necessità di scrivere, libertà, autenticità, rischio. Pensare che ci debba essere qualcosa di sociale e di ufficiale che «fissi» l'autorevolezza di qualcuno, è un pensiero, appunto aberrante, dovuto evidentemente alla deformazione di chi non sappia più concepire verità al di fuori dell'autorità.

Io non ho alle mie spalle nessuna autorevolezza: se non quella che mi proviene paradossalmente dal non averla e dal non averla voluta; dall'essermi messo in condizione di non aver niente da perdere, e quindi di non essere fedele a nessun patto che non sia

* Sul «Corriere della Sera» col titolo «Chiesa e Potere».

quello con un lettore che io considero del resto degno di ogni più scandalosa ricerca.

Ma supponiamo, per ipotesi assurda, che una mia «autorevolezza» esista: malgrado me stesso, mettiamo, e decretata oggettivamente nel contesto culturale e nella vita pubblica italiana.

In tal caso la proposizione vaticana è ancora più grave. Infatti essa mette sotto accusa non solo le cerchie culturali, entro cui io opero come scrittore, ma, a questo punto, anche le centinaia di migliaia e, in qualche caso, i milioni di italiani «semplici», che decretano il successo delle mie opere cinematografiche. Insomma sono colpevoli i critici che mi giudicano e sono degli sciocchi gli spettatori che vanno a vedere i miei film. Tutto ciò è «culturame». E «culturame» perché non è clerico-fascista. Infatti quando sull'«Osservatore Romano» si scrive che un film è «di un enigmatico e riprovevole "decadentismo"», è inevitabile: il senso di queste parole risulta lo stesso che per la sottocultura che bruciava i libri e i quadri «decadenti» in nome della «morale sana». Anche lo «scrivere corrosivo» è uno stilema tipico di una trentina di anni fa: perché istituisce il confronto con una ipotetica salute e integrità della cultura ufficiale, fondata sull'autorità e sul potere. Infine, con l'accenno agli «atteggiamenti eccentrici» siamo all'allusione personale. Ma su questo non replicherò. Cristo del resto non ha mai messo in condizione la «pecora nera» (o «smarrita») di dover replicare.

La storia della Chiesa è una storia di potere e di delitti di potere: ma quel che è ancora peggio, è, almeno per quanto riguarda gli ultimi secoli, una storia di ignoranza. Nessuno potrebbe per esempio dimostrare che continuar a parlare oggi di San Tommaso, ignorando la cultura liberale, razionalistica e laica, prima, e poi la cultura marxista in politica e la cultura freudiana in psicologia (per tenermi a schemi primi e elementari), non sia un atto sottoculturale. L'ignoranza della Chiesa in questi ultimi due secoli è stata paradigmatica, soprattutto per l'Italia. È su essa che si è modellata l'ignoranza qualunquistica della borghesia italiana. Si tratta infatti di una ignoranza la cui definizione culturale è: una perfetta coesistenza di «irrazionalismo», «formalismo» e «pragmatismo». Le sentenze della Sacra Rota sono per esempio un enorme *corpus* di documenti che dimostrano l'arbitrarietà spiritualistica e formalistica da una parte, e dall'altra il tetro praticismo (che rasenta addirittura forme di fanatico «behaviorismo») con cui la Chiesa guarda le cose del mondo.

Gli aggiornamenti che parte del clero, anche vaticano, ha tentato e talvolta attuato, non fanno che confermare quanto ho detto. Infatti tali aggiornamenti riguardano la tecnica e la sociologia. Ancora una volta la reale cultura è saltata. Ancora una volta sono gli strumenti del potere che appaiono significativi e decisivi.

È questa particolare cultura vaticana, come mancanza di reale cultura, che probabilmente ha impedito all'articolista dell'«Osservatore Romano» di capire ciò che io ho scritto sulla crisi della Chiesa. Che non era affatto un attacco: era invece quasi un atto di solidarietà – certo, estremamente anomala e prematura – dovuta al fatto che – finalmente – la Chiesa mi appariva come sconfitta: e quindi finalmente libera da se stessa, cioè dal potere.

In un articolo sulla «Stampa» (29 settembre 1974) Mario Soldati parla della «risata» di un gesuita dovuta alla richiesta se egli avesse un'automobile: in tale «risata» Soldati sente un primo accento, falso, di carattere pratico e tradizionalistico («No, non ce l'ho la macchina, non son più i tempi in cui i gesuiti possiedono una macchina.»). Ma, sotto, nel fondo, nell'essenza di quella «risata», Soldati sente una sincera, esaltante, irresistibile felicità. La felicità di vedere finalmente rovesciati e rinnovati i rapporti della Chiesa col mondo. La felicità della sconfitta. La felicità del dover ricominciare tutto daccapo. «La liberazione dal potere.»

Nel pianto di Paolo VI (mi riferisco al suo storico discorso di fine estate a Castelgandolfo) io ho sentito la stessa cosa: un primo accento di dolore e delusione, «meritati», per il declino di un grandioso apparato di potere; e un più sotterraneo accento di dolore sincero e profondo, cioè religioso, carico di possibilità future.

Quali sono queste possibilità future?

Prima di tutto la distinzione radicale tra Chiesa e Stato. Mi ha sempre stupito, anzi, per la verità, profondamente indignato, l'interpretazione clericale della frase di Cristo: «Da' a Cesare ciò che è di Cesare e a Dio ciò che è di Dio»: interpretazione in cui si era concentrata tutta l'ipocrisia e l'aberrazione che hanno caratterizzato la Chiesa controriformistica. Si è fatta passare cioè – per quanto ciò possa sembrare mostruoso – come moderata, cinica e realistica una frase di Cristo che era, evidentemente, radicale, estremistica, perfettamente religiosa. Cristo infatti non poteva in alcun modo voler dire: «Accontenta questo e quello, non cercar grane politiche, concilia la praticità della vita sociale e l'assolutezza di quella religiosa, da' un colpo al cerchio e uno alla botte ecc.» Al contrario Cristo – in assoluta coerenza con tutta la sua predicazione – non poteva che voler dire: «Distingui nettamente tra Cesare e Dio; non confonderli; non farli coesistere qualunquisticamente con la scusa di potere servire meglio Dio; "non conciliarli": ricorda bene che il mio "e" è disgiuntivo, crea due universi non comunicanti, o, se mai, contrastanti: insomma, lo ripeto "inconciliabili".» Cristo ponendo questa dicotomia estremistica, spinge e invita all'opposizione perenne a Cesare, anche se magari non-violenta (a differenza di quella degli zeloti).

La seconda novità religiosa che si prospetta per il futuro è la seguente. Fino a oggi la Chiesa è stata la Chiesa di un universo contadino, il quale ha tolto al cristianesimo il suo solo momento originale rispetto a tutte le altre religioni, cioè Cristo. Nell'universo contadino Cristo è stato assimilato a uno dei mille adoni o delle mille proserpine esistenti: i quali ignoravano il tempo reale, cioè la storia. Il tempo degli dèi agricoli simili a Cristo era un tempo «sacro» o «liturgico» di cui valeva la ciclicità, l'eterno ritorno.

Il tempo della loro nascita, della loro azione, della loro morte, della loro discesa agli inferi e della loro resurrezione, era un tempo paradigmatico, a cui periodicamente il tempo della vita, riattualizzandolo, si modellava.

Al contrario, Cristo ha accettato il tempo «unilineare», cioè quella che noi chiamiamo storia. Egli ha rotto la struttura circolare delle vecchie religioni: e ha parlato di un «fine», non di un «ritorno». Ma, ripeto, per due millenni, il mondo contadino ha continuato ad assimilare Cristo ai suoi vecchi modelli mitici: ne ha fatto l'incarnazione di un principio assiologico, attraverso cui dar senso al ciclo delle culture. La predicazione di Cristo non ha avuto molto peso. Solo le *élites* veramente religiose della classe dominante hanno capito per secoli il vero senso di Cristo. Ma la Chiesa, che era la Chiesa ufficiale della classe dominante, ha sempre accettato l'equivoco: essa non poteva esistere infatti al di fuori delle masse contadine.

Ora, di colpo, la campagna ha cessato di essere religiosa. Ma, in compenso, comincia a essere religiosa la città. Il cristianesimo da agricolo si fa urbano: caratteristica di tutte le religioni urbane – e quindi delle *élites* delle classi dominanti – è la sostituzione (cristiana) del fine al ritorno: del misticismo soteriologico alla *pietas* rustica. Dunque, una religione urbana, come schema, è infinitamente più capace di accogliere il modello di Cristo che qualsiasi religione contadina.

Il consumismo e la proliferazione delle industrie terziarie ha distrutto in Italia il mondo campestre e sta distruggendolo in tutto il mondo (il futuro dell'agricoltura è anch'esso industriale): non ci saranno dunque più preti, o, se ci saranno, saranno idealmente nati in città. Ma questi preti «nati in città», evidentemente, non vorranno in alcun modo saperne di stare insieme a poliziotti e militari, a burocrati o a grandi industriali: infatti essi non potranno che essere degli uomini colti, formatisi in un mondo che anziché avere alle spalle Adone e Proserpina, si fonda sui grandi testi della cultura moderna. Se vuole sopravvivere in quanto Chiesa, la Chiesa non può dunque che abbandonare il potere e abbracciare quella cultura – da lei sempre odiata – che è per sua stessa natura libera, antiautoritaria, in continuo divenire, contraddittoria, collettiva, scandalosa.

E poi, infine, è proprio detto che la Chiesa debba coincidere col Vaticano? Se – facendo una donazione della grande scenografia (folcloristica) dell'attuale sede vaticana allo Stato italiano, e regalando il ciarpame (folcloristico) di stole e gabbane, di flabelli e sedie gestatorie agli operai di Cinecittà – il Papa andasse a sistemarsi in clergyman, coi suoi collaboratori, in qualche scantinato di Tormarancio o del Tuscolano, non lontano dalle catacombe di San Damiano o Santa Priscilla – la Chiesa cesserebbe forse di essere Chiesa?

*14 novembre 1974. Il romanzo delle stragi**

Io so.

Io so i nomi dei responsabili di quello che viene chiamato *golpe* (e che in realtà è una serie di *golpes* istituitasi a sistema di protezione del potere).

Io so i nomi dei responsabili della strage di Milano del 12 dicembre 1969.

Io so i nomi dei responsabili delle stragi di Brescia e di Bologna dei primi mesi del 1974.

Io so i nomi del «vertice» che ha manovrato, dunque, sia i vecchi fascisti ideatori di *golpes*, sia i neofascisti autori materiali delle prime stragi, sia infine, gli «ignoti» autori materiali delle stragi più recenti.

Io so i nomi che hanno gestito le due differenti, anzi, opposte, fasi della tensione: una prima fase anticomunista (Milano 1969), e una seconda fase antifascista (Brescia e Bologna 1974).

Io so i nomi del gruppo di potenti, che, con l'aiuto della CIA (e in second'ordine dei colonnelli greci e della mafia), hanno prima creato (del resto miseramente fallendo) una crociata anticomunista, a tamponare il 1968, e in seguito, sempre con l'aiuto e per ispirazione della CIA, si sono ricostituiti una verginità antifascista, a tamponare il disastro del referendum.

Io so i nomi di coloro che, tra una messa e l'altra, hanno dato le disposizioni e assicurato la protezione politica a vecchi generali (per tenere in piedi, di riserva, l'organizzazione di un potenziale

* Sul «Corriere della Sera» col titolo «Che cos'è questo golpe?».

colpo di Stato), a giovani neofascisti, anzi neo-nazisti (per creare in concreto la tensione anticomunista) e infine a criminali comuni, fino a questo momento, e forse per sempre, senza nome (per creare la successiva tensione antifascista). Io so i nomi delle persone serie e importanti che stanno dietro a dei personaggi comici come quel generale della Forestale che operava, alquanto operettisticamente, a Città Ducale (mentre i boschi italiani bruciavano), o a dei personaggi grigi e puramente organizzativi come il generale Miceli.

Io so i nomi delle persone serie e importanti che stanno dietro ai tragici ragazzi che hanno scelto le suicide atrocità fasciste e ai malfattori comuni, siciliani o no, che si sono messi a disposizione, come killer e sicari.

Io so tutti questi nomi e so tutti i fatti (attentati alle istituzioni e stragi) di cui si sono resi colpevoli.

Io so. Ma non ho le prove. Non ho nemmeno indizi.

Io so perché sono un intellettuale, uno scrittore, che cerca di seguire tutto ciò che succede, di conoscere tutto ciò che se ne scrive, di immaginare tutto ciò che non si sa o che si tace; che coordina fatti anche lontani, che mette insieme i pezzi disorganizzati e frammentari di un intero coerente quadro politico, che ristabilisce la logica là dove sembrano regnare l'arbitrarietà, la follia e il mistero.

Tutto ciò fa parte del mio mestiere e dell'istinto del mio mestiere. Credo che sia difficile che il mio «progetto di romanzo» sia sbagliato, che non abbia cioè attinenza con la realtà, e che i suoi riferimenti a fatti e persone reali siano inesatti. Credo inoltre che molti altri intellettuali e romanzieri sappiano ciò che so io in quanto intellettuale e romanziere. Perché la ricostruzione della verità a proposito di ciò che è successo in Italia dopo il 1968 non è poi così difficile.

Tale verità – lo si sente con assoluta precisione – sta dietro una grande quantità di interventi anche giornalistici e politici: cioè non di immaginazione o di finzione come è per sua natura il mio. Ultimo esempio: è chiaro che la verità urgeva, con tutti i suoi nomi, dietro all'editoriale del «Corriere della Sera», del 1° novembre 1974.

Probabilmente i giornalisti e i politici hanno anche delle prove o, almeno, degli indizi.

Ora il problema è questo: i giornalisti e i politici, pur avendo forse delle prove e certamente degli indizi, non fanno i nomi.

A chi dunque compete fare questi nomi? Evidentemente a chi non solo ha il necessario coraggio, ma, insieme, non è compromesso *nella pratica* col potere, e, inoltre, non ha, per definizione, niente da perdere: cioè un intellettuale.

Un intellettuale dunque potrebbe benissimo fare pubblicamente quei nomi: ma egli non ha né prove né indizi.

Il potere e il mondo che, pur non essendo del potere, tiene rapporti pratici col potere, ha escluso gli intellettuali liberi – proprio per il modo in cui è fatto – dalla possibilità di avere prove ed indizi.

Mi si potrebbe obiettare che io, per esempio, come intellettuale, e inventore di storie, potrei entrare in quel mondo esplicitamente politico (del potere o intorno al potere), compromettermi con esso, e quindi partecipare del diritto ad avere, con una certa alta probabilità, prove ed indizi.

Ma a tale obiezione io risponderei che ciò non è possibile, perché è proprio la ripugnanza ad entrare in un simile mondo politico che si identifica col mio potenziale coraggio intellettuale a dire la verità: cioè a fare i nomi.

Il coraggio intellettuale della verità e la pratica politica sono due cose inconciliabili in Italia.

All'intellettuale – profondamente e visceralmente disprezzato da *tutta* la borghesia italiana – si deferisce un mandato falsamente alto e nobile, in realtà servile: quello di dibattere i problemi morali e ideologici.

Se egli vien meno a questo mandato viene considerato traditore del suo ruolo: si grida subito (come se non si aspettasse altro che questo) al «tradimento dei chierici». Gridare al «tradimento dei chierici» è un alibi e una gratificazione per i politici e per i servi del potere.

Ma non esiste solo il potere: esiste anche un'opposizione al potere. In Italia questa opposizione è così vasta e forte, da essere un potere essa stessa: mi riferisco naturalmente al Partito comunista italiano.

È certo che in questo momento la presenza di un grande partito all'opposizione come il Partito comunista italiano è la salvezza dell'Italia e delle sue povere istituzioni democratiche.

Il Partito comunista italiano è un paese pulito in un paese sporco, un paese onesto in un paese disonesto, un paese intelligente in un paese idiota, un paese colto in un paese ignorante, un paese umanistico in un paese consumistico.

In questi ultimi anni tra il Partito comunista italiano, inteso in senso autenticamente unitario – in un compatto «insieme» di dirigenti, base e votanti – e il resto dell'Italia, si è aperto un baratro: per cui il Partito comunista italiano è divenuto appunto un «paese separato», un'isola. Ed è proprio per questo che esso può oggi avere rapporti stretti come non mai, col potere effettivo, corrotto, inetto, degradato: ma si tratta di rapporti diplomatici, quasi da nazione a nazione. In realtà le due morali sono incommensurabili, intese nella loro concretezza, nella loro totalità. È possibile, proprio su queste basi, prospettare quel «compromesso», realistico, che forse salverebbe l'Italia dal completo sfacelo: «compromesso» che sarebbe però in realtà una «alleanza» tra due Stati confinanti, o tra due Stati incastrati uno nell'altro.

Ma proprio tutto ciò che di positivo ho detto sul Partito comunista italiano, ne costituisce anche il momento relativamente negativo.

La divisione del paese in due paesi, uno affondato fino al collo nella degradazione e nella degenerazione, l'altro intatto e non compromesso, non può essere una ragione di pace e di costruttività.

Inoltre, concepita, così come io l'ho qui delineata, credo oggettivamente, cioè come un paese nel paese, l'opposizione si identifica con un *altro* potere: che tuttavia è sempre potere.

Di conseguenza gli uomini politici di tale opposizione non possono non comportarsi anch'essi come uomini di potere.

Nel caso specifico, che in questo momento così drammaticamente ci riguarda, anch'essi hanno deferito all'intellettuale un mandato stabilito da loro. E, se l'intellettuale viene meno a questo mandato – puramente morale e ideologico – ecco che egli è, con somma soddisfazione di tutti, un traditore.

Ora, perché neanche gli uomini politici dell'opposizione, se hanno – come probabilmente hanno – prove o almeno indizi, non fanno i nomi dei responsabili reali, cioè politici, dei comici *golpes* e delle spaventose stragi di questi anni? È semplice: essi non li fanno nella misura in cui distinguono – a differenza di quanto farebbe un intellettuale – verità politica da pratica politica. E quindi, naturalmente, neanch'essi mettono al corrente di prove e indizi l'intellettuale non funzionario: non se lo sognano nemmeno, com'è del resto normale, data l'oggettiva situazione di fatto.

L'intellettuale deve continuare ad attenersi a quello che gli viene imposto come suo dovere, a iterare il proprio modo codificato di intervento.

Lo so bene che non è il caso – in questo particolare momento della storia italiana – di fare pubblicamente una mozione di sfiducia contro l'intera classe politica. Non è diplomatico, non è opportuno. Ma queste sono categorie della politica, non della verità politica: quella che – quando può e come può – l'impotente intellettuale è tenuto a servire.

Ebbene, proprio perché io non posso fare i nomi dei responsabili dei tentativi di colpo di Stato e delle stragi (e non al posto di questo) io non posso non pronunciare la mia debole e ideale accusa contro l'intera classe politica italiana.

E lo faccio in quanto io credo alla politica, credo nei principi «formali» della democrazia, credo nel parlamento e credo nei partiti. E naturalmente attraverso la mia particolare ottica che è quella di un comunista.

Sono pronto a ritirare la mia mozione di sfiducia (anzi non aspetto altro che questo) solo quando un uomo politico – non per opportunità, cioè non perché sia venuto il momento, ma piuttosto per creare la possibilità di tale momento – deciderà di fare i nomi dei responsabili dei colpi di Stato e delle stragi, che evidentemente egli sa, come me, ma su cui, a differenza di me, non può non avere prove, o almeno indizi.

Probabilmente – se il potere americano lo consentirà – magari decidendo «diplomaticamente» di concedere a un'altra democrazia ciò che la democrazia americana si è concessa a proposito di Nixon – questi nomi prima o poi saranno detti. Ma a dirli saranno uomini che hanno condiviso con essi il potere: come minori responsabili contro maggiori responsabili (e non è detto, come nel caso americano, che siano migliori). Questo sarebbe in definitiva il vero colpo di Stato.

*25 gennaio 1975. L'ignoranza vaticana come paradigma dell'ignoranza della borghesia italiana**

La posizione di Donat-Cattin nella DC appare a un profano assai anomala: egli parla della DC come del partito dei «ceti medi» nel momento in cui si saldano e fondono con la classe operaia. Ma la DC non è questo.

La DC esprime (o ha espresso): a) la piccola borghesia, b) il mondo contadino (gestito dal Vaticano).

Non si tratta di una dicotomia. Piccola borghesia e mondo contadino religioso erano fino a ieri un mondo unico. La piccola borghesia italiana era ancora sostanzialmente di natura contadina e, dal canto loro, i contadini (come diceva Lenin) sono dei piccoli borghesi, almeno potenzialmente. La morale era unica; e così la retorica. Malgrado la grande varietà delle «culture» italiane – spesso storicamente lontanissime fra loro – sostanzialmente i «valori» del mondo piccolo borghese e contadino coincidevano. L'ambivalenza di tali «valori» ha prodotto un mondo buono e insieme cattivo. Nei loro contesti culturali concreti, infatti, tali «valori» erano positivi, o, almeno, reali; strappati al loro contesto e fatti divenire con la forza «nazionali», essi si sono presentati come negativi: cioè retorici e repressivi.

Su ciò si è fondato lo Stato poliziesco fascista, e poi, senza soluzione di continuità, lo Stato poliziesco democristiano. Sia l'uno che l'altro, infatti, pur «esprimendosi» dalla piccola borghesia e dal mondo contadino, in realtà servivano i «padroni», ossia il grande capitale. Sono delle banalità, ma è meglio ripeterle. I de-

* Su «Epoca», per un'inchiesta sulla DC e gli intellettuali.

mocristiani si sono sempre fatti passare per antifascisti: ma hanno sempre (alcuni forse inconsciamente) mentito. La loro strapotenza elettorale degli anni Cinquanta e l'appoggio del Vaticano, hanno consentito loro di continuare, sotto lo schermo di una democrazia formale e di un antifascismo verbale, la stessa politica del fascismo.

Ma la loro protervia, la loro corruzione, il loro dispotismo provinciale e semi-criminale, d'improvviso, in pochissimi anni, si sono trovati «scoperti», senza più basi reali. Il loro elettorato si è sfaldato, il Vaticano si è svuotato di ogni autorità.

Così un partito, il cui potere storico e, ahimè, concreto, era coinciso col Potere reale, improvvisamente, ha dovuto rendersi conto (se se ne è reso conto) che il suo potere storico e concreto non coincideva più col Potere reale: infatti tale Potere reale (e, questo è il bello, proprio per opera dei democristiani al governo!) da clerico-fascista o sanfedista – com'era stato ininterrottamente dall'unità d'Italia ai primi anni Sessanta – era divenuto quello che si definisce eufemisticamente e quasi umoristicamente «consumistico».

Tutti i «valori» reali (popolari e anche borghesi) su cui si erano fondati i precedenti poteri statali, sono così crollati, trascinando nel loro crollo i valori «falsi» di quei poteri. I nuovi valori consumistici prevedono infatti il laicismo (?), la tolleranza (?) e l'edonismo più scatenato, tale da ridicolizzare risparmio, previdenza, rispettabilità, pudore, ritegno e insomma tutti i vecchi «buoni sentimenti».

Tutto ciò è il crollo della politica democristiana – la cui crisi consiste semplicemente nella necessità di gettar a mare in tutta fretta il Vaticano, il vecchio esercito nazionalista eccetera: ma non è certo il crollo della «politica culturale» democristiana. Per la semplice ragione che essa non c'è mai stata.

Infatti, in quanto direttamente padronale, cioè fascista, la Democrazia cristiana ha continuato a elaborare, su chiave più accentuatamente cattolica e ipocritamente democratica, le vecchie retoriche fasciste: accademismo, ufficialità eccetera.

In quanto partito espresso dal mondo contadino, obbediente

(almeno formalmente, molto formalmente, come poi si è visto) al Vaticano, la Democrazia cristiana è vissuta nella più spaventosa assenza di cultura, ossia nella più totale, degradante ignoranza.

I codici delle culture particolaristiche contadine, validi (come ho detto) nel loro contesto, divengono ridicoli e «provinciali» se assunti a livello nazionale, e divengono mostruosi se strumentalizzati dalla Chiesa, visto che la loro religiosità non è cattolica (probabilmente neanche nel caso del Veneto povero). Il paradigma culturale, in questo senso, è fornito alla Democrazia cristiana dal Vaticano. E per vedere il miserabile stato in cui versa, basta leggere le sue riviste, i suoi giornali ufficiali, le sue pubblicazioni (forse soprattutto quell'orrendo *corpus* totalmente pragmatico e insieme formalistico, nel senso peggiore che abbiano mai avuto questi termini, delle sentenze della Sacra Rota). Ancora adesso (che qualcosa si dovrebbe aver capito) l'italiano usato dai preti e dai democristiani retrogradi, è culturalmente di una meschinità addirittura volgare.

Infine, in quanto partito espresso dalla piccola borghesia, la Democrazia cristiana non poteva che nutrire un profondo e immedicabile disprezzo per la cultura: per la piccola borghesia (anche nelle sue aberrazioni «rosse») la cultura è sempre «culturame». Il primato è, moralisticamente, dell'azione. Chi pensa è reo. Gli intellettuali, essendo depositari di alcune verità (sia pur magari contraddittorie) che la piccola borghesia sospetta essere quelle vere, devono venire almeno moralmente eliminati. La retroguardia democristiana (si veda un recente attacco ad alcuni intellettuali da parte di Carlo Casalegno, il vicedirettore della «Stampa») continua ancora questa politica oscurantista che tante demagogiche soddisfazioni le ha dato in passato e che tanto inutile è oggi, in cui la funzione anti-culturale è stata assunta dai *mass-media* (i quali tuttavia fingono di ammirare e rispettare la cultura). L'epigrafe per questo capitolo della storia borghese l'ha scritta una volta per sempre Goering: «Quando sento parlare di cultura, tiro fuori la rivoltella.»

Forse qualche lettore troverà che dico delle cose banali. Ma chi è scandalizzato è sempre banale. E io, purtroppo, sono scandalizzato. Resta da vedere se, come tutti coloro che si scandalizzano (la banalità del loro linguaggio lo dimostra), ho torto, oppure se ci sono delle ragioni speciali che giustificano il mio scandalo. Ma concludiamo.

Negli anni Cinquanta l'egemonia culturale era del PCI, che la gestiva in un ambito realmente antifascista e in un sincero, anche se già alquanto retorico, rispetto per il sistema di valori della Resistenza. Poi, l'avvento della nuova forma del Potere reale (cioè un fascismo totalmente *altro*) ha creato una nuova egemonia culturale borghese, che la Democrazia cristiana ha fatto sua, oggettivamente, senza accorgersene.

Ora, il Partito comunista, nella nuova situazione storica di crisi della Democrazia cristiana, coincidente con la crisi del Potere consumistico, se volesse, potrebbe riprendere in mano la situazione: e riproporre una propria egemonia culturale. L'autorità che gli proveniva negli anni Cinquanta dalla Resistenza, gli proviene oggi dall'essere l'unica parte dell'Italia pulita, onesta, coerente, integra, forte (fino al punto da istituire una specie di paese nel paese: e con ciò peraltro – e certo preterintenzionalmente, visto che il paese «rosso» si colloca al Nord, magari con capitale Bologna – contribuendo all'ulteriore emarginamento del sempre più degradato Meridione).

*19 gennaio 1975. Il coito, l'aborto, la falsa tolleranza del potere, il conformismo dei progressisti**

Io sono per gli otto referendum del partito radicale, e sarei disposto a una campagna anche immediata in loro favore. Condivido col partito radicale l'ansia della ratificazione, l'ansia cioè del dar corpo formale a realtà esistenti: che è il primo principio della democrazia.

Sono però traumatizzato dalla legalizzazione dell'aborto, perché la considero, come molti, una legalizzazione dell'omicidio. Nei sogni, e nel comportamento quotidiano – cosa comune a tutti gli uomini – io vivo la mia vita prenatale, la mia felice immersione nelle acque materne: so che là io ero esistente. Mi limito a dir questo, perché, a proposito dell'aborto, ho cose più urgenti da dire. Che la vita sia sacra è ovvio: è un principio più forte ancora che ogni principio della democrazia, ed è inutile ripeterlo.

La prima cosa che vorrei invece dire è questa: a proposito dell'aborto, è il primo, e l'unico, caso in cui i radicali e tutti gli abortisti democratici più puri e rigorosi, si appellano alla *Realpolitik* e quindi ricorrono alla prevaricazione «cinica» dei dati di fatto e del buon senso.

Se essi si sono posti sempre, anzitutto, e magari idealmente (com'è giusto), il problema di quali siano i «principi reali» da difendere, questa volta non l'hanno fatto.

Ora, come essi sanno bene, non c'è un solo caso in cui i «principi reali» coincidano con quelli che la maggioranza considera propri diritti. Nel contesto democratico, si lotta, certo, per la mag-

* Sul «Corriere della Sera» col titolo «Sono contro l'aborto».

gioranza, ossia per l'intero consorzio civile, ma si trova che la maggioranza, nella sua santità, ha sempre torto: perché il suo conformismo è sempre, per propria natura, brutalmente repressivo.

Perché io considero non «reali» i principi su cui i radicali e in genere i progressisti (conformisticamente) fondano la loro lotta per la legalizzazione dell'aborto?

Per una serie caotica, tumultuosa e emozionante di ragioni. Io so intanto, come ho detto, che la maggioranza è già tutta, potenzialmente, per la legalizzazione dell'aborto (anche se magari nel caso di un nuovo «referendum» molti voterebbero contro, e la «vittoria» radicale sarebbe molto meno clamorosa). L'aborto legalizzato è infatti – su questo non c'è dubbio – una enorme comodità per la maggioranza. Soprattutto perché renderebbe ancora più facile il coito – l'accoppiamento eterosessuale – a cui non ci sarebbero più praticamente ostacoli. Ma questa libertà del coito della «coppia» così com'è concepita dalla maggioranza – questa meravigliosa permissività nei suoi riguardi – da chi è stata tacitamente voluta, tacitamente promulgata e tacitamente fatta entrare, in modo ormai irreversibile, nelle abitudini? Dal potere dei consumi, dal nuovo fascismo. Esso si è impadronito delle esigenze di libertà, diciamo così, liberali e progressiste e, facendole sue, le ha vanificate, ha cambiato la loro natura.

Oggi la libertà sessuale della maggioranza è in realtà una convenzione, un obbligo, un dovere sociale, un'ansia sociale, una caratteristica irrinunciabile della qualità di vita del consumatore. Insomma, la falsa liberalizzazione del benessere, ha creato una situazione altrettanto e forse più insana che quella dei tempi della povertà. Infatti: primo: risultato di una libertà sessuale «regalata» dal potere è una vera e propria generale nevrosi. La facilità ha creato l'ossessione; perché è una facilità «indotta» e imposta, derivante dal fatto che la tolleranza del potere riguarda unicamente l'esigenza sessuale espressa dal conformismo della maggioranza. Protegge unicamente la coppia (non solo, naturalmente, matrimoniale): e la coppia ha finito dunque col diventare una condizione parossistica, anziché diventare segno di libertà e felicità (com'era nelle speranze democratiche). Secondo: tutto ciò che sessualmente è «diverso» è invece ignorato e respinto. Con una violenza pari solo a quella nazista dei lager (nessuno ricorda mai, naturalmente, che i sessualmente diversi son finiti là dentro). È vero; a parole, il nuovo potere estende la sua falsa tolleranza anche alle minoranze. Non è magari da escludersi che, prima o poi, alla televisione se ne parli pubblicamente. Del resto le *élites* sono molto più tolleranti verso le minoranze sessuali che un tempo, e certo sinceramente (anche perché ciò gratifica le loro coscienze). In compenso l'enorme maggioranza (la massa: cinquanta milioni di italiani) è divenuta di una intolleranza così rozza, violenta e infame, come non è certo mai successo nella storia italiana. Si è avuto in questi anni, antropologicamente, un enorme fenomeno di abiura: il popolo italiano, insieme alla povertà, non vuole neanche più ricordare la sua «reale» tolleranza: esso, cioè, non vuole più ricordare i due fenomeni che hanno meglio caratterizzato l'intera sua storia. Quella storia che il nuovo potere vuole finita per sempre. È questa stessa massa (pronta al ricatto, al pestaggio, al linciaggio delle minoranze) che, per decisione del potere, sta ormai passando sopra la vecchia convenzione clerico-fascista ed è disposta ad accettare la legalizzazione dell'aborto e quindi l'abolizione di ogni ostacolo nel rapporto della coppia consacrata.

Ora, tutti, dai radicali a Fanfani (che stavolta, precedendo abilmente Andreotti, sta gettando le basi di una sia pur prudentissima abiura teologica, in barba al Vaticano), tutti, dico, quando parlano dell'aborto, omettono di parlare di ciò che logicamente lo precede, cioè il coito.

Omissione estremamente significativa. Il coito – con tutta la permissività del mondo – continua a restare tabù, è chiaro. Ma per quanto riguarda i radicali la cosa non si spiega certamente col tabù: essa indica invece l'omissione di un sincero, rigoroso e completo esame politico. Infatti il coito è politico. Dunque non si può parlare politicamente in concreto dell'aborto, senza considerare come politico il coito. Non si possono vedere i segni di una condizione sociale e politica nell'aborto (o nella nascita di nuovi figli) senza vedere gli stessi segni anche nel suo immediato precedente, anzi, «nella sua causa», cioè nel coito.

Ora il coito di oggi sta diventando, politicamente, molto diverso da quello di ieri. Il contesto politico di oggi è già quello della tolleranza (e quindi il coito è un obbligo sociale) mentre il contesto politico di ieri era la repressività (e quindi il coito, al di fuori del matrimonio, era scandalo). Ecco dunque un primo errore di *Realpolitik*, di compromesso col buon senso, che io ravviso nell'azione dei radicali e dei progressisti nella loro lotta per la legalizzazione dell'aborto. Essi isolano il problema dell'aborto, coi suoi specifici dati di fatto, e perciò ne danno un'ottica deformata: quella che fa loro comodo (in buonafede, su questo sarebbe folle discutere).

Il secondo errore, più grave, è il seguente. I radicali e gli altri progressisti che si battono in prima fila per la legalizzazione dell'aborto – dopo averlo isolato dal coito – lo immettono in una problematica strettamente contingente (nella fattispecie, italiana), e addirittura interlocutoria. Lo riducono a un caso di pura praticità, da affrontare appunto con spirito pratico. Ma ciò (come essi sanno bene) è sempre colpevole.

Il contesto in cui bisogna inserire il problema dell'aborto è ben più ampio e va ben oltre l'ideologia dei partiti (che distruggerebbero se stessi se l'accettassero: cfr. *Breviario di ecologia* di Alfredo Todisco). Il contesto in cui va inserito l'aborto è quello appunto ecologico: è la tragedia demografica, che, in un orizzonte ecologico, si presenta come la più grave minaccia alla sopravvivenza dell'umanità. In tale contesto la figura – etica e legale – dell'aborto cambia forma e natura: e, in un certo senso, può anche esserne giustificata una forma di legalizzazione. Se i legislatori non arrivassero sempre in ritardo, e non fossero cupamente sordi all'immaginazione per restare fedeli al loro buon senso e alla propria astrazione pragmatica, potrebbero risolvere tutto rubricando il reato dell'aborto in quello più vasto dell'eutanasia, privilegiandolo di una particolare serie di «attenuanti» di carattere appunto ecologico. Non per questo esso cesserebbe di essere formalmente un reato e di apparire tale alla coscienza. Ed è questo il principio che i miei amici radicali dovrebbero difendere, anziché buttarsi (con onestà donchisciottesca) in un pasticcio, estremamente sensato ma alquanto pietistico, di ragazze madri o di femministe, angosciate in realtà da «altro» (e di più grave e serio). Qual è il quadro, in realtà, in cui la nuova figura del reato di eutanasia, dovrebbe iscriversi?

Eccolo: un tempo la coppia era benedetta, oggi è maledetta. La convenzione e i giornalisti imbecilli continuano a intenerirsi sulla «coppietta» (in tal modo, abominevolmente, la chiamano), non accorgendosi che si tratta di un piccolo patto criminale. E così i matrimoni: un tempo essi erano feste, e la stessa loro istituzionalità – così stupida e sinistra – era meno forte del fatto che li istituiva, un fatto, appunto, felice, festoso. Ora invece i matrimoni sembrano tutti dei grigi e affrettati riti funebri. La ragione di queste cose terribili che dico è chiara: un tempo la «specie» doveva lottare per sopravvivere, quindi le nascite «dovevano» superare le morti. Oggi invece la «specie», se vuole sopravvivere, deve fare in modo che le nascite non superino le morti. Quindi, ogni figlio che un tempo nasceva, essendo garanzia di vita, era benedetto: ogni figlio che invece nasce oggi, è un contributo all'autodistruzione dell'umanità, e quindi è maledetto.

Siamo così giunti al paradosso che ciò che si diceva contro natura è naturale, e ciò che si diceva naturale è contro natura. Ricordo che De Marsico (collaboratore del codice Rocco) in una brillante arringa in difesa di un mio film, ha dato del «porco» a Braibanti, dichiarando inammissibile il rapporto omosessuale in quanto inutile alla sopravvivenza della specie: ora, egli, per essere coerente, dovrebbe, in realtà, affermare il contrario: sarebbe il rapporto eterosessuale a configurarsi come un pericolo per la specie, mentre quello omosessuale ne rappresenta una sicurezza.

In conclusione: prima dell'universo del parto e dell'aborto c'è l'universo del coito: ed è l'universo del coito a formare e condizionare l'universo del parto e dell'aborto. Chi si occupa, politicamente, dell'universo del parto e dell'aborto non può considerare come ontologico l'universo del coito – e non metterlo dunque in discussione – se non a patto di essere qualunquistico e meschinamente realistico. Ho già abbozzato come si configura, oggi, in Italia, l'universo del coito, ma voglio, per concludere, riassumerlo.

Tale universo include una maggioranza totalmente passiva e nel tempo stesso violenta, che considera intoccabili tutte le sue istituzioni, scritte e non scritte. Il suo fondo è tuttora clerico-fascista con tutti gli annessi luoghi comuni. L'idea dell'assoluto privilegio della normalità è tanto naturale quanto volgare e addirittura criminale. Tutto vi è precostituito e conformistico, e si configura come un «diritto»: anche ciò che si oppone a tale «diritto» (compresa la tragicità e il mistero impliciti nell'atto sessuale) viene assunto conformisticamente. Per inerzia, la guida di tutta questa violenza maggioritaria è ancora la Chiesa cattolica. Anche nelle sue punte progressiste e avanzate (si legga il capitoletto, atroce, a pagina 323 de *La Chiesa e la sessualità* del progressista e avanzato S.H. Pfurtner). Senonché... senonché nell'ultimo decennio è intervenuta la civiltà dei consumi, cioè un nuovo potere falsamente tollerante che ha rilanciato in scala enorme la coppia, privilegiandola di tutti i diritti del suo conformismo. A tale potere non interessa però una coppia creatrice di prole (proletaria), ma una coppia consumatrice (piccolo borghese): *in pectore*, esso ha già dunque l'idea della legalizzazione dell'aborto (come aveva già l'idea della ratificazione del divorzio).

Non mi risulta che gli abortisti, in relazione al problema dell'aborto, abbiano messo in discussione tutto questo. Mi risulta invece che essi, in relazione all'aborto, tacciano del coito, e ne accettino dunque – per *Realpolitik*, ripeto, in un silenzio dunque diplomatico e dunque colpevole – la sua totale istituzionalità, irremovibile e «naturale».

La mia opinione estremamente ragionevole invece è questa: anziché lottare contro la società che condanna l'aborto repressivamente, sul piano dell'aborto, bisogna lottare contro tale società sul piano della causa dell'aborto, cioè sul piano del coito. Si tratta – è chiaro – di due lotte «ritardate»: ma almeno quella «sul piano del coito» ha il merito, oltre che di una maggiore logicità e di un maggiore rigore, anche quello di un'infinitamente maggiore potenzialità di implicazioni.

C'è da lottare, prima di tutto contro la «falsa tolleranza» del nuovo potere totalitario dei consumi, distinguendosene con tutta l'indignazione del caso; e poi c'è da imporre alla retroguardia, ancora clerico-fascista, di tale potere, tutta una serie di liberalizzazioni «reali» riguardanti appunto il coito (e dunque i suoi effetti): anticoncezionali, pillole, tecniche amatorie diverse, una moderna moralità dell'onore sessuale ecc. ecc. Basterebbe che tutto ciò fosse democraticamente diffuso dalla stampa e soprattutto dalla televisione, e il problema dell'aborto verrebbe in sostanza vanificato, pur restando, come deve essere, una colpa, e quindi un problema della coscienza. Tutto ciò è utopistico? È folle pensare che una «autorità» compaia al video reclamizzando «diverse» tecniche amatorie? Ebbene, non sono certo gli uomini con cui io qui polemizzo che debbono spaventarsi di questa difficoltà. Per quanto io ne so, per essi ciò che conta è il rigore del principio democratico, non il dato di fatto (com'è invece brutalmente, per qualsiasi partito politico).

Infine: molti – privi della virile e razionale capacità di comprensione – accuseranno questo mio intervento di essere personale, particolare, minoritario. Ebbene?

*30 gennaio 1975. «Sacer»**

Caro Moravia, sono ormai alcuni anni che io mi precludo di dare del fascista a qualcuno (anche se talvolta la tentazione è forte); e, in seconda istanza mi precludo anche di dare a qualcuno del cattolico. In tutti gli italiani alcuni *tratti* sono fascisti o cattolici. Ma darci a vicenda dei fascisti o dei cattolici – privilegiando quei *tratti*, spesso trascurabili – diventerebbe un gioco sgradevole e ossessivo.

Tu, certo per un vecchio, acritico automatismo – e certo non senza grazia e amicizia – ti sei appunto lasciato andare a darmi del «cattolico» (proprio del «cattolico», e non del «cristiano» o del «religioso»). E mi hai dato del cattolico cogliendo, scandalizzato, in me (mi sembra) un trauma per cui la «maggioranza» considera – consciamente o inconsciamente come Himmler – la mia vita «indegna di essere vissuta». Cioè il mio blocco sessuale che mi rende un «diverso». Corollario di tale blocco è una certa traumatica e profonda «sessuofobia», comprendente la pretesa – altrettanto traumatica e profonda – della verginità o quanto meno della castità da parte della donna. Tutto ciò è vero, fin troppo vero. Ma è anche la mia privata tragedia, su cui mi sembra un po' ingeneroso fondare delle illazioni ideologiche. Tanto più che tali illazioni mi sembrano sbagliate.

Prima di tutto l'assioma «il cattolico è sessuofobo, quindi chi è sessuofobo è cattolico», è un assioma che io trovo assurdo e irragionevole. C'è una sessuofobia protestante, c'è una sessuofobia

* Sul «Corriere della Sera» col titolo «Pasolini replica sull'aborto».

mussulmana, c'è una sessuofobia indù, c'è una sessuofobia selvaggia. Tu ti rifai alla sessuofobia di San Paolo (che – cosa non del tutto rifiutata anche da pensatori cattolici avanzati – pare fosse omosessuale): ma la sessuofobia di San Paolo non è, appunto, cattolica, ma giudaica. Attraverso San Paolo essa passa al cattolicesimo (se di cattolicesimo si può già parlare a proposito di San Paolo), ed è tutto. Oggi, la sessuofobia cattolica, controriformistica, è quella di tutte le religioni ufficiali. Io me ne distinguo nettamente prima di tutto perché nell'infanzia non ho avuto un'educazione cattolica (non sono neanche cresimato), poi perché la mia scelta, fin dalla prima pubertà, è coscientemente laica, e infine, cosa più importante di tutte, perché la mia «natura» è idealistica (non in senso filosofico, ma esistenziale). Tu stesso mi accusi di idealismo. E questa è un'accusa che accetto, perché è vera. Tu non sai quanto ho sempre invidiato la tua mancanza di cattivo idealismo...

Ora però si dà il fatto che tutto può essere detto, oggi, della Chiesa cattolica fuori che sia idealistica. Essa è anzi il contrario che idealistica: è non-idealistica, e, in compenso, è assolutamente pragmatica. I preti sono, meglio di tutti, coloro che vedono, con profondo pessimismo, il mondo come è: non c'è nessuno più abile e acuto di loro nel cogliere lo *status quo* e nel formalizzarlo. Rileggiti quell'*opus* grandioso del più puro pragmatismo (in cui Dio non viene neanche nominato se non nelle formule) che sono le sentenze della Sacra Rota. Dunque, se io sono idealista, non sono cattolico; e se tu sei pessimista e pragmatico, sei cattolico. Come vedi, è fin troppo facile ritorcere accuse di questo genere.

Per restare poi sempre alla parte generale del tuo discorso, tu scherzi sul fatto che «da qualche tempo la mia bestia nera è il consumismo»: tale tuo scherzare mi sembra un po' qualunquistico in quanto riduttivo. Lo so bene, tu sei pragmaticamente per accettare lo *status quo*, ma io, che sono idealistico, no. «Il consumismo c'è, che ci vuoi fare?» sembri volermi dire. E allora lascia che ti risponda: per te il consumismo c'è e basta, esso non ti tocca se non, come si dice, moralmente, mentre dal punto di vista pratico ti tocca come tocca tutti. La tua profonda vita personale ne è indenne. Per me no, invece. In quanto cittadino, è vero, ne sono toccato come te, e subisco come te una violenza che mi offende (e in questo siamo affratellati, possiamo pensare insieme a un esilio comune): ma come persona (tu lo sai bene) io sono infinitamente più coinvolto di te. Il consumismo consiste infatti in un vero e proprio cataclisma antropologico: e io *vivo*, esistenzialmente, tale cataclisma che, almeno per ora, è pura degradazione: lo vivo nei miei giorni, nelle forme della mia esistenza, *nel mio corpo*. Poiché la mia vita sociale borghese si esaurisce nel lavoro, la mia vita sociale in genere dipende totalmente da ciò che è la gente. Dico «gente» a ragion veduta, intendendo ciò che è la società, il popolo, la massa, nel momento in cui viene esistenzialmente (e magari solo visivamente) a contatto con me. È da questa esperienza, esistenziale, diretta, concreta, drammatica, *corporea*, che nascono in conclusione tutti i miei discorsi ideologici. In quanto trasformazione (per ora degradazione), antropologica della «gente», per me il consumismo è una tragedia, che si manifesta come delusione, rabbia, *taedium vitae*, accidia e, infine, come rivolta idealistica, come rifiuto dello *status quo*. Non vedo come possa un amico scherzare sopra tutto questo.

Veniamo all'aborto. Tu dici che la lotta per la prevenzione dell'aborto che io suggerisco come primaria, è vecchia, in quanto son vecchi gli «anticoncezionali» ed è vecchia l'idea delle tecniche amatorie diverse (e magari è vecchia la castità). Ma io non ponevo l'accento sui mezzi, bensì sulla diffusione della conoscenza di tali mezzi, e soprattutto sulla loro accettazione morale. Per noi – uomini privilegiati – è facile accettare l'uso scientifico degli anticoncezionali e soprattutto è facile accettare moralmente tutte le più diverse e perverse tecniche amatorie. Ma per le masse piccolo-borghesi e popolari (benché già «consumistiche») ancora no. Ecco perché io incitavo i radicali (con cui è avvenuto tutto il mio discorso, che solo appunto visto come un colloquio con essi acquista il suo pieno senso) a lottare per la diffusione della conoscenza dei mezzi di un «amore non procreante», visto (dicevo) che procreare è oggi un delitto ecologico. Se alla televisione per un anno si facesse una sincera, coraggiosa, ostinata opera di propaganda di tali mezzi, le gravidanze non volute diminuirebbero in modo decisivo per quel che riguarda il problema dell'aborto. Tu stesso dici che nel mondo moderno ci sono due tipi di coppie: quelle borghesi privilegiate (edonistiche) che «concepiscono il piacere distinto e separato dalla procreazione» e quelle popolari, che «per ignoranza e bestialità non arrivano a una simile concezione». Ebbene, io ponevo come prima istanza alla lotta progressista e radicale proprio questo: pretendere di abolire – attraverso i mezzi cui il paese ha democraticamente diritto – tale distinzione classista.

Insomma, ripeto, la lotta per la non-procreazione deve avvenire nello stadio del coito, non nello stadio del parto. Per quel che riguarda l'aborto, io avevo suggerito paradossalmente di rubricare tale reato nel quadro del reato di eutanasia, inventando per esso una serie di attenuanti di carattere ecologico. Paradossalmente. In realtà la mia posizione su questo punto – pur con tutte le implicazioni e le complessità che sono tipiche di un intellettuale singolo e non di un gruppo – coincide infine con quella dei comunisti. Potrei sottoscrivere parola per parola ciò che ha scritto Adriana Seroni su «Epoca» (25-1-1975). Bisogna evitare *prima* l'aborto, e, se ci si arriva, bisogna renderlo legalmente possibile solo in alcuni casi «responsabilmente valutati» (ed evitando dunque, aggiungo, di gettarsi in una isterica e terroristica campagna per la sua completa legalizzazione, che sancirebbe come non reato una colpa).

Mentre per il «referendum» sul divorzio ero in pieno disaccordo coi comunisti (che lo temevano) prevedendo la vittoria che poi si è avuta; mentre sono in disaccordo coi comunisti sugli «otto referendum» proposti dai radicali, prevedendo anche qui una vittoria (che ratificherebbe in effetti una realtà esistente), sono invece d'accordo coi comunisti sull'aborto. Qui c'è di mezzo la vita umana. E non lo dico perché la vita umana è sacra. Lo è stata: e la sua sacralità è stata sentita sinceramente nel mondo antropologico della povertà, perché ogni nascita era una garanzia per la continuità dell'uomo. Ora sacra non lo è più, se non in senso maledetto (*sacer* ha tutti e due i sensi), perché ogni nuova nascita costituisce una minaccia per la sopravvivenza della umanità. Dunque dicendo «c'è di mezzo la vita umana», parlo di *questa* vita umana – *questa* singola, concreta vita umana – che in *questo* momento, si trova dentro il ventre di *questa* madre.

È a ciò che tu non rispondi. È popolare essere con gli abortisti in modo acritico e estremistico? Non c'è neanche bisogno di dare spiegazioni? Si può tranquillamente sorvolare su un caso di coscienza personale riguardante la decisione di fare o non fare venire al mondo qualcuno che ci vuole assolutamente venire (anche se poi sarà poco più che nulla)? Bisogna a tutti i costi creare il precedente «incondizionato» di un genocidio solo perché lo *status quo* lo impone? Va bene, tu sei cinico (come Diogene, come Menippo... come Hobbes), non credi in nulla, la vita del feto è una romanticheria, un caso di coscienza su un tale problema è una sciocchezza idealistica... Ma queste non sono delle buone ragioni.

*25 gennaio 1975. «Thalassa»**

Caro direttore

Le invio a parte, con una dedica che è segno di sincera amicizia – anche se nella fattispecie non è priva di polivalenze e di lunghe vibrazioni allusive – *Thalassa* di Ferenczi. Non è un testo sacro. Però sono certo che per esempio Marcuse, Barthes, Jakobson o Lacan lo amano. È un libro delle «origini» della psicanalisi, non si può non amarlo. Lo legga. Preghi di leggerlo anche qualche suo collaboratore. Non c'è da imbarazzarsi: il non averlo letto non è poi così grave lacuna. Mi riferisco a un articolo uscito sul «Paese sera», del 21 gennaio 1975. «Le ceneri di Solgenitzin», che sarebbero poi le mie: a quanto pare, mi si vuole decisamente incenerito, se si tien conto anche dell'articolo di Eco, sul «Manifesto» dello stesso giorno, «Le ceneri di Malthus», anch'esso riferentesi per interposta persona, alle mie ceneri. Son qui per cercar di risorgere ancora una volta, appunto dalle ceneri. Che, com'è noto, sono il resto di un rogo in cui generalmente si bruciano le idee. A questo proposito, vorrei anticipare che una delle lotte più piene di tensione degli uomini di sinistra è contro quella serie di commi del codice Rocco (su cui scrivevo qui, sul «Paese sera» almeno una quindicina di anni fa, e per primo, delle frasi «estremistiche» che allora non venivano nemmeno percepite), che vertono il «reato di opinione».

Lei crede a questo proposito che ciò che ci indigna in tali commi del nostro codice sia la «punizione» che vi è contemplata?

* Sul «Paese sera» col titolo «Una lettera di P.: "opinioni" sull'aborto».

Quei famosi mesi con la condizionale che rischiamo ogni giorno? Non credo. Ciò che conta è la condanna. La condanna pubblica. Il venire additati alla pubblica opinione come «rei» di idee contrarie alla comunità. Il suo collaboratore Nello Ponente altro non fa che pronunciare nei miei riguardi tale condanna: egli mi accusa di fronte a una «comunità» – la «comunità» degli intellettuali di sinistra e dei lavoratori – e mi accusa per un «reato di opinione».

La mia opinione, nel caso specifico, è che considero l'«aborto» una colpa. Ma non moralmente, questo non può essere nemmeno discusso. Moralmente non condanno nessuna donna che ricorra all'aborto, e nessun uomo che sia d'accordo su questo. Ne faccio e ne ho fatto una questione non morale ma giuridica.

La questione morale riguarda solo gli «attori»: è una questione tra chi abortisce, tra chi aiuta ad abortire, tra chi è d'accordo con l'abortire e la propria coscienza. Dove io non vorrei certo entrare. Se in concreto l'ho fatto, ho sempre scelto naturalmente il minor male, cioè l'aborto. Ho commesso, cioè, una colpa. Nella vita, nel pragma la moralità è pratica, non c'è alternativa. Ma nel pensare alla vita, e al suo ineluttabile svolgersi pragmatico, ciò che conta è la ragione: che non può mai contraddirsi né venire a patti. Essa sancisce i principi, non i fatti, anche se non può partire che dai fatti. È un certo «praticismo» esterno al loro «rigore democratico», sempre così vivamente razionale e razionalmente estremistico, che io notavo nei miei amici radicali nel mio intervento sul «Corriere».

Non c'è nessuna buona ragione pratica che giustifichi la soppressione di un essere umano, sia pure nei primi stadi della sua evoluzione. Io so che in nessun altro fenomeno dell'esistenza c'è un'altrettanto furibonda, totale, essenziale volontà di vita che nel feto. La sua ansia di attuare la propria potenzialità, ripercorrendo fulmineamente la storia del genere umano, ha qualcosa di irresistibile e perciò di assoluto e di gioioso. Anche se poi nasce un imbecille.

Questa è la mia «opinione»: personale, s'intende. Come pretendono di essere tutte le opinioni. Con questa mia «opinione» io ho forse messo in pericolo il PCI, la cultura di sinistra, la lotta operaia? Sono stato «fuorviante»? Sono stato un traditore del popolo? Ad ogni modo, il verdetto di Nello Ponente è più o meno questo. È vero che poi il testo della sua condanna è del tutto privo della lucidità burocratica delle condanne dei tribunali dello Stato. È alquanto più vivace, e anche decisamente più confusa.

Il nostro Nello Ponente ignora completamente la psicanalisi e virilmente vuole ignorarla. Non ha certo letto né Freud né Ferenczi, né altri, quali rappresentanti particolarmente spregevoli del «culturame» cui io mi onoro di appartenere. Nello Ponente (come, a quanto pare, Giorgio Manganelli) non ha mai sognato di essere immerso nell'Oceano: ed è indubbiamente quanto basta per distruggere decenni di ricerche psicanalitiche su tale problema.

Di conseguenza egli confonde il ricordo delle acque prenatali col «mammismo», cioè con la «fissazione» di un periodo della vita in cui il figlio, già naturalmente nato, si attacca alla madre. Nello Ponente, sempre virilmente, disprezza (sempre come Giorgio Manganelli) le «mamme». Mentre io non vedo ragioni se non conformistiche per vergognarmi di avere nei riguardi di mia madre, o meglio, di mia «mamma», un forte sentimento di amore. Esso dura da tutta la vita, perché è stato poi confermato dalla stima che io ho sempre per la mitezza e l'intelligenza di quella donna che è mia madre. Sono stato coerente con questo amore. Coerenza che in altri tempi ha potuto portare ai lager, e che comunque continua a bollare di infamia. Nello Ponente, con la stessa delicatezza con cui indica al popolo per il rogo Freud, Ferenczi e tutta la psicanalisi, addita me al disprezzo del popolo come «mammista». Naturalmente il disprezzo per il culturame avrà impedito a Nello Ponente di leggere tutta la lunga serie di poesie che io ho dedicato a mia madre dal 1942 a oggi. Lo sfido a dimostrare che si tratta di poesie di un «mammista», per usare la sua volgare, conformistica, degradante definizione di uomo interscambiabile, livellato con qualsiasi benpensante, con qualsiasi bisognoso di appartenere a un branco.

E anzi a questo proposito, vorrei qui dichiarare pubblicamente che di un uomo così ignorante e così fiero della propria ignoranza io non sono, non sono mai stato e non sarò mai un «compagno di strada». La sua interscambiabilità, infatti, fondata sul conformismo e sul benpensare, non può che essere segno di una «continuità». La «continuità» della piccola borghesia italiana e della sua coscienza infelice (rifiuto della cultura, ansia della normalità, qualunquismo fisiologico, caccia alle streghe). Non per niente Napolitano, nel testo in esame, viene ridotto alla stregua di un uomo di potere di fronte a cui «accusare», quasi si trattasse di un Bottai o di un cardinale.

Il conformismo è sempre deplorevole, ma il conformismo di chi è dalla parte della ragione (cioè, per me, il «conformismo di sinistra») è particolarmente doloroso. Naturalmente il mio articolo «contro l'aborto» è incompleto e passionale, lo so. Una mia amica, Laura Betti, mi ha fatto notare che ci manca fisiologicamente la donna. Ha ragione. Alberto Moravia ha detto che il fondo dei miei argomenti è paolino: cioè in me, come in San Paolo, c'è l'inconscia pretesa della castità da parte della donna. Ha ragione anche lui. Io ho posto l'accento più sul figlio che sulla madre, in quanto nel nostro caso, si tratta di una madre nemica. Non potevo non rimuoverla, e privilegiare il suo frutto. Proprio come il cardinale Florit, che parlando, giustamente, di strage di innocenti (i feti) ignora la strage delle innocenti (le donne come cittadini inferiori). Ma come va considerata puramente «casuale» la mia eventuale concordanza ideologica con Nello Ponente, va considerata altrettanto «casuale» la coincidenza della mia opinione sull'aborto con quella del cardinale Florit. Infatti io escludo che possa lecitamente parlare di strage di feti innocenti, chi non abbia *altrettanto pubblicamente e esplicitamente* parlato di stragi, per esempio, di ebrei, e più ancora, chi non parli *altrettanto pubblicamente e esplicitamente* delle stragi culturali e umane del nuovo potere (che peraltro, un cardinale non può non avallare, senza soluzione di continuità col potere precedente).

Infine, quanto alla mia opinione, non aspetto altro che mi si convinca che è sbagliata. Non può che farmi piacere di essere anche su questo punto al fianco di uomini con cui sostanzialmente (malgrado la forza centrifuga, eretica, fuorviante che pertengono proprio al mio stato di intellettuale) io concordo, e se così si può lecitamente dire, lotto. Aspetto che mi si convinca razionalmente e non attraverso illazioni a braccio sulla mia persona o sulla «correttezza» della mia ideologia.

*Febbraio 1975. Cani**

In una lettera al «Corriere» il teologo Don Giovanni Giavini chiede che cosa ci sia di vero nella mia affermazione (in un articolo dello stesso «Corriere», 30-1-1975) che San Paolo fosse omosessuale e che da parte dei cattolici informati non ci sia, su questo punto, dello scandalo. (Del resto neanche Don Giovanni Giavini si scandalizza: e va peraltro ricordato che l'omosessualità di Sant'Agostino è ormai, anzi da sempre, accettata, in quanto è Sant'Agostino stesso a confessarla.) Su San Paolo, che probabilmente era inconsapevole di tale sua diversità (la quale, rimossa, creava in lui, appunto, quel suo stato patologico che è universalmente ammesso, e che è a sua volta confessato nelle «Lettere») è stato necessario l'intervento della psicanalisi: a interpretarne i sintomi, a tentarne una diagnosi. Si veda, da parte cattolica «disobbediente», Èmile Gillabert, *Saint Paul ou le colosse aux pieds d'argile*, Éditions Métanoïa, 1974; mentre, da parte cattolica «obbediente», citerei: «Se nella giovinezza frequentò lo stadio, queste scappatelle clandestine che costituivano un peccato contro la legge – queste concessioni al fascino del frutto proibito – sarebbero da porsi fra quelle che si leggono in filigrana nella patetica pagina della Lettera ai Romani, in cui certi psicanalisti, alla luce della loro "arte", hanno voluto addirittura leggere, collegandole con altre indicazioni contenute nelle Lettere, una tendenza alla pederastia...» (Jean Colson, *Paolo apostolo martire*, Mondadori Editore 1974, e Éditions du Seuil, Paris, 1971).

* Inedito.

Nell'articolo che il titolista del «Corriere» ha intitolato «Io sono contro l'aborto» – mentre doveva intitolarlo meglio «Io sono contro una lotta trionfalistica per la legalizzazione dell'aborto» – non ho resistito alla tentazione di aprire una breve, e quindi schematica, parentesi ecologica. È in questa parentesi che è caduta una mia osservazione sull'amore chiamato «contro natura» (non però necessariamente omosessuale), e ne ho approfittato per prendermi una piccola vendetta contro De Marsico, per aver egli dato del «porco» a Braibanti, e per aver egli condannato l'amore omosessuale in quanto, non essendo procreante, esso sarebbe nocivo alla continuazione della specie. Il contesto in cui tale piccola vendetta si collocava era però strettamente funzionale, essendo De Marsico uno dei più autorevoli collaboratori del codice Rocco, cioè del codice fascista.

Certo De Marsico non avrebbe mai potuto immaginare che a sua difesa si sarebbero levate le voci di una intera muta di illuminati e di progressisti.

Natalia Ginzburg, riscuotendosi dal suo naturale stato di dormiveglia, ha sentito evidentemente esclamare, da qualche comune amico, che io suggerisco l'amore contro natura come rimedio per il problema dell'aborto: qualcosa cioè come se io suggerissi l'uso dell'olio delle arachidi per risolvere il problema della crisi economica, oppure l'uso dell'esperanto per risolvere il problema della lingua. Va bene, Natalia è candida. Ma non c'è candore che giustifichi, almeno, la mancanza d'informazione. È vero che se Natalia mi ha preso per uno che crede nella soluzione dell'olio delle arachidi o dell'esperanto, vuol dire che io, nei vent'anni della nostra amicizia, non sono stato capace non solo di farmi stimare da lei, ma neanche di farle capire che non sono né un poeta pazzo né un dilettante cretino: però lei poteva almeno leggere i miei articoli in questione. Perché in tal caso, si sarebbe semplicemente accorta di essere, almeno alla lettera, d'accordo con me, cioè di essere contro le forme retoriche della lotta per la legalizzazione dell'aborto, e di stare quindi, in questo caso, come me, con i comunisti invece che con i radicali.

Nel suo candido intervento, Natalia compie un significativo misfatto linguistico (è una scrittrice, e per lei dunque questo discorso è pertinente senza restrizioni). Essa usa a proposito del rapporto omosessuale l'aggettivo «squallido», cioè l'aggettivo sempre, sistematicamente, meccanicamente, canagliescamente usato negli articoletti di cronaca di tutta la stampa italiana, in questo tutta demarsichiana.

Questo banale, e dunque volgare, livore anti-omosessuale di Natalia mi pare attenti gravemente la purezza del suo candore. Ma non è tutto. Natalia è stata risvegliata dal suo sonno (sulla sincerità dei cui sogni non ho dubbi: ma la sincerità non basta) dalle suadenti parole di Franco Rodano («Paese sera», 28-1-1975), che l'hanno entusiasmata. Tanto entusiasmata da spingerla a fare a tale articolo di Rodano (mi veniva da scrivere, istintivamente, Padre Rodano) dei complimenti addirittura imbarazzanti: complimenti alla sua onestà, alla sua pulizia, alla sua comprensività ecc. ecc. Ora, in questo articolo, Rodano mi dà del «clericale». Cioè viola il codice di minimo rispetto tra persone civili. L'accusa a qualcuno di essere «clericale» è una di quelle accuse puramente nominalistiche che possono essere ritorte senza fine. Il linguaggio bonario, comprensivo, ma non privo della necessaria severità, di Rodano è infatti profondamente ecclesiastico: la sua è, linguisticamente, una vera e propria paternale. Italiani (e quindi Natalia) io vi esorto alla lingua! Che io poi sia «clericale» pare dimostrato esaustivamente per Rodano dal fatto che io sia veneto. E qui dov'è l'onestà di Rodano tanto decantata da Natalia? I moralisti sono sempre male informati. Ma cosa ci voleva a Rodano a informarsi un poco? Io sono nato a Bologna, nella rossa Bologna, e, ciò che conta, nella rossa Bologna ho passato la mia adolescenza e la mia giovinezza, cioè gli anni della mia formazione. Qui sono diventato antifascista per aver letto a sedici anni una poesia di Rimbaud. Qui ho scritto le mie prime poesie in dialetto friulano (cosa non ammessa dal fascismo). Ho detto *friulano*, cara Natalia. E niente accomuna il Veneto al Friuli. Assolutamente niente. Nel paese friulano di mia madre io ci andavo un mese ogni estate, in villeggiatura (quando i mezzi lo permettevano). E in realtà il friulano non lo sapevo. Lo ricordavo parola per parola mentre inventavo quelle mie prime poesie. L'ho imparato dopo, quando nel '43, ho dovuto «sfollare» a Casarsa. Dove ho vissuto prima l'esistenza reale dei parlanti, cioè la vita contadina, poi la Resistenza e infine le lotte politiche dei braccianti contro il latifondo. In Friuli dunque prima ho imparato un mondo contadino e cattolico che nulla ha a che fare con quello veneto (oggi in Friuli non esiste né è concepibile una trama nera), e poi sono diventato, coi braccianti, comunista. In Friuli ho letto Gramsci e Marx. Ecco il mio «clericalismo veneto».

A difendere De Marsico sono poi discesi contemporaneamente, e in perfetto accordo, Umberto Eco («Il Manifesto», 2-2-1975) e L. («Il Messaggero», 21-1-1975). Umberto Eco è un intelligente e colto intellettuale di sinistra che ho sempre stimato e anche amato; L. è un miserabile corsivista, che ha infierito per anni contro di me, quando «Il Messaggero» era clerico-fascista. Il testo di Eco e il testo di L. sono perfettamente identici, nel contenuto e *nella lingua*. Ecco un breve saggio di analisi comparata.

Eco: «Ma la tesi ridotta all'osso (sacro) è molto chiara. Non è l'aborto che dobbiamo discutere, è il coito; il quale, a causa dell'oppressione e della repressione fascistico-consumistica, è sempre imposto come coito tra uomo e donna... L'argomentazione viene presentata come difesa dei diritti delle minoranze "diverse", e non è chi non veda la opportunità di consentire a ogni minoranza, compresa quella sessuale, il diritto alle proprie pratiche preferite...»

L.: «E poi l'amore normale (Gesù, che volgarità!) procrea e, se procrea, bisogna accettarne le conseguenze. Sempre secondo Pasolini, rapporti normali, insomma non "misti", andrebbero incoraggiati... Invoca rispetto e tolleranza per le "minoranze sessuali". È una richiesta legittima. La sottoscriviamo.»

Eco: «Ma l'argomentazione di Pasolini non tiene, perché, anche se per ragioni ecologiche apparisse utile consigliare il coito omosessuale (...) in tal caso, sia pure per una piccola minoranza di eterosessuali inveterati, il problema della concezione esisterebbe ancora.»

L.: «Ma perché non avere anche una certa quale misericordia per i "normali" che saranno quasi certamente la "minoranza" di domani?»

Eco: «Pasolini... lascia intravedere la volontà repressiva di conculcare i diritti di una futura minoranza, quando abbia trionfato la nuova maggioranza...»

L.: «Avete capito? Quando si arriva ad andare a letto con una donna, a parte tutto il resto, bisogna ora guardarsi anche dalle maledizioni di Pasolini...»

Eco: «Il che non era passato per la mente nemmeno ad Huxley, a Orwell, nemmeno a Hitler, nemmeno a Fanfani...»

Ho «comparato» frasi di una certa complessità sintattica: se avessi «comparato» i «lazzi» isolati, l'identità linguistica tra il testo del «Manifesto» e il testo del «Messaggero» sarebbe risultata ancora più impressionante.

Cos'hanno fatto i due compari di De Marsico?

Primo: hanno compiuto la stessa illazione che abbiamo visto in Natalia: hanno fatto cioè un processo sbagliato (e voluto, come il lupo con l'agnello) alle mie intenzioni, attribuendomi quindi un argomento a cui solo un «pazzo» o un «dilettante cretino» potrebbe ricorrere.

Secondo: hanno isolato lo «stato d'animo», atrocemente doloroso, che può avere influenzato il mio atteggiamento a proposito dell'aborto (l'aver ricordato cioè che l'aborto è una colpa, anche se la pratica consiglia di depenalizzarla): e, anziché esprimere su questo «stato d'animo» la loro solidarietà, ne hanno fatto oggetto di atroci beffe goliardiche.

Terzo: hanno finto per inciso una comprensione, puramente verbale, per le minoranze sessuali: in realtà consistente nell'idea di concedere, a tali minoranze, un ghetto dove darsi alle loro pratiche (con chi?), ma da cui sia proibito esprimere pubblicamente un'opinione anche vagamente influenzata dallo «stato d'animo» che fatalmente nasce vivendo appunto un'esperienza minoritaria.

Il «punto di vista» deve essere per forza maggioritario, anche sentimentalmente. Pena la caccia alle streghe, se non per le «pratiche», per il sentimento e la qualità di vita che ne nascono.

Quarto: hanno inscenato una caccia alle streghe – come sempre terrorizzante per le povere streghe – ricorrendo, in sostituzione delle pene corporali che non hanno più a disposizione, alla pura volgarità.

Insieme ad altri, su cui per ragioni di spazio e di disistima sorvolo, a difendere De Marsico è intervenuto anche Giorgio Bocca («L'Espresso», 9-2-1975). Cosa non imprevedibile. Il sesso con le sue intolleranze feroci è una zona incolta della nostra coscienza e del nostro sapere. Il puritanesimo di Bocca è ben noto. Dunque, in questo campo, egli non può che ricorrere ai luoghi comuni, sempre rassicuranti. Ciò dà alla sua lingua qualcosa di barbarico, e vengono fuori – come in Natalia «squallido» – «maîtres à penser» e «sprint»: la volgarità linguistica è diretto prodotto della cattiva coscienza, che è prodotta a sua volta dal ricorso ai luoghi comuni. Inoltre sono esplicitamente volgari anche le allusioni ai gruppi o ai clan a cui io apparterrei. Sono, questi, argomenti da giornale letterario di provincia, in vena di fare del moralismo punitivo. Naturalmente vi manca ogni dimostrazione sia di carattere pratico (i più grandi dispiaceri in questa polemica mi sono venuti proprio dai miei pochi amici) che profondo. Bocca non ha meditato un istante ciò che stava per dire: egli ha preso impetuosamente e intrepidamente la decisione di dire la cosa più universalmente riconosciuta come ovvia. Non c'è dubbio per esempio che affermare che «in Italia si parla italiano» è una verità ovvia, comune, maggioritaria, consacrata e indiscussa. Ma se Bocca – con quella sua aria di essersi appunto deciso a dire una buona volta la sacrosanta verità – va a dire: «In Italia si parla l'italiano» a un alto-atesino o a un friulano, non può che aspettarsi che l'alto-atesino o il friulano, giustamente, gli rispondano: «Crepa.» Il fatto è che in Italia si parla l'italiano *e* il tedesco, l'italiano *e* il friulano. Chi non sa e non ammette in ogni istante della sua vita questo, non sa cos'è un rapporto democratico, né umano, con gli altri. Così quando Bocca afferma: «La maggioranza degli abitanti italiani considerano l'amplesso tra uomo e donna il modo naturale di fare l'amore», oltre che a dire una verità ridicola, ricorre esattamente a quello stesso, offensivo, principio su cui si fonda la nozione del «comune sentimento del pudore» del codice fascista di Rocco e di De Marsico.

*1° marzo 1975. Cuore**

Il lettore mi perdoni, ma voglio tornare ancora sul problema dell'aborto, o meglio sui problemi che il discutere dell'aborto ha suscitato. Infatti quelli che veramente contano sono i problemi del coito, non quelli dell'aborto.

L'aborto contiene in sé qualcosa, tuttavia, che evidentemente scatena in noi forze «oscure» ancora anteriori al coito stesso: è il nostro eros nella sua illimitatezza che esso mette in discussione – o su cui impone la discussione. Per quanto mi riguarda, e come ho detto chiaramente – l'aborto mi rimanda oscuramente all'offensiva naturalezza con cui viene sentito in generale il coito. Tanta offensiva naturalezza rende così ontologico il coito da annullarlo. La donna pare trovarsi incinta come se avesse bevuto un bicchier d'acqua. Questo bicchier d'acqua è, appunto, la cosa più semplice del mondo per chi ce l'ha: ma per chi sia solo in mezzo a un deserto, questo bicchier d'acqua è tutto, e non può essere che offeso da coloro che lo considerano un nulla.

Gli oltranzisti dell'aborto (cioè quasi tutti gli intellettuali «illuminati» e le femministe) parlano a proposito dell'aborto come di una tragedia femminile, in cui la donna è sola con un suo terribile problema, quasi che in quel punto il mondo l'avesse abbandonata. Capisco. Però potrei aggiungere che quando la donna era a letto non era sola. Inoltre mi chiedo come mai le oltranziste rifiutino con tanto ostentato disgusto la retorica epicizzante della

* Sul «Corriere della Sera» col titolo «Non aver paura di avere un cuore».

«maternità» mentre accettano in modo del tutto acritico la retorica apocalittica dell'aborto.

Per il maschio l'aborto ha assunto un significato simbolico di liberazione: essere per l'aborto incondizionatamente gli sembra una patente di illuminismo, progressismo, spregiudicatezza, sfida. È insomma un bellissimo, gratificante giocattolo. Ecco perché tanto odio per chi ricordi che una gravidanza non voluta può essere, se non sempre colpevole, almeno colposa. E che se la prassi consiglia giustamente a depenalizzare l'aborto non per questo l'aborto cessa di essere per la coscienza una colpa. Non c'è anticonformismo che la giustifichi: e chi di anticonformistico non possieda che un fanatico abortismo, certamente ne è seccato e irritato. E allora ricorre ai metodi più arcaici per liberarsi dell'avversario che lo priva del suo piacere di sentirsi spregiudicato e all'avanguardia. Tali metodi arcaici sono poi quelli infami della «caccia alle streghe»: l'istigazione al linciaggio, l'elencazione nelle liste dei reietti, la proposta al pubblico disprezzo.

La «caccia alle streghe» è tipica delle culture intolleranti, cioè clerico-fasciste. In un contesto repressivo, l'oggetto della «caccia alle streghe» (il «diverso») viene prima di tutto destituito di umanità, cosa che rende lecita poi la sua effettiva esclusione da ogni possibile fraternità o pietà: e, generalmente, in pratica, anticipa la sua soppressione fisica (Himmler, i *Lager*).

Ma io ho detto e ripetuto più volte che la società italiana di oggi non è più clerico-fascista: essa è consumistica e permissiva. Il fatto dunque che in essa possa scatenarsi una campagna persecutoria con arcaici caratteri clerico-fascisti, contraddirebbe tale mia affermazione. Ma si tratta di una contraddizione solo apparente. Infatti: primo, gli autori di tale goliardica, volgare, spregevole campagna contro la «diversità» sono quasi tutti uomini anziani, formatisi precedentemente all'età dei consumi e della sua sedicente permissività; secondo, in effetti – come ho appunto sempre detto e ripetuto – il consumismo altro non è che una nuova forma totalitaria – in quanto del tutto totalizzante, in quanto alienante fino al limite estremo della degradazione antropologica, o genocidio (Marx) – e che quindi la sua permissività è falsa: è la maschera della peggiore repressione mai esercitata dal potere sulle masse dei cittadini.

Infatti (è la battuta di uno dei protagonisti del mio prossimo film, tratto da De Sade e ambientato nella Repubblica di Salò): «In una società dove tutto è proibito, si può fare tutto: in una società dove è permesso qualcosa si può fare solo quel qualcosa».

Che cosa permette la società permissiva? Permette il proliferare della coppia eterosessuale. È molto e giusto. Però bisogna vedere come in concreto ciò avviene. Intanto, ciò avviene in funzione dell'edonismo consumista (per adoperare parole ormai «franche», poco più che sigle): cosa che accentua fino all'estremo limite il momento sociale del coito. Inoltre ne impone l'obbligo: chi non è in coppia non è un uomo moderno, come chi non beve Petrus o Cynar. E poi impone una precocità nevrotizzante. Bambini e bambine appena puberi – dentro lo spazio obbligato della permissività che rende la normalità parossistica – hanno un'esperienza del sesso che toglie loro ogni tensione nello stesso campo sessuale, e, negli altri campi, ogni possibilità di sublimazione. Si direbbe che le società repressive (come diceva un ridicolo slogan fascista) avevano bisogno di soldati, e inoltre di santi e di artisti: mentre la società permissiva non ha bisogno che di consumatori. Al di fuori, comunque, di quel «qualcosa» che la società permissiva permette, tutto è ripiombato – a scorno degli ideali progressisti e della lotta dal basso – nell'inferno del non permesso, del tabù che produce riso e odio. Si può continuare a parlare dei «diversi» con la stessa brutalità dei tempi clerico-fascisti: solo che, ahimè, tale brutalità è aumentata in ragione dell'aumento della permissività riguardante il coito normale. Ho già avuto occasione di dire che, a compensare la presenza di una certa *élite* di persone tolleranti (e gratificanti così la propria coscienza democratica) ci sono in Italia cinquanta milioni di persone intolleranti pronte al linciaggio. Cosa mai accaduta nella storia italiana. Oggi aggiungo però che quelle *élites* di persone tolleranti hanno dimostrato chiaramente che la loro tolleranza è solo verbale; che in realtà li soddisfa pienamente l'idea di un ghetto dove mentalmente relegare i «diversi» (a far l'amore con chi?), e dove vederli come «mostri» in permesso, con cui è lecito ogni scherzo volgare. Si veda il caso di Maria Schneider, a proposito del quale tutta la stampa italiana si è comportata nel modo più sfrontatamente canagliesco e più sventatamente fascista.

Ma c'è un'altra serie di considerazioni – che mi stanno ancora più a cuore – nate dalla amara meditazione di queste settimane.

Ho detto che l'essere incondizionatamente abortisti garantisce a chi lo è una patente di razionalità, illuminismo, modernità ecc. Garantisce, nel caso specifico, una certa «superiore» mancanza di sentimento: cosa che riempie di soddisfazione gli intellettuali (chiamiamoli così) pseudo-progressisti (non certo i comunisti seri o i radicali). Tipi come Dino Origlia, tanto per fare un nome.

L'affermazione di tale «superiore» mancanza di sentimento, a proposito dell'aborto, mi è stata spudoratamente, istericamente e inconsapevolmente fatta pesare dalla maggior parte dei miei avversari. Un solo intervento in proposito è stato civile e veramente razionale: si tratta dell'intervento di Italo Calvino («Corriere della Sera», 9-2-1975). Ed è su questo che vorrei discutere.

Come me, Calvino proviene da una formazione e, ormai si può dire, da un'intera vita, passata sotto regimi tradizionalmente clerico-fascisti.

Quando eravamo adolescenti c'era il fascismo: poi la prima Democrazia cristiana, che è stata la continuazione letterale del fascismo. Dunque era giusto che noi reagissimo come abbiamo reagito. Dunque era giusto che noi ricorressimo alla ragione per sconsacrare tutta la merda che i clerico-fascisti avevano consacrato. Dunque era giusto essere laici, illuministi, progressisti a qualunque patto.

Ora Calvino – sia pure indirettamente e col rispetto di una polemica civile – mi rimprovera un certo sentimentalismo «irrazionalistico» e una certa tendenza, altrettanto «irrazionalistica», a sentire una ingiustificata sacralità nella vita.

Per quanto riguarda una discussione diretta, limitata all'aborto, vorrei ribadire a Calvino che io non ho mai parlato di una vita in generale, ma ho parlato sempre di *questa* vita, di *questa* madre, di *questa* pancia, di *questo* nascituro. Ho evitato ogni generalizzazione (e se ho usato a proposito della vita la qualifica di «sacra», si è trattato evidentemente di una citazione, non priva di ironia). Ma non è questo che qui importa. Il problema è ben più vasto, e comporta tutto un modo di concepire il proprio modo di essere intellettuali: consistente prima di tutto nel dovere di rimettere sempre in discussione la propria funzione, specialmente là dove essa pare più indiscutibile: cioè i presupposti di illuminismo, di laicità, di razionalismo.

Per inerzia, per pigrizia, per inconsapevolezza – per il fatale dovere di adempiersi coerentemente – molti intellettuali come me e Calvino rischiano di essere superati da una storia reale che li ingiallisce di colpo, trasformandoli nelle statue di cera di se stessi.

Il potere non è più infatti clerico-fascista, non è più repressivo. Non possiamo più usare contro di esso gli argomenti – a cui ci eravamo tanto abituati e quasi affezionati – che tanto abbiamo adoperato contro il potere clerico-fascista, contro il potere repressivo.

Il nuovo potere consumistico e permissivo si è valso proprio delle nostre conquiste mentali di laici, di illuministi, di razionalisti, per costruire la propria impalcatura di falso laicismo, di falso illuminismo, di falsa razionalità. Si è valso delle nostre sconsacrazioni per liberarsi di un passato che, con tutte le sue atroci e idiote consacrazioni, non gli serviva più.

In compenso però tale nuovo potere ha portato al limite massimo la sua unica possibile sacralità: la sacralità del consumo come rito, e, naturalmente, della merce come feticcio. Nulla più osta a tutto questo. Il nuovo potere non ha più nessun interesse, o necessità, a mascherare con Religioni, Ideali e cose del genere, ciò che Marx aveva smascherato.

Come polli d'allevamento, gli italiani hanno subito assorbito la nuova ideologia irreligiosa e antisentimentale del potere: tale è la forza di attrazione e di convinzione della nuova qualità di vita che il potere promette, e tale è, insieme, la forza degli strumenti di comunicazione (specie la televisione) di cui il potere dispone. Come polli d'allevamento, gli italiani hanno indi accettato la nuova sacralità, non nominata, della merce e del suo consumo.

In questo contesto, i nostri vecchi argomenti di laici, illuministi, razionalisti, non solo sono spuntati e inutili, ma, anzi, fanno il gioco del potere. Dire che la vita non è sacra, e che il sentimento è stupido, è fare un immenso favore ai produttori. E del resto è ciò che si dice far piovere sul bagnato. I nuovi italiani non sanno che farsene della sacralità, sono tutti, pragmaticamente se non ancora nella coscienza, modernissimi; e quanto a sentimento, tendono rapidamente a liberarsene.

Che cos'è infatti che rende attuabili – in concreto, nei gesti, nell'esecuzione – le stragi politiche dopo che sono state concepite? È terribilmente ovvio: la mancanza del senso della sacralità della vita degli altri, e la fine di ogni sentimento nella propria. Che cos'è che rende attuabili le atroci imprese di quel fenomeno – in tal senso imponente e decisivo – che è la nuova criminalità? È ancora terribilmente ovvio: il considerare la vita degli altri un nulla e il proprio cuore nient'altro che un muscolo (come dice uno di quegli intellettuali che più fanno piovere sul bagnato, guardando con sussiego, commiserazione e spregio dal centro della «storia» i disgraziati come me che vagolano disperati nella vita). E infine vorrei dire che se dalla maggioranza silenziosa dovesse rinascere una forma di fascismo arcaico, esso potrebbe rinascere solo dalla scandalosa scelta che tale maggioranza silenziosa farebbe (e in realtà già fa) tra la sacralità della vita e i sentimenti, da una parte, e, dall'altra, il patrimonio e la proprietà privata: in favore di questo secondo corno del dilemma. Al contrario di Calvino, io dunque penso che – senza venire meno alla nostra tradizione mentale umanistica e razionalistica – non bisogna aver più paura – come giustamente un tempo – di non screditare abbastanza il sacro o di avere un cuore.

*1° febbraio 1975. L'articolo delle lucciole**

«La distinzione tra fascismo aggettivo e fascismo sostantivo risale niente meno che al giornale "Il Politecnico", cioè all'immediato dopoguerra...» Così comincia un intervento di Franco Fortini sul fascismo («L'Europeo», 26-12-1974): intervento che, come si dice, io sottoscrivo tutto, e pienamente. Non posso però sottoscriverne il tendenzioso esordio. Infatti la distinzione tra «fascismi» fatta sul «Politecnico» non è né pertinente né attuale. Essa poteva valere ancora fino circa una decina di anni fa: quando il regime democristiano era ancora la pura e semplice continuazione del regime fascista.

Ma una decina di anni fa, è successo «qualcosa». «Qualcosa» che non c'era e non era prevedibile non solo ai tempi del «Politecnico», ma nemmeno un anno prima che accadesse (o addirittura, come vedremo, mentre accadeva).

Il confronto reale tra «fascismi» non può essere dunque «cronologicamente», tra il fascismo fascista e il fascismo democristiano: ma tra il fascismo fascista e il fascismo radicalmente, totalmente, imprevedibilmente nuovo che è nato da quel «qualcosa» che è successo una decina di anni fa.

Poiché sono uno scrittore, e scrivo in polemica, o almeno discuto, con altri scrittori, mi si lasci dare una definizione di carattere poetico-letterario di quel fenomeno che è successo in Italia una decina di anni fa. Ciò servirà a semplificare e ad abbreviare il nostro discorso (e probabilmente a capirlo anche meglio).

* Sul «Corriere della Sera» col titolo «Il vuoto del potere in Italia».

Nei primi anni Sessanta, a causa dell'inquinamento dell'aria, e, soprattutto, in campagna, a causa dell'inquinamento dell'acqua (gli azzurri fiumi e le rogge trasparenti) sono cominciate a scomparire le lucciole. Il fenomeno è stato fulmineo e folgorante. Dopo pochi anni le lucciole non c'erano più. (Sono ora un ricordo, abbastanza straziante, del passato: e un uomo anziano che abbia un tale ricordo, non può riconoscere nei nuovi giovani se stesso giovane, e dunque non può più avere i bei rimpianti di una volta.)

Quel «qualcosa» che è accaduto una decina di anni fa lo chiamerò dunque «scomparsa delle lucciole».

Il regime democristiano ha avuto due fasi assolutamente distinte, che non solo non si possono confrontare tra loro, implicandone una certa continuità, ma sono diventate addirittura storicamente incommensurabili.

La prima fase di tale regime (come giustamente hanno sempre insistito a chiamarlo i radicali) è quella che va dalla fine della guerra alla scomparsa delle lucciole, la seconda fase è quella che va dalla scomparsa delle lucciole a oggi. Osserviamole una alla volta.

Prima della scomparsa delle lucciole. La continuità tra fascismo fascista e fascismo democristiano è completa e assoluta. Taccio su ciò, che a questo proposito, si diceva anche allora, magari appunto nel «Politecnico»: la mancata epurazione, la continuità dei codici, la violenza poliziesca, il disprezzo per la Costituzione. E mi soffermo su ciò che ha poi contato in una coscienza storica retrospettiva. La democrazia che gli antifascisti democristiani opponevano alla dittatura fascista, era spudoratamente formale.

Si fondava su una maggioranza assoluta ottenuta attraverso i voti di enormi strati di ceti medi e di enormi masse contadine, gestiti dal Vaticano. Tale gestione del Vaticano era possibile solo se fondata su un regime totalmente repressivo. In tale universo i «valori» che contavano erano gli stessi che per il fascismo: la Chiesa, la patria, la famiglia, l'obbedienza, la disciplina, l'ordine, il risparmio, la moralità. Tali «valori» (come del resto durante il fascismo) erano «anche reali»: appartenevano cioè alle culture particolari e concrete che costituivano l'Italia arcaicamente agricola e paleoindustriale. Ma nel momento in cui venivano assunti a «valori» nazionali non potevano che perdere ogni realtà, e divenire atroce, stupido, repressivo conformismo di Stato: il conformismo del potere fascista e democristiano. Provincialità, rozzezza e ignoranza sia delle *élites* che, a livello diverso, delle masse, erano uguali sia durante il fascismo che durante la prima fase del regime democristiano. Paradigmi di questa ignoranza erano il pragmatismo e il formalismo vaticani.

Tutto ciò risulta chiaro e inequivocabile oggi, perché allora si nutrivano, da parte degli intellettuali e degli oppositori, insensate speranze. Si sperava che tutto ciò non fosse completamente vero, e che la democrazia formale contasse in fondo qualcosa.

Ora, prima di passare alla seconda fase, dovrò dedicare qualche riga al momento di transizione.

Durante la scomparsa delle lucciole. In questo periodo la distinzione tra fascismo e fascismo operata sul «Politecnico» poteva anche funzionare. Infatti sia il grande paese che si stava formando dentro il paese – cioè la massa operaia e contadina organizzata dal PCI – sia gli intellettuali anche più avanzati e critici, non si erano accorti che «le lucciole stavano scomparendo». Essi erano informati abbastanza bene dalla sociologia (che in quegli anni aveva messo in crisi il metodo dell'analisi marxista): ma erano informazioni ancora non vissute, in sostanza formalistiche. Nessuno poteva sospettare la realtà storica che sarebbe stato l'immediato futuro: né identificare quello che allora si chiamava «benessere» con lo «sviluppo» che avrebbe dovuto realizzare in Italia per la prima volta pienamente il «genocidio» di cui nel *Manifesto* parlava Marx.

Dopo la scomparsa delle lucciole. I «valori», nazionalizzati e quindi falsificati, del vecchio universo agricolo e paleocapitalistico, di colpo non contano più. Chiesa, patria, famiglia, obbedienza, ordine, risparmio, moralità non contano più. E non servono neanche più in quanto falsi. Essi sopravvivono nel clericofascismo emarginato (anche il MSI in sostanza li ripudia). A sostituirli sono i «valori» di un nuovo tipo di civiltà, totalmente «altra» rispetto alla civiltà contadina e paleoindustriale. Questa esperienza è stata fatta già da altri Stati. Ma in Italia essa è del tutto particolare, perché si tratta della prima «unificazione» reale subita dal nostro paese; mentre negli altri paesi essa si sovrappone, con una certa logica, alla unificazione monarchica e alla ulteriore unificazione della rivoluzione borghese e industriale. Il trauma italiano del contatto tra l'«arcaicità» pluralistica e il livellamento industriale ha forse un solo precedente: la Germania prima di Hitler. Anche qui i valori delle diverse culture particolaristiche sono stati distrutti dalla violenta omologazione dell'industrializzazione: con la conseguente formazione di quelle enormi masse, non più antiche (contadine, artigiane) e non ancora moderne (borghesi), che hanno costituito il selvaggio, aberrante, imponderabile corpo delle truppe naziste.

In Italia sta succedendo qualcosa di simile: e con ancora maggiore violenza, poiché l'industrializzazione degli anni Settanta costituisce una «mutazione» decisiva anche rispetto a quella tedesca di cinquant'anni fa. Non siamo più di fronte, come tutti ormai sanno, a «tempi nuovi», ma a una nuova epoca della storia umana: di quella storia umana le cui scadenze sono millenaristiche. Era impossibile che gli italiani reagissero peggio di così a tale trauma storico. Essi sono divenuti in pochi anni (specie nel Centro-sud) un popolo degenerato, ridicolo, mostruoso, criminale. Basta soltanto uscire per strada per capirlo. Ma, naturalmente, per capire i cambiamenti della gente, bisogna amarla. Io, purtroppo, questa gente italiana, l'avevo amata: sia al di fuori degli schemi del potere (anzi, in opposizione disperata ad essi), sia al di fuori degli schemi populistici e umanitari. Si trattava di un amore reale, radicato nel mio modo di essere. Ho visto dunque «coi miei sensi» il comportamento coatto del potere dei consumi ricreare e deformare la coscienza del popolo italiano, fino a una irreversibile degradazione. Cosa che non era accaduta durante il fascismo fascista, periodo in cui il comportamento era completamente dissociato dalla coscienza. Vanamente il potere «totalitario» iterava e reiterava le sue imposizioni comportamentistiche: la coscienza non ne era implicata. I «modelli» fascisti non erano che maschere, da mettere e levare. Quando il fascismo fascista è caduto, tutto è tornato come prima. Lo si è visto anche in Portogallo: dopo quarant'anni di fascismo, il popolo portoghese ha celebrato il primo maggio come se l'ultimo lo avesse celebrato l'anno prima.

È ridicolo dunque che Fortini retrodati la distinzione tra fascismo e fascismo al primo dopoguerra: la distinzione tra il fascismo fascista e il fascismo di questa seconda fase del potere democristiano non solo non ha confronti nella nostra storia, ma probabilmente nell'intera storia.

Io tuttavia non scrivo il presente articolo solo per polemizzare su questo punto, benché esso mi stia molto a cuore. Scrivo il presente articolo in realtà per una ragione molto diversa. Eccola.

Tutti i miei lettori si saranno certamente accorti del cambiamento dei potenti democristiani: in pochi mesi, essi sono diventati delle maschere funebri. È vero: essi continuano a sfoderare radiosi sorrisi, di una sincerità incredibile. Nelle loro pupille si raggruma della vera, beata luce di buon umore. Quando non si tratti dell'ammiccante luce dell'arguzia e della furberia. Cosa che agli elettori piace, pare, quanto la piena felicità. Inoltre, i nostri potenti continuano imperterriti i loro sproloqui incomprensibili: in cui galleggiano i *flatus vocis* delle solite promesse stereotipe.

In realtà essi sono appunto delle maschere. Son certo che, a sollevare quelle maschere, non si troverebbe nemmeno un mucchio d'ossa o di cenere: ci sarebbe il nulla, il vuoto.

La spiegazione è semplice: oggi in realtà in Italia c'è un drammatico vuoto di potere. Ma questo è il punto: non un vuoto di potere legislativo o esecutivo, non un vuoto di potere dirigenziale, né, infine, un vuoto di potere politico in un qualsiasi senso tradizionale. Ma un vuoto di potere in sé.

Come siamo giunti a questo vuoto? O, meglio, «come ci sono giunti gli uomini di potere»?

La spiegazione, ancora, è semplice: gli uomini di potere democristiani sono passati dalla «fase delle lucciole» alla «fase della scomparsa delle lucciole» senza accorgersene. Per quanto ciò possa sembrare prossimo alla criminalità la loro inconsapevolezza su questo punto è stata assoluta: non hanno sospettato minimamente che il potere, che essi detenevano e gestivano, non stava semplicemente subendo una «normale» evoluzione, ma stava cambiando radicalmente natura.

Essi si sono illusi che nel loro regime tutto sostanzialmente sarebbe stato uguale: che, per esempio, avrebbero potuto contare in eterno sul Vaticano: senza accorgersi che il potere, che essi stessi continuavano a detenere e a gestire, non sapeva più che farsene del Vaticano quale centro di vita contadina, retrograda, povera. Essi si erano illusi di poter contare in eterno su un esercito nazionalista (come appunto i loro predecessori fascisti): e non vedevano che il potere, che essi stessi continuavano a detenere e a gestire, già manovrava per gettare la base di eserciti nuovi in quanto transnazionali, quasi polizie tecnocratiche. E lo stesso si dica per la famiglia, costretta, senza soluzione di continuità dai tempi del fascismo, al risparmio, alla moralità: ora il potere dei consumi imponeva ad essa cambiamenti radicali, fino ad accettare il divorzio, e ormai, potenzialmente, tutto il resto, senza più limiti (o almeno fino ai limiti consentiti dalla permissività del nuovo potere, peggio che totalitario in quanto violentemente totalizzante).

Gli uomini del potere democristiani hanno subito tutto questo, credendo di amministrarselo. Non si sono accorti che esso era «altro»: incommensurabile non solo a loro ma a tutta una forma di civiltà. Come sempre (cfr. Gramsci) solo nella lingua si sono avuti dei sintomi. Nella fase di transizione – ossia «durante la scomparsa delle lucciole» – gli uomini di potere democristiani hanno quasi bruscamente cambiato il loro modo di esprimersi, adottando un linguaggio completamente nuovo (del resto incomprensibile come il latino): specialmente Aldo Moro: cioè (per una enigmatica correlazione) colui che appare come il meno implicato di tutti nelle cose orribili che sono state organizzate dal '69 a oggi, nel tentativo, finora formalmente riuscito, di conservare comunque il potere.

Dico formalmente perché, ripeto, nella realtà, i potenti democristiani coprono, con le loro manovre da automi e i loro sorrisi, il vuoto. Il potere reale procede senza di loro: ed essi non hanno più nelle mani che quegli inutili apparati che, di essi, rendono reale nient'altro che il luttuoso doppiopetto.

Tuttavia nella storia il «vuoto» non può sussistere: esso può essere predicato solo in astratto e per assurdo. È probabile che in effetti il «vuoto» di cui parlo stia già riempiendosi, attraverso una crisi e un riassestamento che non può non sconvolgere l'intera nazione. Ne è un indice ad esempio l'attesa «morbosa» del colpo di Stato. Quasi che si trattasse soltanto di «sostituire» il gruppo di uomini che ci ha tanto spaventosamente governati per trent'anni, portando l'Italia al disastro economico, ecologico, urbanistico, antropologico. In realtà la falsa sostituzione di queste «teste di legno» con altre «teste di legno» (non meno, anzi più funereamente carnevalesche), attuata attraverso l'artificiale rinforzamento dei vecchi apparati del potere fascista, non servirebbe a niente (e sia chiaro che, in tal caso, la «truppa» sarebbe, già per sua costituzione, nazista). Il potere reale che da una decina di anni le «teste di legno» hanno servito senza accorgersi della sua realtà: ecco qualcosa che potrebbe aver già riempito il «vuoto» (vanificando anche la possibile partecipazione al governo del grande paese comunista che è nato nello sfacelo dell'Italia: perché non si tratta di «governare»). Di tale «potere reale» noi abbiamo immagini astratte e in fondo apocalittiche: non sappiamo raffigurarci quali «forme» esso assumerebbe sostituendosi direttamente ai servi che lo hanno preso per una semplice «modernizzazione» di tecniche. Ad ogni modo, quanto a me (se ciò ha qualche interesse per il lettore) sia chiaro: io, ancorché multinazionale, darei l'intera Montedison per una lucciola.

*18 febbraio 1975. I Nixon italiani**

Ho visto alla televisione per qualche istante la sala in cui erano riuniti in consiglio i potenti democristiani che da circa trent'anni ci governano. Dalle bocche di quei vecchi uomini, ossessivamente uguali a se stessi, non usciva una sola parola che avesse qualche relazione con ciò che noi viviamo e conosciamo. Sembravano dei ricoverati che da trent'anni abitassero un universo concentrazionario: c'era qualcosa di morto anche nella loro stessa autorità, il cui sentimento, comunque, spirava ancora dai loro corpi. I richiami di Fanfani all'*ancien régime*, pieni di ampollosa spregiudicatezza, erano talmente insinceri da rasentare il delirio; i giovani descritti da Moro erano fantasmi quali possono essere immaginati solo dal fondo di una fossa dei serpenti; il silenzio di Andreotti era intriso di un cereo sorriso di astuzia terribilmente insicura e ormai timida senza riparo...

Appunto Andreotti. È alla sua risposta che dovrei replicare. Naturalmente non senza esitazioni. Ciò che temo è che egli mi abbia a bella posta – con l'abilità ch'è naturale al potere – trascinato nella sua palude. Dunque, se in tale palude – in tale grigiore – io gli rispondo, faccio il suo gioco.

Se non rispondo, però, non faccio il mio gioco.

In cosa consisterebbe l'abilità di Andreotti (se c'è)? Nell'avere risposto a un articolo *che io non ho scritto*. Infatti a me non potrebbe mai nemmeno venire in mente di scrivere qualcosa che concerna il malgoverno o il sottogoverno. Ci sono centinaia di

* Sul «Corriere della Sera» col titolo «Gli insostituibili Nixon italiani».

giornalisti e di politici, molto più informati di me, che scrivono appunto, e da trent'anni, sul malgoverno e il sottogoverno democristiano. Andreotti, secondo l'ipotesi che sto qui formulando, avrebbe *finto* di annoverarmi tra coloro che scrivono del malgoverno e del sottogoverno democristiano, e di conseguenza avrebbe scritto una *finta* difesa d'ufficio. In questo «gioco di finzioni» io non avrei potuto che perdermi.

Invece voglio escludere – almeno per ora – questa attendibilissima ipotesi del «gioco delle finzioni» in cui Andreotti mi avrebbe, non senza cortesia, impantanato: voglio accettare la lettera della sua risposta, voglio credere nella sua sincerità. Voglio credere che, anche parlando con lui a quattr'occhi – e con l'ipotetica certezza della massima sua buonafede – egli mi avrebbe dato la risposta che mi ha dato pubblicamente sul «Corriere».

In tal caso egli *non avrebbe finto di non aver capito* ciò che io ho scritto a proposito della Democrazia cristiana: egli *non avrebbe realmente capito* ciò che io ho scritto.

In cosa consiste infatti, onestamente, la sua difesa della Democrazia cristiana (contro chi, in questo senso, non si è mai sognato di attaccarla)? Consiste in un lungo, prevedibile e diligente elenco dei meriti, appunto della Democrazia cristiana. Tale elenco non è privo, tecnicamente, di una certa *allure* liturgica: si sa che tutte le religioni hanno un debole per gli elenchi, il cui schema è il comandamento, la litania, il rosario. Ciò depone in un certo senso a favore di Andreotti, perché dimostra inequivocabilmente – come ogni prova linguistica – che la sua buonafede cattolica, risalendo all'infanzia, ha qualcosa di sincero.

Tuttavia, per quanto ci riguarda, tale elenco andreottiano dei meriti della Democrazia cristiana ci si presenta essenzialmente, e fatalmente, come un elenco di Opere del Regime. Non lo dico tanto per polemica (c'è anche questa, s'intende, visto che io ho sinceramente voluto accettare la sincerità della risposta di Andreotti), ma lo dico soprattutto per rilevare un fenomeno che è oggettivamente comune a tutte le Opere del Regime, e che è il seguente: le Opere del Regime non sono Opere del Regime. Sono soltanto Opere che il Regime non può non fare. Le fa, naturalmente, nel modo peggiore (e in questo la Democrazia cristiana non si distingue dagli altri Regimi) ma, ripeto, non può non farle. Qualsiasi governo in Italia verso la fine degli anni Trenta avrebbe bonificato le Paludi Pontine: il Regime Fascista ha elencato tale bonifica, di comune amministrazione, tra le proprie Opere. Di tutte le Opere che Andreotti liturgicamente elenca come meritevoli Opere del Regime Democristiano, si potrebbe ripetere la stessa cosa: il Regime Democristiano non poteva non farle. E, ripeto, le ha fatte malissimo. Ma io non mi occupo di malgoverno o di sottogoverno. Solo se io mi occupassi di malgoverno o di sottogoverno potrei notare come nell'elenco di Andreotti manca ogni accenno agli ospedali e alle scuole (si accenna alla «popolazione scolastica» facendone una petizione di principio: come se cioè gli italiani fossero migliorati dalle scuole italiane e non invece peggiorati).

Prendo due delle più rilevanti delle Opere elencate da Andreotti, cioè la costruzione di case («gli italiani che abitano una casa di cui sono proprietari hanno superato il cinquanta per cento») e lo spostamento di grandi masse dalle campagne alla città («milioni di contadini sono passati al lavoro industriale o a quello autonomo»).

Si tratta di due fenomeni che Andreotti vede da un punto di vista strettamente pragmatico, fattuale, materiale, quasi direi nomenclatorio. Essi si presentano nell'elenco come freddamente privi di significato al di fuori del loro mero esserci (od essere attuali). Puro nominalismo amministrativo. Andreotti non si cura, quasi non fosse affar suo, degli effetti umani, culturali, politici di tali fenomeni. Pare non aver sentito neanche mai parlare della degradazione antropologica derivante da uno «sviluppo senza progresso», qual è stato quello italiano con le sue case e il suo urbanesimo. A parte il fatto che le case costruite in Italia negli anni del Trentennio democristiano sono una vergogna, e che le condizioni di vita a cui sono costretti i contadini emigrati nel Nord o in Germania sono atroci. (Ma io non sono uno che si occupa di malgoverno o di sottogoverno.) Per restare dunque al gioco che in realtà non dovrei accettare, farò a proposito dei due fenomeni assunti ad esempio, le seguenti osservazioni.

A proposito della costruzione di case e dell'abbandono delle campagne, si possono verificare con particolare precisione e pertinenza – credo anche statisticamente – le due «fasi delle lucciole» di cui parlavo nel mio *vero* articolo.

Infatti, durante la «fase della presenza delle lucciole» (anni Cinquanta) le case, che attraverso una serie di scandali edilizi memorabili, la Democrazia cristiana ha tuttavia costruito, sono un'opera a cui la Democrazia cristiana è stata costretta dalla più normale e tradizionale lotta di classe. E lo stesso vale per la politica agraria. La Democrazia cristiana vi ha messo di proprio, di originale, appunto, le speculazioni, e gli spari della polizia.

Durante la «fase della scomparsa delle lucciole» (anni Sessanta e Settanta) si ha un completo rovesciamento della situazione: si ha cioè quella «soluzione di continuità» che io non ho esitato, e non esito ora, a dichiarare millenaristica: il passaggio da un'epoca umana a un'altra, dovuta all'avvento del consumismo e del suo edonismo di massa: evento che ha costituito, soprattutto in Italia, una vera e propria rivoluzione antropologica. In questa «fase» a spingere la Democrazia cristiana alle Opere non è stata (se non relativamente, all'inizio) la classe operaia guidata dal PCI: sono stati, al contrario, i padroni, con la loro inarrestabile «espansione economica». La quale ha appunto costruito – attraverso un'inebbriata Democrazia cristiana – miriadi di case e ha risucchiato dalla campagna milioni di contadini.

Anche in questo la Democrazia cristiana non c'entra. Tanto non c'entra che (pare) non si è nemmeno accorta di nulla. Non si è accorta di essere divenuta, quasi di colpo, nient'altro che uno strumento di potere formale sopravvissuto, attraverso cui un nuovo potere reale ha distrutto un paese. Andreotti non spende naturalmente che due parole, rispondendomi, a proposito della Chiesa. Ma la Chiesa è appunto uno di quei valori che il nuovo potere reale ha distrutto, compiendo un vero e proprio genocidio di preti, che rientra nel quadro di un ben più imponente e drammatico genocidio di contadini.

Non voglio passare io dalla parte della Chiesa e degli analoghi valori, cancellati pragmaticamente dallo «sviluppo». Ma Andreotti non può certo venirmi ad accusare che io non me ne faccia un problema. Lui infatti ride delle lucciole io no.

Ma, fatto il mio grigio dovere, ecco che è giunto il momento ch'io torni sulla prima ipotesi che ho formulato: l'assai più divertente ipotesi, cioè, che Andreotti abbia *finto* di non avermi capito, dandomi quindi una risposta che ha fuorviato e seppellito tutto. Che tale ipotesi abbia serie probabilità di essere quella giusta può essere dimostrato dal fatto che Andreotti – verso la fine del suo intervento – nel punto più retoricamente delicato, quello che precede la perorazione, abbia fatto una oscura allusione alla sorte di Nixon.

Il senso diplomatico di tale oscura allusione è tuttavia chiaro, ed è il seguente: qui in Italia, miei cari, non si può fare come si è fatto in America con Nixon, cioè cacciare via chi si è reso responsabile di gravi violazioni al patto democratico: qui in Italia i potenti democristiani sono insostituibili.

C'è una sfida quasi luciferina in questa oscura allusione di Andreotti dal senso così chiaro. I potenti democristiani sono paragonabili (anzi, sono paragonati) a Nixon: e con ciò?

Non solo – sembra dire Andreotti – i successori di Nixon seguono la stessa politica di Nixon e continuano dunque a sostenere per quanto riguarda almeno l'Italia, gli equivalenti di Nixon; non solo, qui in Italia, non ci sarebbe un mediocre Ford pronto eventualmente a sostituire i nostri Nixon (tutti sanno cosa sia divenuta una carriera politica in Italia, e come gli avvocatucci provinciali e volgari eletti deputati fino a una diecina di anni fa, siano dei giganti rispetto ai loro possibili successori di oggi), non solo, ma i nostri Nixon sono infinitamente più potenti del Nixon americano: essi hanno trovato appunto, a quanto pare, il modo di rendersi insostituibili.

Il legame che unisce infatti questa *allusione* di Andreotti a una sua altrettanto significativa *omissione* è di una perfetta logicità. Voglio dire che – pur accennando alla criminalità, comune e politica, che, quasi caduta dal cielo, caratterizza l'odierna vita italiana – Andreotti ha omesso nel suo articolo di parlare della «strategia della tensione» e delle stragi.

Dunque gli uomini che decidono la politica italiana – e in definitiva la nostra vita – primo: non sanno nulla, o *fingono di non saper nulla*, di ciò che è radicalmente cambiato nel «potere» che essi servono, praticamente detenendolo e gestendolo; secondo, non sanno nulla, o *fingono di non saper nulla*, sull'unica «continuità» di tale potere, cioè sulla serie di stragi. Ciò è scandaloso. E io sono scandalizzato: a rischio di essere anche ingeneroso e conformista (come è sempre chi è scandalizzato, e si fa, quindi, portavoce di un sentimento comune e maggioritario, non privo di qualunquismo). È chiaro comunque che fin che i potenti democristiani taceranno sul cambiamento traumatico del mondo avvenuto sotto i loro occhi, un dialogo con loro è impossibile.

Ed è altrettanto chiaro che fin che i potenti democristiani taceranno su ciò che invece, in tale cambiamento, costituisce la continuità cioè la criminalità di Stato, non solo un dialogo con loro è impossibile, ma è inammissibile il loro permanere alla guida del paese. Del resto c'è da chiedersi cos'è più scandaloso: se la provocatoria ostinazione dei potenti a restare al potere, o l'apolitica passività del paese ad accettare la loro stessa fisica presenza («... quando il potere ha osato oltre ogni limite, non lo si può mutare, bisogna accettarlo così com'è», Editoriale del «Corriere della Sera», 9-2-1975).

Documenti e allegati

*Sandro Penna: «Un po' di febbre»**

Che paese meraviglioso era l'Italia durante il periodo del fascismo e subito dopo! La vita era come la si era conosciuta da bambini, e per venti trent'anni non è più cambiata: non dico i suoi valori – che sono una parola troppo alta e ideologica per quello che voglio semplicemente dire – ma le apparenze parevano dotate del dono dell'eternità: si poteva appassionatamente credere nella rivolta o nella rivoluzione, ché tanto quella meravigliosa cosa che era la forma della vita, non sarebbe cambiata. Ci si poteva sentire eroi del mutamento e della novità, perché a dare coraggio e forza era la certezza che le città e gli uomini, nel loro aspetto profondo e bello, non sarebbero mai mutati: sarebbero giustamente migliorate soltanto le loro condizioni economiche e culturali, che non sono niente rispetto alla verità preesistente che regola meravigliosamente immutabile i gesti, gli sguardi, gli atteggiamenti del corpo di un uomo o di un ragazzo. Le città finivano con grandi viali, circondati da case, villette o palazzoni popolari dai «cari terribili colori» nella campagna folta: subito dopo i capolinea dei tram o degli autobus cominciavano le distese di grano, i canali con le file dei pioppi o dei sambuchi, o le inutili meravigliose macchie di gaggie e more. I paesi avevano ancora la loro forma intatta, o sui pianori verdi, o sui cucuzzoli delle antiche colline, o di qua e di là dei piccoli fiumi. La gente indossava vestiti rozzi e poveri (non importava che i calzoni fossero rattoppati, bastava

* Editore Garzanti, 1973.
1 Estrapolazione da un intervento, evidentemente orale, di Ninetto Davoli.

che fossero puliti e stirati);[1] i ragazzi erano tenuti in disparte dagli adulti, che provavano davanti a loro quasi un senso di vergogna per la loro svergognata virilità nascente, benché così piena di pudore e di dignità, con quei casti calzoni dalle saccocce profonde; e i ragazzi, obbedendo alla tacita regola che li voleva ignorati, tacevano in disparte, ma nel loro silenzio c'era una intensità e una umile volontà di vita (altro non volevano che prendere il posto dei loro padri, con pazienza), un tale splendore di occhi, una tale purezza in tutto il loro essere, una tale grazia nella loro sensualità, che finivano col costituire un mondo dentro il mondo, per chi sapesse vederlo. È vero che le donne erano ingiustamente tenute in disparte dalla vita, e non solo da giovinette. Ma erano tenute in disparte, ingiustamente, anche loro, come i ragazzi e i poveri. Era la loro grazia e la loro umile volontà di attenersi a un ideale antico e giusto, che le faceva rientrare nel mondo, da protagoniste. Perché cosa aspettavano, quei ragazzi un po' rozzi, ma retti e gentili, se non il momento di amare una donna? La loro attesa era lunga quanto l'adolescenza – malgrado qualche eccezione ch'era una meravigliosa colpa – ma essi sapevano aspettare con virile pazienza: e quando il loro momento veniva, essi erano maturi, e divenivano giovani amanti o sposi con tutta la luminosa forza di una lunga castità, riempita dalle fedeli amicizie coi loro compagni.

Per quelle città dalla forma intatta e dai confini precisi con la campagna, vagavano in gruppi, a piedi, oppure in tram: non li aspettava niente, ed essi erano disponibili, e resi da questo puri. La naturale sensualità, che restava miracolosamente sana malgrado la repressione, faceva sì che essi fossero semplicemente pronti a ogni avventura, senza perdere neanche un poco della loro rettitudine e della loro innocenza. Anche i ladri e i delinquenti avevano una qualità meravigliosa: non erano mai volgari. Erano come presi da una loro ispirazione a violare le leggi, e accettavano il loro destino di banditi, sapendo, con leggerezza o con antico sentimento di colpa, di essere in torto contro una società di cui essi conoscevano direttamente solo il bene, l'onestà dei padri e delle madri: il potere, col suo male, che li avrebbe giustificati, era così codificato e remoto che non aveva reale peso nella loro vita.

Ora che tutto è laido e pervaso da un mostruoso senso di colpa – e i ragazzi brutti, pallidi, nevrotici, hanno rotto l'isolamento cui li condannava la gelosia dei padri, irrompendo stupidi, presuntuosi e ghignanti nel mondo di cui si sono impadroniti, e costringendo gli adulti al silenzio o all'adulazione – è nato uno scandaloso rimpianto; quello per l'Italia fascista o distrutta dalla guerra. I delinquenti al potere – sia a Roma che nei municipi della grande provincia campestre – non facevano parte della vita: il passato che determinava la vita (e che non era certo il loro idiota passato archeologico) in essi non determinava che la loro fatale figura di criminali destinati a detenere il potere nei paesi antichi e poveri.

Nel libro *Un po' di febbre* di Sandro Penna, si rievoca questa Italia. Il trauma è grande. Non si può non essere sconvolti. Leggendo queste pagine prende un'emozione che fa tremare. E fa venire anche una certa voglia di andarsene da questo mondo, con quei ricordi. Infatti non è un cambiamento di epoca, che noi viviamo, ma una tragedia. Ciò che ci sconvolge non è la difficoltà di adattarsi a un nuovo tempo, ma un immedicabile dolore simile a quello che dovevano provare le madri vedendo partire i loro figli emigranti e sapendo che non li avrebbero visti mai più. La realtà lancia su noi uno sguardo di vittoria, intollerabile: il verdetto è che ciò che si è amato ci è tolto per sempre. Nel libro di Penna quel mondo appare ancora in tutta la sua stabilità ed eternità, quando era «il» mondo, e nulla avrebbe mai fatto sospettare che sarebbe cambiato. Penna lo viveva avidamente e totalmente. Aveva capito che era stupendo. Niente lo distrae da quella meravigliosa avventura che si ripete ogni giorno: svegliarsi, andare fuori, prendere a caso un tram, camminare a piedi là dove vive il popolo, fitto e chiassoso nelle piazze, disperso e intento ai suoi quotidiani lavori nelle lontane periferie lungo i campi; o col sole che tutto protegge con la sua luce silenziosa, o sotto una sublime impalpabile pioggia primaverile; o all'alitare del primo, esaltante buio di una lenta sera; e infine incontrare – ché questa apparizione non manca mai – un ragazzo amato subito per la innocente disposizione del suo cuore, per l'abitudine a una obbedienza e a un rispetto non servili, per una sua libertà dovuta alla sua grazia: per la sua rettitudine.

Sembra che mai Penna potesse esser tradito nelle sue speranze di tali incontri, che davano all'esistenza quotidiana, già per sé esaltante la miracolosa gioia della rivelazione, ossia della ripetizione.

Nelle pagine di questi suoi brevi racconti – scritti con una abilità narrativa che non ha niente da invidiare al Bassani dell'*Odore del fieno* o al Parise di *Sillabario* – e lo dico perché Penna narratore è una novità e una sorpresa – è contenuta tutta la realtà di quella forma di vita, in cui la gioia, promessa e ottenuta, era diventata una forma ossessiva. Tanto che è difficile parlare di *Un po' di febbre* come di un libro: esso è un brano di tempo ritrovato. È qualcosa di materiale. Un delicatissimo materiale fatto di luoghi cittadini con asfalto e erba, intonaci di case povere, interni coi modesti mobili, corpi di ragazzi coi loro casti vestiti, occhi ardenti di purezza e innocente complicità. E com'è sublime il completo, totale disinteresse di Penna per ciò che accadeva al di fuori di questa esistenza tra il popolo. Niente è stato più antifascista di questa esaltazione di Penna nell'Italia sotto il fascismo, vista come un luogo di inenarrabile bellezza e bontà. Penna ha ignorato la stupidità e la ferocia del fascismo: non l'ha considerata esistente. Peggiore insulto non poteva – innocentemente – inventare contro di esso. Ché Penna è crudele: non ha pietà per ciò che minimamente non è investito dalla grazia della realtà, figurarsi per ciò che n'è fuori o contro. La sua condanna – non pronunciata – è assoluta, implacabile, senza appello.

Nella sua ristrettezza di motivi e di problemi, nel minimo spazio che si consente, questo libro in realtà è colmo di un sentimento immenso, straripante della vita. La gioia vi è così grande da essere dolorosa. Un dolore sconfinato vi è a malapena contenuto come presentimento di perdere quella gioia. Questa illimitatezza sentimentale, fa intravedere in questo poeta, che (forse con Bertolucci) è *realmente* il più grande poeta italiano vivente – anche quel poeta che egli non è stato: un poeta al di fuori dei limiti che egli si è imposti con commovente e purissimo rigore. Un poeta che può perdere il suo *humour* delizioso e disperato, lacerare i limiti della forma, espandersi nel cosmo, delirare (vedi pagg. 88, 89, 90). Il lettore mi scusi, se impostato così il discorso, non entro più criticamente nel merito del libro, analizzandolo letterariamente. Esso è fuori dalla letteratura, essendo qualcos'altro, ripeto, che un libro (o un libro unico). Non che io polemizzi contro la letteratura. Anzi la considero una grande invenzione e una grande occupazione dell'uomo. E Penna, a sua volta, è un grande letterato. Ma preferisco lasciare il mio referto sospeso sull'emozione che questo libro mi ha dato col semplice mezzo di una poeticità quasi ovvia (aggettivi preposti ai sostantivi, qualche inversione, esclusione di parole prosaiche, riadottate solo in qualche caso, per improvviso bisogno di realismo o espressionismo): esso lascia il lettore tutto piagato d'un bruciore di lacrime, benché non sia sentimentale mai, in nessun momento.

(«Tempo», 10 giugno 1973)

*Don Lorenzo Milani: «Lettere alla mamma»** *(o meglio: «Lettere di un prete cattolico alla madre ebrea»)*

Istintivamente ho letto le *Lettere alla mamma* di Don Lorenzo Milani come si legge un romanzo epistolare: non attribuendogli cioè il valore di documento, e per di più di documento minore. E come non ho usato le *Lettere* per integrare l'*Esperienza pastorale*, così non sono ricorso all'*Esperienza pastorale*, e agli altri scritti, per integrare le *Lettere*. Ho riempito le lacune e le lunghe sospensioni tra lettera e lettera romanzescamente. Ho fatto ricostruzioni e stabilito nessi; ho fatto supposizioni e ho tentato interpretazioni, esattamente come si fa con un'opera di immaginazione, nei suoi rapporti con la realtà autobiografica e la cultura.

C'è qualcosa di sgradevole e come di un po' unto nella persona che dice «io» scrivendo queste lettere alla propria madre. Naturalmente malgrado lui, e malgrado le buone e dolci qualità filiali. Tutta la prima parte non è che una sentimentale storia «fattuale» della vocazione, del seminario e dell'ordinazione, a Firenze in piena guerra. Certo, la decisione di ignorare la guerra e il fascismo era, da parte del novizio, un invasato e intrasgredibile partito preso. La tragedia è sulla nazione italiana, spaventosa, senza speranza; e il giovane Lorenzo, dentro la cinta del seminario, è tutto un impeto di serafico buon umore. Fa umilmente dello spirito sulla scarsità di cibo e di vestiario, sulle scomodità della vita in comune, sulle sue disavventure di persona delicata presa da un impegno duro e umiliante (un po' simile a quello delle caserme), sulle debolezze dei suoi compagni e dei suoi superiori, sul proprio inge-

* A cura di Alice Milani Comparetti, Arnoldo Mondadori Editore, 1973.

nuo piacere nel partecipare alle grandi solennità liturgiche (Messe cantate di non so che genere, cose ecclesiastiche e clericali che ripugnano a un laico): ma soprattutto fa dello spirito sulla propria vocazione e sulla propria ineluttabile decisione di divenire prete. Mai, su questo, una parola ferma, seria, drammatica. Tutto passa attraverso lo schermo dell'*humour* (ripeto, di carattere sentimentale e un po' femmineo; linguisticamente pulito e preciso, eppure incredibilmente influenzato da letture infantili, *Pinocchio* o addirittura *Gian Burrasca*). Ma se nel parlare della propria vocazione e della propria dedizione a Dio e alla Chiesa, il segno dominante è il pudore, la litote e lo scherzo (caratteristiche che saranno tipiche anche del Pontificato piccolo-borghese di Giovanni XXIII), al contrario, nel parlare delle autorità ecclesiastiche temporali – per esempio il vescovo di Firenze – e nel dichiarare la propria decisione alla più totale obbedienza e sottomissione ad esse, il giovane Don Milani sa trovare gli unici accenti seri e impegnati.

La sete di conformismo è dunque pari al pudore. L'impulso ad autoeleggersi campione dell'autorità l'inebria (e non se ne vergogna) come la gioia (non detta) di servire Dio. Era lo stesso teppismo che spingeva in quegli anni molti giovani anche intelligenti ad abbrutirsi nella degradazione del lealismo fascista: una specie di rivolta all'inverso, non meno provocatoria della rivolta vera: e postulante anch'essa una negazione di sé, una abnegazione di carattere naturalmente masochistico e autopunitivo. L'ebbrezza di servire il Potere era una gratificazione. E, soggetti di questa atroce operazione, erano spesso dei giovani intellettuali molto delicati. Così Don Milani ha compiuto il proprio apprendistato. E ne ha volgarizzato con uno stile un po' dolciastro (ad uso di una intelligente madre con cui ha tuttavia una meravigliosa confidenza) i temi anche drammatici o supremi: «Quando uno liberamente regala la sua libertà è più libero di uno che è costretto a tenersela.» Questo è il succo. Ma son parole, perché fondate su una petizione di principio o su un fatto meramente soggettivo: la libertà sentita come costrizione è una contraddizione in termini. Il fatto è che in quel momento di morbo (i primi anni Quaranta) la tentazione era quella del suicidio: e il terrore era così profondo e collettivo da suggerire soluzioni che sarebbero state poi inanalizzabili secondo i metodi familiari della psicologia e della psicanalisi. Questa sensazione di qualcosa di sbagliato e di indefinibilmente sgradito nel carattere di Don Milani continua ad avvertirsi in tutto il libro, fino alla fine. Egli supererà naturalmente la prima fase conformistica e puerilmente trionfalistica (e perciò anche commovente) del noviziato. *Qualcosa* (che nelle lettere non è detto, e vi si presenta come «dato») succede. Don Milani diventerà Don Milani, e il suo rapporto con le Autorità si rovescerà completamente. Ma anche nel periodo della maturità quel certo lezzo di prete – che si spiega forse solo con una particolare inconoscibilità del profondo, quasi di un inconscio più sotterraneo dell'inconscio, e quindi di una colpa più grave e imparlabile di ogni altra colpa – continua ad emanare dalla figura di Don Milani. Penso per esempio al suo rapporto di voluto e dichiarato cinismo nei riguardi della morte: egli descrive alla madre tre o quattro casi di morti violente: e sempre il modo in cui lo fa è repellente (suo malgrado) per la naturalezza (probabilmente mentita) con cui egli mostra di voler accettare serenamente l'atrocità corporale della morte (possibile, incerta, spettrale rivelazione di certa «forma» della sua *libido*). E penso anche alla sua follia pragmatica: a parte tutto il fitto rapporto con la madre a base di piccoli prestiti, piccoli affari finanziari, scarpe, vestiti, cibarie, oggetti utili ecc., ciò che colpisce è la sua furia organizzativa che non conosce soste, e che, a poco a poco diviene tutto. E, ciò che conta, è che essa ha tanto più valore per Don Milani quanto più è ristretta, quanto più si svolge entro un campo che può essere personalmente dominato «a vista». Tanto è vero che il suo ideale sarà poi veramente Barbiana, la parrocchia perduta nell'Appennino – formata da nemmeno un centinaio di anime sparse qua e là tra i desolati e deprimenti pendii di quei monti – che gli viene affidata per punizione, mentre in realtà è stato il più gran dono che gli si potesse fare.

Finalmente infatti la sua ossessione organizzativa poté essere esercitata nelle dimensioni che egli aveva sempre svisceratamente prediletto: quelle di un seminario-prigione, quelle di un kibbutz.

In realtà, il vero titolo di questo libro dovrebbe essere: *Lettere di un prete cattolico alla madre ebrea*. Socialmente, culturalmente, psicologicamente, questo è il nodo della questione.

Quel *qualcosa* che è successo, e che ha radicalmente mutato lo spirito e la condotta del poveramente entusiasta novizio Don Lorenzo Milani, portandolo dall'obbedienza alla disobbedienza, da una vocazione mistica a una vocazione organizzativa, si spiega con la sua cultura ebrea. Egli è una riproduzione, sia pure inesatta, di San Paolo. La sua caduta sulla strada di Damasco non è avvenuta alla fine degli anni Quaranta, momento in cui egli si è convertito e ha deciso di divenire prete; la caduta sulla strada di Damasco è avvenuta molti anni dopo, quando egli era già convertito e prete, durante la sua esperienza pastorale: e la sua reale conversione è stata la riscoperta del mondo laico, borghese, che egli aveva abbandonato come in sogno e, conseguentemente, della necessità morale dell'organizzazione. Anche in San Paolo – proprio in quanto ex fariseo, e quindi fariseo indelebilmente per tutta la vita – tale necessità è venuta fuori pian piano, fino a prendere il primo posto (parallelamente ai *raptus* mistici, che però lasciavano il tempo che trovavano): San Paolo è stato prima di tutto un grande codificatore e un grande organizzatore. È così che egli – ahimè – ha fondato la Chiesa.

In quanto fariseo (un delicato fariseo pieno di lacerazioni e dubbi, incapace di ogni forma di esercizio del potere, alieno dalle tentazioni della Ragion di Stato) anche Don Milani aveva integrato il suo misticismo con il pragma: fino alla graduale prevalenza storica di quest'ultimo: anche Don Milani ha voluto e potuto essere prima di tutto un organizzatore. È vero che la sua «organizzazione» era contraria a quella di San Paolo, cioè tendeva a criticare e a mettere in scacco l'organizzazione ecclesiastica. Ma non è detto che, se la storia fosse continuata così come si poteva prevedere negli anni Cinquanta e nei primi anni Sessanta, anche i risultati organizzativi di tipo laico, borghese-socialista, di Don

Milani, non avrebbero potuto rientrare nella grande organizzazione paolina, esserne riassorbiti, così come era destino che venisse riassorbito il papato di Giovanni XXIII col suo recupero di un secolo di storia liberale e socialista.

Non è stato così. Barbiana era un caso estremo. Era l'ultimo caso di vita preistorica rispetto alla seconda rivoluzione industriale e alla conseguente lotta di classe (in cui poteva inserirsi un prete moderno). Ora, probabilmente, ci sono ancora dei luoghi come Barbiana, ma essi hanno totalmente perduto il loro senso: e valgono solo in quanto relitti. Sono bastati pochi anni. Se Don Milani non fosse morto di una di quelle morti atroci che egli aveva sempre preso con tanta naturalezza, quasi sprezzante, e con un po' di eccessiva letizia evangelica, avrebbe visto, oggi, la sua meravigliosa opera organizzativa come un conato inutile, divenuto anacronistico.

Ma, benché in Don Milani persista un moralismo malamente nascosto da una spregiudicatezza tutta nominale (le *Lettere a una professoressa* scritte da lui e dai suoi ragazzi, sono di un puritanesimo sessuale degno delle più castigate edizioni paoline); benché la sua disperata opera organizzativa di tipo laico e progressista risulti di colpo impoverita e invecchiata, a causa della caduta dei problemi che la presupponevano (la fine cioè di un sottoproletariato contadino a uno stadio storico preindustriale); benché la sua stessa vocazione di prete dia l'inquietante sensazione che si tratti di un inconscio tradimento della parte ebrea che era in lui, in un momento in cui la persecuzione antiebraica si scatenava nel modo più feroce – Don Milani si impone (anche attraverso queste lettere) come un personaggio fraterno nel nostro universo; una figura disperata e consolatrice.

Perché? Perché lo spirito che egli ha esercitato sempre, nei riguardi degli uomini e della società, in ogni momento, è stato sempre uno spirito critico. Entro i limiti che gli erano consentiti, s'intende; nel campo ristretto in cui egli poteva effettivamente operare, e che si riduceva, in pratica, al suo rapporto con il potere centrale della Chiesa. In questo rapporto il suo spirito critico è stato implacabile ed esemplare. Tanto da riscattare in lui ogni possibile segno di male – sia dovuto a eccesso di passionalità che ad aridità – e a renderlo, infine, malgrado tutto, un uomo adorabile. La meschinità del potere ecclesiastico di fronte a lui è un dato ormai insopprimibile, oggettivo. Precorrendo il '68 (anche con la contropartita di seminare nel mondo una ventina di sindacalisti e di cattolici di sinistra un po' troppo buoni e bravi), egli ha portato a termine l'unico atto rivoluzionario di questi anni: l'ha fatto con una certa ingenuità e una certa presunzione, ma con una sostanziale purezza ascetica, che dà al suo passaggio su questa terra un valore probabilmente più grande di quello dello stesso Papa Giovanni, che, pur scherzandoci sopra, era un uomo di potere.

(«Tempo», 8 luglio 1973)

*Per l'editore Rusconi**

Non intendo condannare nessun autore che accetti di lavorare con Rusconi. Non solo perché penso, per esempio, che lavorare per la Televisione sia molto peggio, ma perché, per partito preso, non intendo condannare nessuno per ragioni formali. Lo facciano i giovani, il cui oltranzismo è semplicistico e biologicamente crudele. Quanto all'operazione Rusconi io penso che essa sia molto avanzata (dal punto di vista dell'evoluzione capitalistica), e già tutta dentro il più totale cinismo noetico (presupponente una filosofia neo-edonistica, che sostituisca TUTTO: Chiesa, nazione, famiglia, morale); e che tuttavia combatta ancora come la situazione oggettiva vuole (per l'Italia e per il Cile) delle battaglie ritardate (che presuppongono forme di fascismo tradizionale). Stando così le cose, nella lotta contro Rusconi, Monti e la Cia – alleati nella fondazione di una grande Destra culturale – sfoderare l'antifascismo classico, mi sembra anacronistico, misero e anche un po' ridicolo. È giunto il momento piuttosto che le Sinistre tradizionali italiane e la classe operaia si pongano con urgenza il problema di riuscire là dove il gauchismo è fallito: e combattano il nemico là dove si trova e non nelle posizioni che esso ha abbandonato avanzando per la sua strada.

* Avevo dato questa noterella a Giuseppe Catalano, per un'inchiesta sull'«Espresso» (23 settembre 1973). Ne è uscito, molto lealmente, soltanto un insensato «excerptum». Inevitabili dunque gli equivoci che ne sono seguiti.

*Andrea Valcarenghi: «Underground: a pugno chiuso»**

Evitando di esprimersi attraverso un discorso che non fosse unicamente politico, i giovani del '68 e degli anni seguenti sono stati giudicati attraverso la loro presenza fisica, il loro comportamento e la loro azione. Sono stati giudicati, cioè, attraverso il loro linguaggio non verbale.

Il codice del «linguaggio della presenza fisica» (capelli, abbigliamento, espressione del viso ecc.) è un codice insicuro: non può fornire interpretazioni oggettive.

Il codice del «linguaggio del comportamento» è meno insicuro: ma esso ci ha dato, sui giovani, solo informazioni negative: essi «non» si comportano come i borghesi-padri, indicati manicheamente col semplice pronome «loro», ecco tutto. Ma nel momento in cui eventualmente il linguaggio del loro comportamento fosse per offrire qualche indicazione positiva – presentandosi dunque finalmente come «alternativo» – ecco che esso veniva sottratto a ogni possibile interpretazione fissatrice, attraverso quella nuova specie di ambiguità che consisteva nell'irrisione (spesso – ma per scelta – teppistica).

Sia il «linguaggio della presenza fisica» che il «linguaggio del comportamento» (la cui realtà di «sistemi di segni» si è rivelata e oggettivata attraverso la coscienza che ne hanno dato le comunicazioni audiovisive, cinema e televisione) danno soprattutto informazioni di carattere psicologico o morale. Solo mediatamente il loro senso è anche politico.

* Arcana Editrice, 1973.

Il «linguaggio dell'azione», infine, dà invece informazioni di carattere direttamente politico (psicologia e etica fanno da sfondo). Tanto più che, nella fattispecie, l'azione dei giovani è stata appunto prevalentemente, anzi, esclusivamente politica.

Ciò che ci ha detto, a proposito dei giovani, il loro «linguaggio dell'azione» è ormai genericamente noto a tutti. L'opinione pubblica peggiore ha pronunciato la sua condanna in modo volgare, e ha già dimenticato tutto (serbandone un ricordo sgradevole, insieme all'odio che suscita la paura). L'opinione pubblica migliore – quella degli intellettuali, dei dirigenti e dei gruppi più intelligenti dei giovani stessi – non si è ancora direttamente pronunciata. L'adulazione ai giovani da una parte, e la soggezione prodotta dal loro atteggiamento terroristico, ha impedito agli intellettuali di pronunciarsi con sincerità e con la necessaria libertà critica.

Come dicevo, a dare informazioni reali di se stessi – sia politiche che sociologiche e psicologiche – i giovani possiedono anche il loro linguaggio politico «verbale» – sia orale che scritto. Tale linguaggio – esaminato in quanto linguaggio appunto verbale – ha rivelato due caratteristiche apparentemente opposte e inconciliabili: da una parte un canone retorico caratterizzato dall'iperbole e dal semplicismo (si dice «assassino» per dire «responsabile politicamente indiretto di un assassinio»: cosa che i giudici dei nostri Tribunali – ignoranti di ogni sottigliezza linguistica non forense – non hanno neanche vagamente sospettato); dall'altra il tecnicismo.

Tale tecnicismo è stato preso non tanto dai testi marxisti (che sono scientifici, non tecnici), ma dai testi sociologici. La sociologia è una scienza borghese. I suoi modelli sono anglosassoni e francesi. Del resto anche la retorica fondata sull'«iperbole semplicistica» ha caratteri squisitamente borghesi. Si veda per esempio il linguaggio del futurismo (fascista).

Il linguaggio di «Lotta Continua» e (a un livello molto più basso) quello di «Potere Operaio», sono un misto di «scrittura» paradossale e scandalistica di carattere marinettiano e di «scrittura» sociologica angloamericana. Inoltre per essere «popolari» linguisticamente, quei giornali adottano (spero almeno con cinismo, per quanto poi il cinismo, inteso come realistico, è la caratteristica peggiore del cosiddetto «revisionismo»), il modo di parlare della televisione e del più banale giornalismo (compreso quello del «Borghese», quando non addirittura quello dei bollettini parrocchiali). Ma la massa dei giovani, il cui esercito si è misteriosamente raccolto nel '68 e poi si è altrettanto misteriosamente disperso, è rimasta senza spiegazione, appunto perché non ha «parlato».

Il primo documento «parlato» di un certo rilievo, che io sappia, esce ora, ed è una specie di memoriale o diario di Andrea Valcarenghi (uno dei fondatori di «Re nudo»): si tratta di un libro, cioè di un documento «scritto», ma in realtà è una trascrizione quasi perfettamente fedele del linguaggio «orale». Insomma, Andrea Valcarenghi ha «parlato». Possiamo perciò giudicarlo.

Egli, ingenuamente, non evita in nessun modo di essere giudicato. È vero che egli appartiene, e continua a operarvi, a quella che in un'appendice del libro, un suo coetaneo più colto, Carlo Silvestro, chiama «stagione dell'irriverenza». Ma Valcarenghi è stato ed è irriverente per partito preso: non è sostanzialmente capace dunque di fare il giochetto della fuga nell'ambiguità attraverso l'irriverenza. Egli è nudo, come il suo re, davanti a noi. Egli racconta le sue imprese teppistiche, e dunque ambigue (non annetto aprioristicamente, in questo caso, né al termine «teppismo» né al termine «ambiguità» alcuna connotazione negativa), con una elementarità da «cuore semplice».

Le proprie imprese teppistiche di carattere marinettiano – in una rozzezza che è tipica delle psicologie giovanili dell'età della tecnica e del benessere neocapitalistico – appaiono agli occhi di Valcarenghi come una specie di *epos*, così totalmente «autoghettizzato» – come suona l'incredibile espressione usata da Goffredo Fofi in un'altra appendice al libro – da non avere più nessi con ogni altra realtà circostante.

Valcarenghi è vissuto dal '66 come in una specie di divertente incubo, così autosufficiente e così chiuso, da presentarsi come totalità. Egli è stato un «contestatore» allo stato puro: è appartenuto a tutte le forme di contestazione e a nessuna. Il suo entusiasmo per la «lotta contro il sistema» non conosceva limiti. Annetteva tutto quanto gli capitava davanti, movimento studentesco o comunità «beats», «Lotta continua», o «provos», purché ci fossero dei capelli lunghi, degli slogans rivoluzionari, e, soprattutto, degli scherzi in grande contro il sistema. Che Guevara e i pacifisti, Notarnicola e Pannella, stalinisti e antistalinisti, coesistevano tranquillamente: l'importante era che tutto fosse luogo comune.

Ora, appunto, Valcarenghi ha scritto le sue memorie su questi suoi memorabili anni. Non si è posto il problema naturalmente di come scrivere: ha scritto, ripeto, come parlava. Né ha sospettato che il fatto di scriverne causasse un allontanamento e quindi una fissazione della materia: no, egli, imperterrito, scrive come se la sua materia non fosse alle sue spalle, ma *hic et nunc*, fluente e illimitata, come nel '66, nel '68, nel '69. Ora, nel '73, la funzione del suo agire rivoluzionario pare essere la liberazione del tempo libero e la diffusione dell'uso della droga: quindi, nessuna sospensione della lotta.

Il linguaggio «orale» di Valcarenghi, che si rispecchia, come registrato, nel suo linguaggio «scritto», è un gergo. La specializzazione dell'esistenza di Valcarenghi ne è così inconfutabilmente dimostrata. Tale gergo è costituito da un fondo di linguaggio «vivace», peraltro molto povero, di carattere milanese piccolo-borghese (non popolare!), formatosi agli inizi degli anni Sessanta: ad esso si mescolano la polverizzazione del linguaggio politico gauchista diventato «chiacchiera», cioè una serie di frasi fatte, di luoghi comuni, di pure indicazioni.

Dapprincipio la lettura del libro di Valcarenghi è intollerabile. Le descrizioni del «cast» sono orripilanti per miseria e volgarità linguistiche. A proposito di Paolo Melchiorre Gerbino: «Beatnik siciliano emigrato in tempi lontani in Svezia, sposa bionda svedesina...»; a proposito di Vittorio Di Russo: «È il "leader" carismatico del capellonismo milanese...»; a proposito di Ombra alias Giorgio Cavalli: «Si trasforma gradatamente da studentello a "beat" di primo piano...».

A proposito di Pinky («Una delle figure più belle dell'esperienza "beat" italiana»): «Molti ricordano ancora quando si mise a ballare come King Kong fra le auto davanti a Montecitorio mentre una decina di poliziotti cercavano di beccarlo...» A proposito di Angelo Quattrocchi: «Ha il fascino di uno scorpione, nel senso del segno zodiacale... Opportunista e megalomane è ugualmente molto simpatico. Il massimo è stato quando si presentò alle elezioni politiche del '70 con la lista del "Partito Ippi", mamma mia!». A proposito di Emanuele Criscione: «Nervoso e sempre incazzato...»; a proposito di Adriano Sofri: «Non l'ho mai conosciuto direttamente, ma tenendo conto della sua fama tento di dire qualche cazzata anche su di lui. Per esempio che è un genio a fare le analisi. Il più grande teorico europeo, uno capace di andare fino in fondo ai problemi. Purtroppo, però, pare vada in fondo anche nelle puttanate...»; a proposito di Gianni Emilio Simonetti: «Pittore e curioso intellettuale ultrasinistro...»; a proposito di Furio Colombo: «... Insomma, un po' come Eco...»

Valcarenghi va avanti così fino a superare ogni limite immaginabile, fino al delirio. Il suo resoconto da umile serva che parla, mimandone il linguaggio, degli adorati padroni, o da *Giornalino di Gian Burrasca* o, ancora, da bollettino di padri missionari (livello, questo, raggiunto compiutamente nelle pagine della rivista «Re nudo»), ha qualcosa di spropositato e di incontenibile. Lo si legge quasi in uno stato di *raptus*, non credendo ai propri occhi: ma l'iterazione del luogo comune ha raggiunto una tale intensità e implacabilità da fare di questo libro un *unicum* nella storia dell'italiano scritto. Nessuno è certo mai riuscito a immaginare l'insieme di duecento paginette della corrispondenza coi lettori di qualche rotocalco femminile del più basso livello, organizzate secondo un nesso logico. Perfettamente acritico di fronte alla ristrettezza del proprio microcosmo, Valcarenghi non si ferma davanti a nulla: e infatti non sa nulla. Non sa per esempio una cosa fondamentale: che scherzare su tutto, riduttivamente, come egli fa, a proposito anche dei fatti più tragici e difficili, è proprio la caratteristica prima del rapporto linguistico con la realtà del piccolo borghese. Si tagli i capelli, si metta un vestito beat moderato, frequenti i giovani integrati della sua età, e, più ancora, quelli un po' più vecchi di lui, e i padri: li sentirà solo chiacchierare o scherzare. La prima regola del loro comportamento è non dire mai sul serio niente, ridurre tutto umoristicamente; e, a fortiori, volgarmente.

Ciò che questo libro, attraverso il suo linguaggio, rivela, è dunque una spaventosa miseria culturale. Esso è formalmente il prodotto della più pura sottocultura. Il nostro Valcarenghi non solo non ha mai «pensato» a ciò che è la piccola borghesia contro cui si rivolta, ma non ha mai veramente «pensato» neanche che cos'è la contestazione. Tutte le sue opinioni sono automatiche, scivolano su una realtà priva di ogni resistenza. E pensare che in questo povero libro degradato c'è un momento altissimo, quasi solenne: «Mi viene in mente Pinelli nel '67, quando partecipai ad una riunione al ponte della Ghisolfa con i "provos". Andando via mi disse: "Questi ragazzi devono leggere, sennò fra un paio d'anni, passata la moda, non li vediamo più."»

Come esemplare (che finalmente, parlando, si è manifestato) di tale moda, Valcarenghi, insieme ai caratteri della propria cultura, rivela anche i caratteri della propria psicologia. Egli, come appunto un antico italiano, è di animo molto buono. È un cucciolo che, strappato per caso il guinzaglio, se ne è andato randagio per il mondo (ossia tra Milano e Roma) ansioso di fare le feste a nuovi padroni. La sua sostanziale umiltà rende assolutamente meccanico ogni suo atteggiamento teppistico. La sua rivolta è puramente mimetica. E, questo è il punto, egli è troppo buono per saper irridere. Egli scherza, sorride, ride, ma è assolutamente incapace di irridere. Se lo fa, lo fa organizzativamente, collettivamente. Egli è un buon figlio, e ama molto i genitori aboliti, obbediente e leale (spesso infatti si ricorda con malcelato affetto della sua famiglia vera). Forse per questa sua bontà e semplicità (la sua spaventosa volgarità di linguaggio è sociale, non personale), egli si è cattivato la stima e l'amicizia di Marco Pannella, che ha scritto la prefazione a questo libro.

La prefazione di Marco Pannella, dieci pagine, è finalmente il testo di un manifesto politico del radicalismo. È un avvenimento nella cultura italiana di questi anni. Non si può non conoscerlo. La definizione che vi si dà dei rivoluzionari, della non violenza, del potere, della sinistra tradizionale e della nuova sinistra («basta con questa sinistra grande solo nei funerali, nelle commemorazioni, nelle proteste, nelle celebrazioni; tutta roba, anche questa, "nera"»), sul fascismo, e soprattutto, in modo sublime, sull'antifascismo («ma chi sono poi questi fascisti contro i quali da vent'anni vi costituite... in unione sacra, in tetro e imbelle esercito della salvezza?», «... dove sono mai i fascisti se non al potere e al governo? Sono i Moro, i Fanfani, i Rumor, i Colombo, i Pastore, i Gronchi, i Segni e – perché no? – i Tanassi, i Cariglia, e magari i Saragat, i La Malfa»; «sotto la bandiera antifascista, si prosegue una tragica operazione di digressione»; «in tutta questa vostra storia antifascista non so dove sia il guasto maggiore; se nel recupero... d'una cultura violenta, antilaica... per cui l'avversario deve essere ucciso o esorcizzato come il demonio...; o se nell'indiretto, immenso servizio pratico che rendete allo Stato d'oggi ed ai suoi padroni, scaricando sui loro sicari... la forza... dell'antifascismo vero...»; «il fascismo è cosa più grave, seria e importante, "con cui non di rado abbiamo un rapporto d'intimità"».

Il registro parenetico, o d'intervento, che, per forza di cose, il libro di cui mi sono occupato, ha imposto al mio referto critico, mi spinge ora inevitabilmente a concludere con una esortazione al lettore a non lasciarsi sfuggire queste pagine di Pannella, che sono le uniche finora in Italia a definire dall'interno un periodo della contestazione e a delinearne una possibile continuità.

(«Tempo», 4 novembre 1973)

*«Esperienze di una ricerca sulle tossicomanie giovanili in Italia», a cura di Luigi Cancrini**

Fino a pochi anni fa i poveri tra i poveri, i più poveri dei poveri, erano modelli puri di comportamento della società povera: tanto più puri quanto appunto più poveri. Questi poveri venivano chiamati, allora, sottoproletari. Essi erano portatori di valori di vecchie culture particolaristiche (per lo più regionali). Erano i «parlanti» per definizione di lingue autonome, che solo essi conoscevano nello spirito ed erano in grado di ricreare, attraverso una continua rigenerazione (senza infrazioni) del codice. La loro vita si svolgeva all'interno di queste loro culture, che, secondo l'ottica borghese, erano enormi ghetti (il borghese cattivo trovava ciò naturale, quello buono se ne addolorava). In realtà, chi viveva in queste «riserve» era povero ma assolutamente libero. Ciò che lo condizionava era la sua povertà, cioè qualcosa che era interno a lui, che faceva parte del suo mondo, che non aveva soluzione di continuità nel suo passato e presumibilmente neanche nel suo futuro.

Egli non poteva vedere le limitazioni che un'altra cultura gli imponeva per la semplice ragione che non conosceva quest'altra cultura (la percepiva solo come una cosa estranea, incommensurabile con la propria). Non lavorando nelle industrie o nelle grandi imprese private o pubbliche (quei poveri erano contadini o manovali; oppure piccoli artigiani, infimi commercianti) essi non erano raggiunti neanche attraverso la condizione «proletaria» dalla borghesia e dal suo spirito. A differenza degli operai, i sottoproletari si erano conservati perfettamente estranei alla storia

* Mondadori Editore, 1973.

borghese, fino, appunto, a due o tre anni fa. Dunque fino a due o tre anni fa la figura del «disadattato» trovava subito come sistemarsi: tale figura era prevista da un ordine sociale antico, preciso, fatale e umano come la natura. I «più poveri tra i poveri» – gli orfani, i figli abbandonati, i figli senza padre, i figli di genitori separati – tutti coloro che la nascita oppure la prima infanzia avevano «segnato» – si collocavano ai margini di una società che occupava a sua volta i margini (peraltro immensi), e qui si adoperavano per adeguarsi a modelli ben precisi. Diventavano banditi, delinquenti. Oppure semplicemente miserabili. Oppure, ancora più semplicemente, riuscivano a diventare, dopo qualche turbolenza giovanile, dei poveri «come gli altri».

Oggi: l'emigrazione ha rotto come una alluvione gli argini che chiudevano il popolo dei poveri nelle antiche riserve. Attraverso quegli argini spazzati via, fiumane di giovani poveri sono andati a popolare altri mondi: mondi proletari o borghesi. Si è creato un nuovo tipo di «disadattato», che non ha modelli propri cui attenersi, trovando così in essi una specie di equilibrio consacrato. Contemporaneamente anche dal centro si è avuta una espansione intrattenibile verso i margini: le antiche infrastrutture (il treno, il tranvetto, la bicicletta, il carrettino, la posta) sono state a loro volta spazzate via, sostituite dai mezzi rapidi (la motorizzazione e specialmente la televisione). Lo spirito della classe dominante – distrutte (sia dal di fuori che dal di dentro) le mura che dividevano la città dei ricchi dalla città dei poveri – è dilagato. Esso in pochi anni, anzi in pochi mesi, ha ridotto a relitti le vecchie culture particolari, ha relegato i dialetti a condizione di fossili, pura vocalità senza spirito (i gerghi e l'espressività sono fulmineamente deperiti fino a scomparire: il codice non può più essere ricreato da chi non lo considera più il suo «unico e vero» mezzo di comunicazione). I poveri così si sono trovati di colpo senza più la propria cultura, senza più la propria lingua, senza più la propria libertà: in una parola, senza più i propri modelli la cui realizzazione rappresentava la realtà della vita su questa terra.

Altri «disadattati» si sono creati – oltre a quelli che se ne sono andati – tra quelli che sono rimasti. I «più poveri dei poveri» – gli orfani, i figli di famiglie infelici ecc. – uscendo da un tipo di esistenza già così sconvolta, mentre prima diventavano, per così dire, i «modelli dei modelli», creativamente popolari, oggi divengono i «modelli dei modelli» di una crisi in cui il popolo più povero – il sottoproletariato che non è più tale – viene a contatto con la cultura (cioè la sottocultura) borghese.

Cosa fanno i ragazzi che una volta venivano considerati senza tante tragedie dei «disadattati»? Fanno tutto ciò che, secondo loro, fanno i figli dei ricchi, gli studenti. Sono costoro che gli offrono i modelli viventi da realizzare. E poiché quei ragazzi «più poveri dei poveri» sono effettivamente randagi e non hanno un focolare domestico, gli torna, è ovvio, molto comoda la vita protestataria, e dunque ne assumono – loro, costretti dalla necessità – atteggiamenti che divengono subito inautentici. I capelli lunghi, la rabbia, la droga. Son loro che mescolano tutto questo: e ancora una volta i veri oggetti dell'odio razzista dei benpensanti, sono proprio loro.

Contemporaneamente alla nascita di questi nuovi tipi umani nel sottoproletariato, si è avuta la nascita di nuovi tipi umani nella borghesia. Relativamente nuovi. Essi seguono degli schemi abbastanza noti, in realtà: i missionari, gli utopisti, gli anarchici, certi rivoluzionari ecc. Ciò che è abbastanza nuovo è il loro tipo di comportamento e di linguaggio: e, soprattutto, oggettivamente, ciò di cui essi si devono occupare.

L'incontro di un gruppo di giovani «disadattati» sottoproletari – nevrotici, incapaci di allegria, divorati dalla tossicomania perpetrata come forma di comportamento, afasici, oppure imitatori di lingue altrui – con un gruppo di giovani borghesi in violenta polemica con la propria classe – nevrotici anch'essi, incapaci di allegria anch'essi, e, se non afasici o miseramente mimetici, utenti tuttavia di una lingua come imparata a memoria, capace di rendere tecnicamente parlabile tutto – potrebbe essere il tema di un grande libro.

È in questa chiave che io non ho potuto fare a meno di leggere il referto, dovuto a una ricerca di équipe, e curato da Luigi Cancrini, sulle tossicomanie giovanili in Italia.

Guido, Giorgio, Franco, Lucio, Filippo, Roberto, Marcello, Vincenzo, Gianni, Mario, Furio, Pietro, Nicoletta, Piero, Alberto, Maria da una parte, dall'altra Grazia Cancrini Coletti, Maurizio Coletti, Giuseppe Costi, Andrea Dotti, Silvana Ferraguti, Gianni Fioravanti, Grazia Fischer, Marisa Malagoli Togliatti, Remo Marcone, Silvana Popazzi, Maura Ricci, Pierluigi Scapicchio, si sono dunque incontrati, provenendo da sponde opposte, da mondi inconciliabili. Pieni di buona volontà (soprattutto, non c'è dubbio, i secondi) hanno cercato un dialogo, si sono riuniti per dibattere collettivamente i problemi che erano esistenziali per i primi, culturali per i secondi.

Ne è nata questa «ricerca» (come essa si autodefinisce). I ragazzi «disadattati» hanno raccontato le loro esperienze, chiedendo implicitamente aiuto, i giovani intellettuali borghesi li hanno ascoltati e hanno cercato di dar loro una mano. Se questa ricerca fosse un romanzo, non si saprebbe però come questo romanzo è andato a finire. Male, presumibilmente. Non basta pensare che i «disadattati» – anche nei casi più gravi – siano recuperabili, per recuperarli. Recuperarli poi a che cosa? I giovani borghesi benefattori (che mai certamente vorrebbero sentirsi definire così) avranno certo assaporato l'atroce amarezza della delusione e di ciò che la consola. I «disadattati» avranno continuato a seguire la loro strada, e adesso saranno ancora là, nella misera vita dei sottofondi culturali, delle notti di una città divenuta irrimediabilmente brutta, vuota e feroce.

Due di loro sono morti tragicamente. Di uno, la «ricerca» lo dice, con laconico coraggio. Dell'altro, Eros Alesi, abbiamo notizia da un'antologia pubblicata alcuni mesi fa da Mondadori, che raccoglieva qualche suo misero verso.

Con un linguaggio anonimo e informe da lavoro tecnico, il curatore della ricerca, Cancrini, enuncia subito quali siano i limiti, i fini e i caratteri del libro. Ne enuncia anche la metodologia. Tutto ciò secondo la tradizione dei libri «scientifici» – nella fattispecie sociologici o antropologici – anglo-americani. Solo che i preamboli di questi ultimi sono generalmente pieni di *humour*, anzi, per la verità, di buon umore, insieme alla dichiarazione di modestia (dovuta alla sicurezza di sé), mentre il preambolo di Cancrini è serio, secco, tagliente, freddo quasi livido, e quindi presuntuoso (a causa certo della estrema insicurezza). Dalla dedica al «Popolo vietnamita» all'ammissione del finanziamento del lavoro da parte della Fondazione Agnelli di Torino, ai ragguagli sulle modalità della ricerca, Cancrini sembra voler mascherare la sua esasperazione dietro un comportamento linguistico assolutamente inespressivo, tutto fatti e informazione.

Che poi il libro sia invece tendenzioso, passionale, furente fin quasi al rancore, è naturalmente subito chiaro. Eppure esso continua ostinatamente ad ambire a presentarsi come una ricerca scientifica e quindi imparziale. Tabelle, statistiche, elenchi, dati, stanno a dimostrarlo. I ragazzi tossicomani, avvicinati da Cancrini e dalla sua équipe, secondo le norme di un incontro che si autocostituisce (la «Comune» di Piazza Bologna), tendono a presentarsi come oscure presenze esistenziali, in una concretezza enunciata ma non mai rappresentata, e, nel tempo stesso, come presenze mitiche: i loro atti e le loro parole – attraverso il distacco scientifico con cui vengono comunicati da Cancrini e dalla sua équipe – acquistano una specie di distacco appunto reverente quasi che i loro interlocutori, dopo averli fisicamente conosciuti, fossero rimasti vittime di un ritorno di quella dissociazione classista per cui «era loro impedito di conoscerli».

Ma, sia sulla qualità di «presenze esistenziali» che sulla qualità di «presenze mitiche» dei ragazzi trattati, finisce per predominare la qualità di «oggetti di una ricerca». Tutto ciò crea una sgradevole confusione. Come personaggi reali, Guido, Giorgio, Franco, Lucio, Filippo ecc. sono ridotti a puri *flatus vocis*; come personaggi mitici pertengono alla retorica. Come «oggetti» di una ricerca medica o sociologica, poi, potevano essere validi solo se riusciti come personaggi reali o come personaggi mitici. Perché?

Appunto perché questo libro non è una ricerca scientifica classicamente intesa (cioè oggettiva ma «dentro il sistema»): essa è una ricerca di parte, che vuol dimostrare i torti dell'oggettività (la quale può permettersi, all'ombra del potere, di trattare degli esseri umani come dei dati).

Una ricerca «gauchista» in polemica con la ricerca tipica del «sistema» non può adottare le abitudini linguistiche e, appunto, metodologiche, di quest'ultima. Un romanzo di Dario Bellezza che parla di quei Guidi, Giorgi, Franchi, Luci, Filippi ecc. è infinitamente più valido anche sociologicamente di questo referto sociologico. Il Cancrini e la sua équipe sono naturalmente dalla parte dei «ragazzi devianti» contro la società, che prima li esprime e poi li condanna. Ma la loro simpatia è aprioristica e indiscriminata. E perciò faziosa. Per esempio: essi sembrano incondizionatamente approvare l'atteggiamento dei giovani modelli borghesi – a cui questi infimi piccolo-borghesi e questi sottoproletari si adeguano – in tutte le sue manifestazioni. Se il segno dominante di tale comportamento sono l'«ironia e il disprezzo», non mi sembra tuttavia giusto che ciò debba essere senz'altro approvato o giustificato: ciò deve essere sottoposto a un giudizio critico, come ogni altro fenomeno. L'ironia e il disprezzo, per esempio, sia in uno studente che contesta la società con una certa maturità politica, sia nei suoi poveri imitatori, sono sentimenti in tutto e per tutto degni della società condannata. Solo i figli reali di tale società sono capaci di nutrire ironia e disprezzo, sentimenti che ricadono su chi li prova. Quanto poi alla tossicomania degli «oggetti della ricerca», anch'essa viene aprioristicamente e indiscriminatamente accettata: ne viene preso inizialmente atto, al di fuori di ogni pregiudizio. E ciò è giusto. Ma che giudizio contrapporre al giudizio del «sistema»? Non si può passare sotto silenzio questo punto e presentare così come perfettamente ontologica la tossicomania. Probabilmente è difficile definirla, soprattutto in quanto «comportamento» (perché è qui che interviene, consciamente o inconsciamente, un giudizio morale). E forse Cancrini e la sua équipe non hanno osato porsi un problema così enorme. Però essi hanno polemizzato – con l'estremismo, sia pur non verbalistico, di moda – contro le «terapie» del «sistema»: ed è a questo punto che essi dovevano sentire l'obbligo di far seguire alla condanna di tali terapie, almeno l'ipotesi di una terapia alternativa.

Ciò che lo Stato fa con i disadattati è orribile. Ma che cosa fare, invece? Il «sistema» non è caduto dal cielo, ma lo hanno espresso gli uomini: e gli uomini sono, malgrado loro, realistici. La dichiarazione di «irrecuperabilità» a proposito di qualche figlio particolarmente «deviante» è infatti realistica. I figli devianti hanno in genere, proprio a causa della loro «degradante» diversità, delle personalità molto forti e originali. Possiedono un raffinato meccanismo di reazioni sentimentali e intellettuali. Nella loro intelligenza c'è qualcosa di demoniaco, come in un uomo politico, in un intellettuale, in uno scienziato. Nessun uomo politico, o intellettuale o scienziato vorrebbe mai rinunciare neanche alla più infima delle caratteristiche che fanno di lui ciò che egli è. Egli si considera irrecuperabile ad altre forme di vita: anzi, considera questa irrecuperabilità come il suo diritto più sacro. Anche un delinquente, un bandito, un tossicomane – quando abbiano passato un certo limite – sentono questo loro disperato diritto a restare, comunque, e a patto di qualsiasi dolore, se stessi. Dunque, dichiarare qualcuno irrecuperabile è sancire un dato di fatto e definire una forma di libertà. Che ciò avvenga negli squallidi luoghi del potere è atroce: ma col potere bisogna instaurare un rapporto intelligente (anche, e specialmente, nella lotta aperta) e non limitarsi a scaricare su esso tutte le colpe, cercando, oltretutto, di rendere tale operazione tanto più meritoria quanto più estremistica.

(«Tempo», 11 novembre 1973)

*Giovanni Comisso: «I due compagni»**

Giovanni Comisso ha scritto *I due compagni* nel 1934, cioè nel periodo in cui (a parte Moravia, e qualche arcaica opera narrativa prima) non si scrivevano romanzi. L'ultimo caso era stato l'ebreo- tedesco Italo Svevo (*Una burla riuscita* è del '28) o Federigo Tozzi (*Gli egoisti* è del '23).

I tempi erano quelli della prosa d'arte e dell'elzeviro, giustamente detestati fino a oggi, e magari, oggi, da riscoprire. Tra i prosatori d'arte o elzeviristi, certamente Comisso è stato il più grande: più grande di Cardarelli, più grande di Cecchi. Ciò è ben noto, tra «color che sanno». Ma purtroppo l'impotenza critica di quel periodo,[1] protrattasi poi anche nel periodo seguente e, in conclusione durata fino a oggi, ha fatto cadere dalla storia della letteratura italiana, ignorandola, la vera e propria opera narrativa di Comisso, o perlomeno questo romanzo. *I due compagni* (che io, per esempio, critico della Domenica, leggo adesso per la prima volta, vittima appunto della faziosità o dell'acquiescenza dei miei colleghi professionisti).

Si sa come Comisso scrive. Impressionisticamente, per mimesi col mio oggetto, parlerei di una scarica elettrica che, attraversando il «corpo» di Comisso, vi trova un organo trasformatore che la riduce a scrittura. Essa, a causa di questa trasformazione, resta corporea, fisica; e nel tempo stesso ha qualcosa di meccanico, di imbambolato: di magicamente confezionato. Essa ha l'inconsi-

* Editore Longanesi, 1973.
1 Escludo Gianfranco Contini, anche se egli è coinvolto in questa faccenda.

stenza tipica della mano letterariamente rozza che, quasi compitandola, le fa da tramite: e nel tempo stesso ha la resistenza di un oggetto assoluto, fatto con materiali inconsumabili. La mano di Comisso è, lo ripeto, letterariamente rozza (pare che egli abbia appena appreso, insieme, la scrittura e la scrittura letteraria, liberandosi trionfalmente e aggressivamente da un analfabetismo atavico); eppure, quella mano, ha la finezza del maestro artigiano (malgrado la sua febbrile impazienza dovuta all'eccessiva sicurezza): una mano bianca, lieve, da vecchio signore, che corrisponde male alla sua frenesia infantile o soldatesca. Come appena giunto su questa terra dai luoghi da dove giungono gli infanti, Comisso vi ha divorato il dono della vita, non chiedendosi nulla: è stata, la sua, una eterna, vorace merenda, senza vera allegria, ma piena piuttosto di esaltazione. La sua ragione e il suo senso comune sono stati mimetici: egli era completamente irrazionale e privo di senso comune (aveva del buon senso contadino). La terra su cui è sceso nascendo era l'Italia: ma questa non era né una nazione né uno Stato, non aveva un governo, non aveva classi. Era semplicemente un Luogo che si distingueva da altri Luoghi.

La gente aveva mestieri e professioni, che possedevano un senso solo in concreto; e quanto a problemi sentivano solo quelli tecnici, reali, come sospesi nel caos della vita di tutti (che nel '34 era fondamentalmente compresa in un ordine antico). La questione della ricchezza e della povertà era una questione personale. Era uno dei tanti destini possibili. Riconoscere tale destino e descriverlo era un atto troppo festoso e vitale per considerarne il lato teorico e politico. La pittura o la letteratura? Ontologie. Un pittore o un letterato non ha origine, in quanto tale. Lo si ritrova nella vita già pittore e letterato, per aprioristica destinazione, felicità, fortuna. I suoi dubbi sono tecnici: quelli teorici sono puramente mimetici. E del resto si sa subito che essi saranno superati: il privilegio espressivo può avere alti e bassi, ma non può essere seriamente messo in discussione. Il fallimento è contemplato: ma è dovuto a circostanze esterne: diviene tragedia, ma acquista subito l'aspetto esterno, pubblico, della tragedia. Il conoscere tale tragedia non implica dolore: se ne prende atto, ecco tutto, non, esattamente, con virilità, e neanche con stoicismo, ma con una sorta di umanità impenetrabile, che riduce il male altrui a una serie di informazioni su di esso, che possono addirittura rasentare il pettegolezzo. Nell'egoismo di Comisso trovano posto insieme la *pietas* più pura e la più sventata indifferenza. La guerra? È come nei sillabari: l'Italia fa guerra contro la Germania, i due eserciti si scontrano su bellissime pianure, su radiose montagne. Scoppiano bombe e granate, come misteriosi fuochi artificiali, i soldatini cadono come negli «westerns» muti: dietro a tutto questo c'è la grandiosità della fantasia infantile, con la sua emozione che non potrà essere mai più sconsacrata. Marco Sberga e Giulio Drigo sono due giovani pittori che abitano nel luogo privilegiato dell'Italia virgiliana e popolare di Comisso, Treviso. Di tutto il conoscibile, essi si conoscono solo l'un altro (molto male: si danno del «lei» e se lo daranno fino alla fine): inoltre, naturalmente, conoscono la pittura e, ciascuno dei due, una ragazza. Viene la guerra, e, senza che essi si chiedano niente, vengono strappati alla pittura e all'amore (oltre che al loro sodalizio giovanile), e ingolfati in un nuovo destino. La «Germania» e l'«Italia» si fanno la guerra, e i quadri dei due giovani, i «quadri concreti», «quelli lì», restano nelle soffitte.

Secondo la tecnica del «montaggio alternato», Comisso – o chi per lui, e attraverso lui – racconta i due diversi destini: uno, il più ricco e fortunato (e meno geniale) supera brillantemente il battesimo del fuoco e l'esperienza della guerra, ritorna, si sposa con la sua sconosciuta amata (che poi si rivelerà diversa da quell'angelo che pareva, e i suoi caratteri – borghesi in quanto ostili al disinteresse sublime dell'arte – verranno spietatamente fuori); l'altro, più povero (figlio illegittimo di una serva) ma più geniale, finirà col cadere prigioniero, e al suo ritorno avrà la sorpresa di sapere la sua sposina fuggita con un ufficiale, e subito dopo, quella di veder sua madre divenuta ruffiana, appunto, degli ufficiali. La sua mente vacilla. Riprende a dipingere follemente. Ritrova il suo vecchio amico «imborghesito», sicché egli, il poeta «maudit», si scontra con un poeta semplicemente «vitale», in mezzo alla campagna veneta. Infine viene rinchiuso in manicomio. La ricchezza delle due trame che si intrecciano – benché l'impazienza di Comisso la limiti e la renda continuamente riassunta e essenziale – è quella di un romanzo-fiume, di un *Addio alle armi* d'appendice, concentrato in un libretto di duecento pagine. Ma le invenzioni «romanzesche», benché sempre di una estrema purezza, si susseguono senza fine, come nei grandi romanzi. L'ansia di finire dello scrittore diviene ansia di finire nel lettore, avvinto dai fatti e dalle coincidenze. Ma ciò a cui Comisso vuol giungere non è la fine del romanzo: egli vuol giungere all'esaurimento del tema che lo spinge a scrivere con una felicità così intensa da diventare aggressiva. Ciò che egli vuol spiegare al lettore è il privilegio dell'artista, che del resto il lettore conosce. Dunque Comisso più che spiegare una condizione umana – con la sua vocazione e la sua dedizione – vuol ribadirla. C'è, in questo, una prevaricazione che sarebbe un po' teppistica se non fosse perfettamente candida. Ma Comisso ha forse sempre temuto di non avere le carte abbastanza in regola per essere un vero scrittore universalmente riconosciuto, anche nei termini più convenzionali. Forse lo terrorizzava la sua marginalità. Da ciò, forse, quel piglio arrogante e aggressivo, che rende la sua prosa assoluta: oggettività pura. La leggera convenzionalità che pervade il romanzo, in questo senso, dà alle sue pagine una leggerezza e una precisione da classico. Non c'è una virgola che andrebbe spostata.

La prima grande trovata de *I due compagni* è questa: parlare di due pittori, e quindi vedere il mondo (la natura) attraverso i loro occhi. Comisso non ha mai esagerato nelle descrizioni, e non esagera neanche stavolta. Però ogni volta che c'è in questo libro una descrizione (come sempre bellissima) essa è oltretutto perfettamente funzionale al racconto, anzi, è più necessaria essa che qualsiasi informazione sui fatti, perché è appunto la pittura il principale di questi fatti.

Comisso esegue le descrizioni con la cura che i pittori avevano nel dipingere sia nel '14-18 – epoca in cui si svolgono gli avvenimenti del libro – che nel '34 – epoca in cui il libro è stato scritto –.

Rapide impressioni quasi ad acquerello, oppure olii pazientemente fatti lievitare pennellata su pennellata, tutti i paesaggi de *I due compagni* sono d'una bellezza commovente. Sono, semplicemente, visti attraverso gli occhi di due ragazzi artisti. Supremo è il paesaggio di montagna con verdi vertiginosi, bianche case lontane e luce radente, che uno dei due ragazzi intravede durante un'operazione di guerra, conquistando incoscientemente una posizione nemica oltre un alto crinale. È un'apparizione inebriante. Del resto tale stato di ebbrezza è comunicato da Comisso in tutto il libro. Ebbro era lui, a causa del liquore della vita che si beveva con follia pari alla misura. La seconda grande trovata del libro è stata quella di fare dei due personaggi, in realtà, due aspetti di un personaggio unico, spaccato classicamente da un conflitto interiore.

Le cronache dicono che effettivamente dietro Giulio Drigo si nasconde Comisso stesso (combinato con Arturo Martini), mentre dietro Marco Sberga c'è il pittore Gino Rossi (morto infatti in manicomio). Ma sarebbe possibile sostenere *anche* che tanto Giulio Drigo che Marco Sberga sono lo stesso autore, Comisso, dissociato dal dilemma di una scelta artistica, di un diverso modo di essere in rapporto col reale. In tal senso, oggi, *I due compagni* è di una modernità emozionante. Giulio Drigo insegue il «vero», Marco Sberga, senza sapere bene il perché, è contro questo «vero», benché anche lui dipinga inizialmente paesaggi e figure somiglianti a paesaggi e figure reali. Solo alla fine, reduce dalla prigionia, mezzo pazzo, nella stanzetta in cui la madre-ruffiana lo ospita, traccia su della carta da pacchi dei disegni astratti. Era l'avanguardia «classica», lo stupendo momento del post-cubismo, del futurismo, del formalismo. Come tutti gli avanguardisti anche Marco Sberga è terroristico (con la dolcezza eroica di quegli anni): e infatti Giulio Drigo ne è terrorizzato. Il suo amore (altrettanto eroico) per il «vero» è scosso, messo in scacco. La lotta si svolge in termini narrativi così delicati, e quindi così profondi, che non c'è dubbio che il luogo in cui si svolge tale lotta è l'intimità di Comisso. La sua scelta però era già fatta: il «vero». Egli doveva passare attraverso la terribile prova del dubbio e dell'angoscia, e doveva uscirne segnato, sì, ma in conclusione vittorioso. Che l'altro «se stesso» finisse in manicomio! Il vero se stesso, colui che era destinato al concreto del vivere e dell'operare, sapeva bene che gli argomenti che dimostrano la nullità e l'illusione del «vero» sono anch'essi «veri», povera filosofia come qualunque altra: essa sì, nulla e delusoria, rispetto all'intimità col grande, caldo corpo dell'esistenza.

(«Tempo», 2 dicembre 1973)

*Sviluppo e progresso**

Ci sono due parole che ritornano frequentemente nei nostri discorsi: anzi, sono le parole chiave dei nostri discorsi. Queste due parole sono «sviluppo» e «progresso». Sono due sinonimi? O, se non sono due sinonimi, indicano due momenti diversi di uno stesso fenomeno? Oppure indicano due fenomeni diversi che però si integrano necessariamente fra di loro? Oppure, ancora, indicano due fenomeni *solo parzialmente* analoghi e sincronici? Infine; indicano due fenomeni «opposti» fra di loro, che solo apparentemente coincidono e si integrano? Bisogna assolutamente chiarire il senso di queste due parole e il loro rapporto, se vogliamo capirci in una discussione che riguarda molto da vicino la nostra vita anche quotidiana e fisica.

Vediamo: la parola «sviluppo» ha oggi una rete di riferimenti che riguardano un contesto indubbiamente di «destra».

Chi vuole infatti lo «sviluppo»? Cioè, chi lo vuole non in astratto e idealmente, ma in concreto e per ragioni di immediato interesse economico? È evidente: a volere lo «sviluppo» in tal senso è chi produce; sono cioè gli industriali. E, poiché lo «sviluppo», in Italia, è *questo* sviluppo, sono per l'esattezza, nella fattispecie, gli industriali che producono beni superflui. La tecnologia (l'applicazione della scienza) ha creato la possibilità di una industrializzazione praticamente illimitata, e i cui caratteri sono ormai in concreto transnazionali. I consumatori di beni superflui, sono da parte loro, irrazionalmente e inconsapevolmente d'accor-

* Inedito.

do nel volere lo «sviluppo» (*questo* «sviluppo»). Per essi significa promozione sociale e liberazione, con conseguente abiura dei valori culturali che avevano loro fornito i modelli di «poveri», di «lavoratori», di «risparmiatori», di «soldati», di «credenti». La «massa» è dunque per lo «sviluppo»: ma vive questa sua ideologia soltanto esistenzialmente, ed esistenzialmente è portatrice dei nuovi valori del consumo. Ciò non toglie che la sua scelta sia decisiva, trionfalistica e accanita.

Chi vuole, invece, il «progresso»? Lo vogliono coloro che non hanno interessi immediati da soddisfare, appunto, attraverso il «progresso»: lo vogliono gli operai, i contadini, gli intellettuali di sinistra. Lo vuole chi lavora e chi è dunque sfruttato. Quando dico «lo vuole» lo dico in senso autentico e totale (ci può essere anche qualche «produttore» che vuole, oltre tutto, e magari sinceramente, il progresso: ma il suo caso non fa testo). Il «progresso» è dunque una nozione ideale (sociale e politica): là dove lo «sviluppo» è un fatto pragmatico ed economico.

Ora è questa dissociazione che richiede una «sincronia» tra «sviluppo» e «progresso», visto che non è concepibile (a quanto pare) un vero progresso se non si creano le premesse economiche necessarie ad attuarlo.

Qual è stata la parole d'ordine di Lenin appena vinta la rivoluzione? È stata una parola d'ordine invitante all'immediato e grandioso «sviluppo» di un paese sottosviluppato. Soviet e industria elettrica... Vinta la grande lotta di classe per il «progresso» adesso bisognava vincere una lotta, forse più grigia ma certo non meno grandiosa, per lo «sviluppo». Vorrei aggiungere però – non senza esitazione – che questa non è una condizione obbligatoria per applicare il marxismo rivoluzionario e attuare una società comunista. L'industria e l'industrializzazione totale non l'hanno inventata né Marx né Lenin: l'ha inventata la borghesia. Industrializzare un paese comunista contadino significa entrare in competitività coi paesi borghesi già industrializzati. È ciò che, nella fattispecie, ha fatto Stalin. E del resto non aveva altra scelta.

Dunque: la Destra vuole lo «sviluppo» (per la semplice ragione che lo fa); la Sinistra vuole il «progresso».

Ma nel caso che la Sinistra vinca la lotta per il potere, ecco che anch'essa vuole – per poter realmente progredire socialmente e politicamente – lo «sviluppo». Uno «sviluppo», però, la cui figura si è ormai formata e fissata nel contesto dell'industrializzazione borghese.

Tuttavia qui in Italia, il caso è storicamente diverso. Non è stata vinta nessuna rivoluzione. Qui la Sinistra che vuole il «progresso», nel caso che accetti lo «sviluppo», deve accettare proprio *questo* «sviluppo»: lo sviluppo dell'espansione economica e tecnologica borghese.

È questa una contraddizione? È una scelta che pone un caso di coscienza? Probabilmente sì. Ma si tratta come minimo di un problema da porsi chiaramente: cioè senza confondere mai, neanche per un solo istante, l'idea di «progresso» con la realtà di *questo* «sviluppo». Per quel che riguarda la base delle Sinistre (diciamo pure la base elettorale, per parlare nell'ordine dei milioni di cittadini), la situazione è questa: un lavoratore vive *nella coscienza* l'ideologia marxista, e di conseguenza, tra gli altri suoi valori, vive *nella coscienza* l'idea di «progresso»; mentre, contemporaneamente, egli vive, *nell'esistenza*, l'ideologia consumistica, e di conseguenza, a fortiori, i valori dello «sviluppo». Il lavoratore è dunque dissociato. Ma non è il solo ad esserlo.

Anche il potere borghese classico è in questo momento completamente dissociato: per noi italiani tale potere borghese classico (cioè praticamente fascista) è la Democrazia cristiana.

A questo punto voglio però abbandonare la terminologia che io (artista!) uso un po' a braccio e scendere a un'esemplificazione vivace. La dissociazione che spacca ormai in due il vecchio potere clerico-fascista, può essere rappresentata da due simboli opposti, e, appunto, inconciliabili: «Jesus» (nella fattispecie il Gesù del Vaticano) da una parte, e i «blue-jeans Jesus» dall'altra. Due forme di potere l'una di fronte all'altra: di qua il grande stuolo dei preti, dei soldati, dei benpensanti e dei sicari; di là gli «industriali» produttori di beni superflui e le grandi masse del consumo, laiche e, magari idiotamente, irreligiose. Tra l'«Jesus» del Vaticano e l'«Jesus» dei blue-jeans, c'è stata una lotta. Nel Vaticano – all'apparire di questo prodotto e dei suoi manifesti – si son levati alti lamenti. Alti lamenti a cui per solito seguiva l'azione della mano secolare che provvedeva a eliminare i nemici che la Chiesa magari non nominava, limitandosi appunto ai lamenti. Ma stavolta ai lamenti non è seguito niente. La *longa manus* è rimasta inesplicabilmente inerte. L'Italia è tappezzata di manifesti rappresentanti sederi con la scritta «chi mi ama mi segua» e rivestiti per l'appunto dei blue-jeans Jesus. Il Gesù del Vaticano ha perso.

Ora il potere democristiano clerico-fascista, si trova dilaniato tra questi due «Jesus»: la vecchia forma di potere e la nuova realtà del potere...

*Ignazio Buttitta: «Io faccio il poeta»**

Ormai da molto tempo andavo ripetendo di provare una grande nostalgia per la povertà, mia e altrui, e che ci eravamo sbagliati a credere che la povertà fosse un male. Affermazioni reazionarie, che io tuttavia sapevo di fare da una estrema sinistra non ancora definita e non certo facilmente definibile. Quando il dolore di vedermi circondato da una gente che non riconoscevo più – da una gioventù resa infelice, nevrotica, afasica, ottusa e presuntuosa dalle mille lire di più che il benessere gli aveva improvvisamente infilato in saccoccia – ecco che è arrivata l'austerità, o la povertà obbligatoria. In quanto provvedimento governativo io considero tale austerità addirittura incostituzionale, e m'indigno furiosamente al pensiero di quanto essa sia «solidale» con l'Anno Santo. Ma, come «segno premonitore» del ritorno di una povertà reale, essa non può che rallegrarmi. Dico *povertà*, non *miseria.* Son pronto a qualsiasi sacrificio personale, naturalmente. A compensarmi, basterà che sulla faccia della gente torni l'antico modo di sorridere; l'antico rispetto per gli altri che era rispetto per se stessi; la fierezza di essere ciò che la propria cultura «povera» insegnava a essere. Allora si potrà forse ricominciare tutto da capo... Sto farneticando, lo so. Certo, queste restrizioni economiche, che hanno l'aria di fissarsi in un tenore di vita che sarà ormai quello di tutto il nostro futuro, possono significare una cosa: che era forse una troppo lucida profezia da disperati pensare che la storia dell'umanità fosse ormai la storia dell'industrializzazione totale e

* Editore Feltrinelli, 1973.

del benessere, cioè un'«altra storia», in cui non avessero più senso né il modo di essere del popolo né la ragione del marxismo. Forse il culmine di questa storia aberrante – benché non osassimo sperarlo – l'avevamo già raggiunto, e ora comincia la parabola discendente. Gli uomini dovranno forse risperimentare il loro passato, dopo averlo artificialmente superato e dimenticato in una specie di febbre, di frenetica incoscienza. Certo (come leggo in Piovene), il recupero di tale passato sarà per molto tempo un aborto: una mescolanza infelice tra le nuove comodità e le antiche miserie. Ma ben venga anche questo mondo confuso e caotico, questo «declassamento». Tutto è meglio che il tipo di vita che la società stava vertiginosamente guadagnando.

Improvvisamente in questa situazione, dopo quasi trent'anni, ho ricominciato a scrivere in dialetto friulano. Forse non continuerò. I pochi versi che ho scritto resteranno forse un *unicum*. Tuttavia si tratta di un sintomo e comunque di un fenomeno irreversibile. Non avevo automobile, quando scrivevo in dialetto (prima il fiulano, poi il romano). Non avevo un soldo in tasca, e giravo in bicicletta. E questo fino a trent'anni d'età e più. Non si trattava solo di povertà giovanile. E in tutto il mondo povero intorno a me, il dialetto pareva destinato a non estinguersi che in epoche così lontane da parere astratte. L'italianizzazione dell'Italia pareva doversi fondare su un ampio apporto dal basso, appunto dialettale e popolare (e non sulla sostituzione della lingua pilota letteraria con la lingua pilota aziendale, com'è poi avvenuto). Fra le altre tragedie che abbiamo vissuto (e io proprio personalmente, sensualmente) in questi ultimi anni, c'è stata anche la tragedia della perdita del dialetto, come uno dei momenti più dolorosi della perdita della realtà (che in Italia è stata sempre particolare, eccentrica, concreta: mai centralistica; mai «del potere»).

Questo svuotamento del dialetto, insieme alla cultura particolare che esso esprimeva – svuotamento dovuto all'acculturazione del nuovo potere della società consumistica, il potere più centralizzatore e quindi più sostanzialmente fascista che la storia ricordi – è esplicitamente il tema di una poesia di un poeta dialettale, intitolata appunto «Lingua e dialettu» (il poeta è Ignazio Buttitta, il dialetto è il siciliano). Il popolo è sempre sostanzialmente libero e ricco: può essere messo in catene, spogliato, aver la bocca tappata, ma è sostanzialmente libero; gli si può togliere il lavoro, il passaporto, il tavolo dove mangia, ma è sostanzialmente ricco. Perché? Perché chi possiede una propria cultura e si esprime attraverso essa è libero e ricco, anche se ciò che egli è e esprime è (rispetto alla classe che lo domina) mancanza di libertà e miseria. Cultura e condizione economica sono perfettamente coincidenti. Una cultura povera (agricola, feudale, dialettale) «conosce» realisticamente solo la propria condizione economica, e attraverso essa si articola, poveramente, ma secondo l'infinita complessità dell'esistere. Solo quando qualcosa di estraneo si insinua in tale condizione economica (ciò che oggi avviene quasi sempre a causa della possibilità di un confronto continuo con una condizione economica totalmente diversa) allora quella cultura è in crisi. È su questa crisi che, nel mondo contadino, si fonda storicamente la «presa di coscienza» di classe (su cui del resto incombe eternamente lo spettro del regresso). La crisi è dunque una crisi di giudizio sul proprio modo di vita, uno stingimento della certezza dei propri valori, *che può giungere fino all'abiura* (cosa avvenuta appunto in Sicilia in questi ultimi anni a causa dell'emigrazione in massa dei giovani in Germania e nell'Italia del Nord). Simbolo di questa «deviazione» brutale e niente affatto rivoluzionaria della propria tradizione culturale, è l'annichilimento e l'umiliazione del dialetto, che pur restando intatto – statisticamente parlato dallo stesso numero di persone – non è più un modo di essere e un valore. La ghitarra del dialetto perde una corda al giorno. Il dialetto è ancora pieno di denari che però non si possono più spendere, di gioielli che non si possono regalare. Chi lo parla è come un uccello che canta in gabbia. Il dialetto è come la mammella di una madre a cui tutti hanno succhiato, e ora ci sputano sopra (l'abiura!). Ciò che non può essere (ancora) rubato è il corpo, con le sue corde vocali, la voce, la pronuncia, la mimica – che restano quelle di sempre. Tuttavia si tratta di una pura e semplice sopravvivenza. Benché ancora in possesso di questo organo misterioso «coi suoi lampi negli occhi» che è il corpo, «siamo poveri e orfani lo stesso».

Questa poesia, così perfettamente tragica, ha un equivalente in un'altra poesia dal titolo «U rancuri». Anche qui la conclusione (espressivamente perfetta) non lascia adito a speranza alcuna. Il poeta dialettale e popolare (in senso gramsciano) raccoglie i sentimenti dei poveri, il loro «rancore», la loro rabbia, la loro esplosione di odio: si fa, insomma, loro interprete e loro tramite, ma lui, il poeta, è un borghese. Un borghese che si gode il suo stato di privilegio; che vuole la pace nella sua casa per dimenticare la guerra nelle case degli altri; che è un cane della stessa razza dei nemici del popolo. Non gli manca niente, non desidera niente; solo una corona per recitare il rosario la sera, e non c'è nessuno che gliela porti di filo di ferro per impiccarlo a un palo.

Prima però di questa conclusione «senza sbocchi», perfettamente e sadicamente lucida, tutto il corpo della poesia si fonda sulla reticenza come figura retorica che dice ciò che nega. Che cosa nega Buttitta, iterativamente, anzi, anaforicamente? Nega di essere lui, il poeta, a provare rancore, odio, rabbia, coscienza di ingiustizia nei confronti della classe al potere. Tutti questi sentimenti sono provati dal popolo, di cui il poeta non è che interprete. Ma, attraverso tutto ciò, Buttitta non fa che affermare il contrario. E perché? Perché a dominare nel suo libro è la figura retorica di un popolo desunto da un grande modello inaugurale (e ad esso riportato). Tale modello è ambiguo, ma solo esteriormente. È il modello espresso dagli anni rivoluzionari russi, nei suoi due lemmi figurativi: il formalismo e il realismo socialista. I tratti sintetici con cui Buttitta traccia la figura del popolo son quelli di una suprema «affiche» formalistica, il metro, che ricalca la struttura della dizione orale dai podii imbandierati, esprime invece i tratti analitici di una figura del popolo che è quello dei quadri del realismo socialista. Ecco perché il poeta – prima di chiedere di essere giustiziato come borghese – predica in realtà a sé i caratteri che egli predica al popolo. Buttitta non può infatti non sapere che il popolo, e specialmente il popolo siciliano (di cui qui non si nega affatto la capacità di rivolta e di furore) non è mai assomigliato all'immagine che ne hanno avuto i partiti comunisti storici. Esso *serviva* a quei partiti per la loro tattica politica, e, in seconda istanza, *serviva* ai poeti a cantare quella tattica. Il poeta che ha scritto «Lingua e dialettu» non poteva che essere ben cosciente di tutto ciò. E tuttavia, descrivendo il popolo così come egli l'ha descritto – cioè convenzionalmente e quasi fintamente – Buttitta non è stato affatto insincero. Una simile visione del popolo, ripresa, con impeto pari al nitore, dal manierismo comunista protonovecentesco, fa parte dell'ispirazione vera, cioè formale, di Buttitta. Egli ha sempre ambito all'ufficialità comunista: e non c'è niente che alimenti con più vitalità un'ispirazione manieristica che un'ufficialità non ancora al potere, e, in certi frangenti, ancora quasi resistenziale e clandestina. Neruda (citato da Sciascia che ha fatto la prefazione a questo libro di Buttitta) è lo *exemplum* di una siffatta operazione poetica. Ma mentre Neruda è un cattivo poeta, quest'umile uomo di Bagheria, sentimentale, estroverso, ingenuo, e – secondo lo schema della poesia popolare del «malnato» – tormentato da una mancanza di amore materno che lo ha reso orfano e ossesso – è quello che si dice un buon poeta. La figura retorica del popolo che, in una vampa guttusiana, affolla di pugni chiusi e vessilli le sue poesie, diventa perfettamente reale se vista (come non può non essere vista dalla coscienza del poeta che ha scritto «Lingua e dialettu») come inattuale. Appartenente cioè a quel mondo in cui si parlava il dialetto, e ora non lo si parla che con vergogna, dove si voleva la rivoluzione, e ora la si è dimenticata, dove vigeva comunque una grazia (e una violenza) da cui ora si abiura.

(«Tempo», 11 gennaio 1974)

Ebreo-tedesco

Parlando de *I due compagni* di Giovanni Comisso («Tempo», 2 dicembre 1973) avevo esordito con qualche espressione di stupore per la precocità della maturità narrativa di Comisso, in un momento (1934) in cui, di recente tradizione narrativa, in Italia non se ne parlava nemmeno. C'erano stati solo, qualche anno prima, l'«ebreo-tedesco» Italo Svevo, e Federigo Tozzi. Lo stupendo romanzo di Comisso – proseguivo poi pressappoco – era fondato su un'idea infantile della storia, in cui «Germania» e «Italia» si facevano guerra come in un atlante, e i ragazzi che combattevano e morivano, lo facevano come in uno scherzo cosmico, giocando la propria vita con la stessa facilità degli eroi di un «western muto».

In un altro articolo (per *Un po' di febbre* di Sandro Penna, sempre su «Tempo», 10 giugno 1973) avevo detto che, sotto il fascismo, l'Italia era rimasta intatta, nella sua miseria e nella sua cultura «popolare»: il fascismo aveva in realtà coinvolto e corrotto alcune centinaia di migliaia di italiani, gli altri quaranta milioni circa – piccola e infima borghesia e popolo – non erano stati «toccati» dal fascismo, perché la repressione fascista era ancora una repressione di tipo arcaico, che imponeva dei gesti e degli atti, richiedeva sottomissioni, ma non era in grado di trasformare se non superficialmente i vecchi modelli umani. Verità molto semplice, la mia, come si vede. Meno semplice era forse avere il coraggio di dire che la gente in Italia allora era migliore di adesso. Il canone di giudizio per tale graduazione di valore è evidentemente il mio, cioè quello di un uomo della mia età, in condizione di poter fare confronti. Un giovane non potrebbe forse capirmi a meno che non fosse in possesso di una intelligenza eccezionale, e quindi in grado di desumere, da ciò che resta di quel vecchio modo di essere, la sua totalità: il «mondo culturale» entro cui il popolo italiano si esprimeva fisicamente e esistenzialmente.

Appena appena un po' di convenzionalismo «sessantottesco» o di ortodossia comunista, impedirebbe a un giovane di capire che il modo di essere degli italiani di allora non era condannabile o indegno perché non rivoluzionario, o perché addirittura passivo. Ci sono intere epoche, anzi millenni, della storia umana, in cui il popolo è stato così. Ma la dignità dell'uomo non è, per questo, inferiore. Non esistono uomini «subumani». Gli uomini trovano sempre il modo di «adempiersi». E ciò non lo dico sotto il segno di nessuno spiritualismo, ma sotto il segno di una concretezza razionale anche se fondata sul sentimento. È astratto, disumano e stupido, invece, chi pronuncia facili condanne contro interi periodi della storia umana in cui il «popolo» ha risposto alla sottomissione con la rassegnazione. Il momento dello spirito di tale popolo che fosse potenzialmente rivoluzionario trovava sempre il modo di esprimersi altrimenti: magari proprio attraverso la rassegnazione e, soprattutto, attraverso *la totale estraneità alla cultura della classe dominante*. Nel momento in cui, sotto il fascismo, il popolo, pur obbedendo meccanicamente a certe imposizioni «armate», si manteneva, in realtà, perfettamente (fisicamente, esistenzialmente) estraneo alla cultura del potere, esso, sia pure in modo inconsapevole, riaffermava la propria dignità.

Il fascismo comunque non sarebbe più possibile oggi, a meno di un processo regressivo violento (per cui succedesse in tutto il Paese ciò che è successo a Reggio Calabria): ma fin che il potere immobilizza e lega a sé la «massa» attraverso quell'ideologia edonistica di cui esso dà l'illusione della realizzabilità (e, in effetti, per quel che riguarda i beni superflui, ha potuto renderla in parte realizzabile), esso non ha più bisogno né di chiese né di fascismi. Li ha resi di colpo arcaici. E con ciò ha reso arcaico l'antifascismo. La maggior parte degli antifascisti sono ormai coinvolti col nuovo potere – che omologando ormai tutto e tutti – esso sì è fascista, nel senso che impone in modo ineluttabile i suoi modelli. Basta. Da queste affermazioni è sorta una proliferazione di sgradevoli equivoci: l'illuminismo sclerotico e l'antifascismo di comodo degli anni Cinquanta hanno impedito a certi miei critici ottenebrati probabilmente da razzismo nei miei confronti (da tutta la vita sento gravare su di me la previsione del tradimento) di capire ciò che io intendevo dire. Non sono stati certo capaci di pensare, come Sachiko, che era passato ormai un po' troppo tempo da che aveva fatto un discorso intimo e rischioso con Yukiko, e che quindi il loro rapporto era andato avanti secondo le regole dell'abitudine. È faticoso rifare ogni tanto quel discorso «intimo e rischioso», perché ogni volta che lo si fa, si spera che valga poi per sempre. Un «uomo senza qualità» si è fatto portavoce di tutta la serie degli atteggiamenti sospettosi nei miei confronti: chi ha detto e ha teso la sua manina di feto a raccogliere e a scagliare la prima pietra del linciaggio. Con grande festa del «Borghese» e dell'«Espresso», cioè di coloro da cui la «cultura» è considerata «culturame».

Il fatto che io abbia chiamato «ebreo-tedesco» Italo Svevo, suona peraltro indubbiamente come «critico» alla cultura italiana: a cui viene opposta, attraverso quell'alta qualificazione,[1] una cultura infinitamente più avanzata, matura e ricca, e soprattutto – data la formazione più francese che italiana di chi, come Svevo, vi apparteneva, vivendo ai margini dell'impero asburgico – fornita di una grande tradizione, appunto, narrativa.

. . . .

(«Tempo», 1° febbraio 1974)

1 Considerata, da un imbecille, un insulto.

*Gli uomini colti e la cultura popolare**

Non poteva evidentemente essere altrimenti, e quindi non è il caso di recriminare: ma è veramente un peccato che De Martino anziché occuparsi della cultura popolare della Lucania non si sia occupato della cultura popolare di Napoli. Del resto nessun etnologo o antropologo si è mai occupato, con la stessa precisione e assolutezza scientifica usata per le culture popolari contadine, delle culture popolari urbane. È inconcepibile uno studio come quello dedicato da Levi-Strauss ad alcuni piccoli popoli selvaggi – isolati e puri – per il popolo di Napoli, per esempio. L'impurezza delle «strutture» della cultura popolare napoletana è fatta per scoraggiare uno strutturalista, che, evidentemente, non ama la storia con la sua confusione. Una volta che egli abbia identificato le «strutture» di una società nella loro perfezione, egli ha esaurito la sua sete di riordinamento del conoscibile. A nessuna perfezione possono essere ricondotte le «strutture», appunto, della cultura popolare napoletana. Un piccolo popolo chiuso da millenni o secoli nei suoi codici, vive ancora, nell'accezione degli etnologi, *in illo tempore*: non ha stratificazioni: la convenzionalizzazione, rigidissima peraltro, dei rapporti sociali ha un solo strato: non sono concepibili, né previste, possibilità di infrazioni. Nelle manifestazioni espressive – canti, danze, riti ecc. – le invenzioni non implicano un'evoluzione dell'*inventum*. In una cultura popolare urbana, invece, la storia della cultura dominante è intervenu-

* Salvatore Di Giacomo, *Lettere a Elisa 1906-1911*, a cura di Enzo Siciliano, Editore Garzanti, 1973; Abele De Blasio, *La camorra a Napoli*, 4 voll., Edizioni del Delfino, 1973.

ta continuamente con violenza, imponendovi e depositandovi i suoi valori: la tipica «astoricità» della cultura popolare, che è essenzialmente «fissatrice», è stata così costretta a dei mutamenti incessanti: a cui essa, sistematicamente, ha dovuto applicare i caratteri della «fissazione».

Le novità storiche vengono accepite nell'universo della cultura popolare urbana (e, dal XIX secolo in poi, anche in quella contadina) solo a patto di essere immediatamente tradotte nei propri termini tradizionali non dialettici. Solo in questi ultimi anni, sia le culture popolari urbane, estremamente complesse, che quelle contadine – ancora abbastanza pure, come appunto nei piccoli popoli selvaggi studiati dagli etnologi – sono state radicalmente sovvertite dal nuovo tipo di cultura del potere. L'emigrazione nelle città industriali e soprattutto il consumismo con la sua imposizione di nuovi modelli umani hanno istituito con le antiche culture popolari un rapporto *completamente* nuovo, e quindi, all'interno dell'universo capitalistico, rivoluzionario.

Due anni fa, in una bancarella di Porta Portese, un venditore ambulante napoletano ha venduto delle «carte vecchie» a un compratore colto. I venditori ambulanti che risalgono da Napoli a Porta Portese appartengono ancora, nei limiti del possibile, alla vecchia cultura popolare: nella loro testa la connessione dei pensieri, dei giudizi, delle valutazioni, dei rapporti sociali, obbedisce a regole di cui il borghese conosce solo la lettera, e, naturalmente, il contingente culturale imposto dalla sua classe, almeno dal Seicento in poi, e con particolare riferimento agli ultimi decenni. Ad ogni modo il rapporto tra l'ambulante napoletano di Porta Portese e l'acquirente colto risulta tipico fino all'assolutezza: si tratta infatti della compravendita di un bene di equivoca provenienza. Il malandrino napoletano sarà rimasto sicuramente convinto di avere «fregato» il compratore «micco» che si interessa di «carte vecchie»; e il compratore sarà rimasto soddisfatto sia dell'acquisto eccezionale, sia del fatto di essersi comportato onestamente con quella «maschera» napoletana. Le «carte vecchie» erano un pacco di corrispondenza amorosa tra Salvatore Di Giacomo ed Elisa Avigliano, la sua futura moglie. Enzo Siciliano, venuto in possesso del grosso manoscritto, l'ha pubblicato – premettendovi una puntigliosa introduzione, dove l'attrito tra l'assunto filologico (un po' impersonale) e un reale interesse, niente affatto spersonalizzato, per l'eros di Di Giacomo, produce impuntature quasi stridenti, malgrado la morbida eleganza. La quantità delle cose che non sappiamo è immensa, praticamente illimitata. Su questa usiamo ritagliare un piccolo quantitativo di conoscenze e informazioni che crediamo la nostra cultura. Per esempio, io avevo letto i volumi di poesia di Di Giacomo, e quindi credevo di conoscerlo. In realtà era una conoscenza di comodo, in fondo irrispettosa e interessata. Queste lettere di un fidanzamento durato venti anni irrompono come un'alluvione sulla mia conoscenza comoda di Di Giacomo. Va bene, non toccano il giudizio ultimo, finale e sintetico sulla sua poesia. Ma la rendono «altra». Lo scontro di classe che si è verificato nell'aneddoto del ritrovamento a Porta Portese delle vecchie lettere di Di Giacomo a Elisa, è in realtà all'origine di tutta la poesia digiacomiana.

Le lettere infatti rivelano un Di Giacomo terribilmente piccolo borghese, nel migliore e nel peggiore senso della parola. La lingua italiana che vi è usata esclude, direi teologicamente, il dialetto. È la lingua del privilegio, così assimilato da essere innocente e immemore. Ed è anche la lingua di una psicologia viziata, che pone le ansie di un narciso piccolo borghese al centro dell'universo, senza spazio per altro. Lo sfondo è quello di una Napoli borghese e colta (biblioteche, caffè, teatri, editori, il golfo visto con gli occhi «alienati» di un alloglotta). C'è forte anche quel sapore esotico che distingue la cultura borghese napoletana dalla cultura borghese italiana: un suo internazionalismo storico, i rapporti diretti con la Francia e la Germania ecc. Bastano le poche, squisite citazioni che Siciliano fa della poesia di Di Giacomo nella sua prefazione, per farla leggere sotto una luce nuova. La reale «struttura prima» di questa poesia è il rapporto tra il borghese Di Giacomo e la cultura popolare napoletana, colta al suo strato più alto, dove solo era possibile lo scontro, apparentemente amoroso, di classe. L'ingenuità e la purezza di Di Giacomo sono stupendamente mimetiche: ma mimetiche di un modello inventato.

In realtà tutto il suo mondo popolare è di maniera, o almeno visto solo in quello strato più alto in cui Di Giacomo poteva conoscerlo, e in cui la cultura della classe dominante è *nell'atto* di affidare i suoi valori alla cultura della classe dominata, e questa è *nell'atto* di farli suoi. La transustanziazione non è ancora avvenuta. Di conseguenza, in Di Giacomo non c'è la descrizione del «sottosviluppo» napoletano e della sua cultura «selvaggia». Tale descrizione c'è, invece, almeno in parte, in Ferdinando Russo, poeta più discontinuo, ma non meno grande di Di Giacomo. Ferdinando Russo ha compiuto quella discesa agli inferi (del «sottosviluppo») che Di Giacomo non ha creduto opportuno compiere. I due poeti sono complementari. E a loro due, insieme, è dedicata infatti l'opera di Abele De Blasio (*La camorra di Napoli*, composta di quattro volumi: *Costumi dei camorristi*, *Il paese della camorra*, *La malavita a Napoli*, *Tatuaggio*).

Abele De Blasio ha condotto le sue ricerche proprio negli stessi anni in cui Di Giacomo e Russo poetavano, secondo un metodo di ricerca che aveva il suo maestro in Lombroso e le sue *lucernae* in altri antropologi, per così dire «veristi», oggi dimenticati. La sua rozzezza era dunque estrema. Il suo rapporto con la «plebe» napoletana era quella degli scrittori di «storie patrie», diffusi in tutte le provincie italiane: così che anche di fronte alle cose più atroci, non manca in Abele De Blasio un curioso moto di benevolenza e fierezza: alla fin fine si tratta di glorie folcloristiche. Di fronte ai napoletani poveri, egli si comporta come un entomologo che parla scherzosamente degli usi e dei costumi degli insetti: li antropomorfizza. D'altra parte è un motivo ricorrente di queste sue pagine quello di paragonare la cultura popolare napoletana alla cultura selvaggia dei popoli esotici. E, al di fuori di ogni principio di valore, tale punto di partenza era sostanzialmente corretto. *His fretus*, con molta modestia e lepidezza, Abele De Blasio accumula nei suoi libri – anche con molte ripetizioni – un materiale prezioso di notizie e informazioni. Ed è l'inferno. Almeno per un progressista medio. Il «tenore di vita» di alcune centinaia di migliaia di uomini, donne e bambini, risulta quasi inconcepibile a mente umana.

Il punto era quello in cui Napoli era stata lasciata dalla dominazione spagnola e dai Borboni. Le caratteristiche della cultura popolare – «altra» rispetto alla cultura borghese – che si era più o meno evoluta – e, quasi con invasata coscienza ideologica «estranea» ad essa – erano in quel momento codificate nelle «regole d'onore» della camorra. Un codice rigidissimo. Anche scritto, almeno per quel che riguarda le specifiche «paranze» camorriste (i «frieni»). Era l'assoluta naturalezza con cui i napoletani vivevano questo codice che li rendeva stranieri al potere e a chi in qualche modo vi appartenesse. Si trattava di un universo «reale» dentro un universo che, rispetto ad esso, era «irreale»: anche se questo secondo in realtà rappresentava il logico corso della storia. Il rovesciamento di prospettiva del napoletano che vede il mondo dall'interno del suo universo *reale ma astorico*, è uno scacco della storia. Se così non fosse, il mondo napoletano popolare non avrebbe una tale vitalità e un tale prestigio da presentarsi addirittura come una tremenda alternativa: anche oggi, che l'alternativa è monopolizzata dalla «coscienza di classe» proletaria, che detesta i sottoproletariati e quindi, borghesemente, le «culture popolari», verso cui non ha mai espresso una politica decente. Rispetto ai tempi di De Blasio le cose non sono poi, oggi, molto cambiate. Basta andare a Napoli. (O magari leggere il bellissimo documentario su Napoli scritto qualche anno fa da Antonietta Macciocchi.) Gergo, tatuaggi, regole d'omertà, mimica, forme di malavita, e l'intero sistema di rapporti col potere sono rimasti inalterati. Anche l'epoca rivoluzionaria del consumismo – che ha stravolto e mutato alle radici i rapporti tra cultura centralistica del potere e culture popolari – non ha fatto che «isolare» ancora di più l'universo popolare napoletano.

. . . .

(«Tempo», 22 febbraio 1974)

*La Chiesa, i peni e le vagine**

La Chiesa non può che essere reazionaria: la Chiesa non può che essere dalla parte del Potere; la Chiesa non può che accettare le regole autoritarie e formali della convivenza; la Chiesa non può che approvare le società gerarchiche in cui la classe dominante garantisca l'ordine; la Chiesa non può che detestare ogni forma di pensiero anche timidamente libero; la Chiesa non può che essere contraria a qualsiasi innovazione anti-repressiva (ciò non significa che non possa accettare forme, programmate dall'alto, di tolleranza: praticata, in realtà, da secoli, aideologicamente, secondo i dettami di una «Carità» dissociata – ripeto, aideologicamente – dalla Fede); la Chiesa non può che agire completamente al di fuori dell'insegnamento del Vangelo; la Chiesa non può che prendere decisioni pratiche riferendosi solo formalmente al nome di Dio, e qualche volta magari dimenticandosi di farlo; la Chiesa non può che imporre verbalmente la Speranza, perché la sua esperienza dei fatti umani le impedisce di nutrire alcuna specie di speranza; la Chiesa non può (per venire a temi di attualità) che considerare eternamente valido e paradigmatico il suo concordato col fascismo. Tutto questo risulta chiaro da una ventina di sentenze «tipiche» della Sacra Rota, antologizzate dai 55 volumi delle *Sacrae Romanae Rotae Decisiones*, pubblicati presso la Libreria Poliglotta Vaticana dal 1912 al 1972.

Non c'era bisogno certo della lettura di questo florilegio per sapere le cose che ho qui sopra sommariamente elencato. Tuttavia le

* *20 sentenze della Sacra Rota*, a cura di Stelio Raiteri, prefazione di Giorgio Zampa, Giorgio Borletti Editore, 1974.

conferme concrete – in questo caso la «vivacità» involontaria dei documenti – ridà forza a vecchie convinzioni tendenti all'inerzia. Per quel che riguarda una lettura letteraria, queste «sentenze» hanno poi notevoli elementi oggettivi di interesse (come osserva il prefatore del volume, Giorgio Zampa). Esse alludono con la violenza dell'oggettività – ossia del riferimento alla matrice comune – a tutta una serie di situazioni romanzesche: Balzac («Emilio Raulier aveva deciso di associarsi a tale Giuseppe Zwingesteiln, ma non aveva il capitale a ciò necessario...», «Se papà Planchut mi desse la somma...»), Bernanos, o Piovene («Frida... rimase orfana di entrambi i genitori ancora bambina e fu mandata dal nonno, che le faceva da padre, nel collegio delle suore di N.N., ove rimase sin quando ebbe quindici anni...»), Sologub («Essendo molto ricca, non appena ebbe superata la pubertà, venne chiesta in sposa al nonno da molti, alcuni dei quali di vecchia e nobile famiglia...»), Puškin («A bocca aperta i contadini ammirarono da lontano la pompa notturna delle nozze celebrate nella cappella privata della tenuta, tra Maria e il sottotenente Michele verso la mezzanotte dell'8 giugno 19...»), Pirandello, Brancati e Sciascia («Affascinata dall'avvenenza di Giovanni, giovane di ventotto anni, cattolicamente e piamente allevato, Renata, minore di lui di otto anni e allevata secondo principi e abitudini liberali, se ne invaghì...», «Quindi ella contrasse matrimonio per soddisfare la propria libidine, né poteva fare diversamente, giacché lui almeno dal punto di vista formale era cattolico e praticante»).

Confesso che è da romanziere che ho letto questo libro, o forse anche da regista. La casistica è tale, da non potersi considerare cibo di tutti i giorni. Sono rimasto invece scandalizzato (in una lettura così professionale) da ciò che la Chiesa appare attraverso questo libro. Per la prima volta, essa si rivela anche formalmente del tutto staccata dall'insegnamento del Vangelo. Non dico una pagina, ma nemmeno una riga, una parola, in tutto il libro, ricorda, sia pure attraverso una citazione retorica o edificante, il Vangelo. Cristo vi è lettera morta. Viene nominato Dio, è vero: ma solo attraverso una formula («avendo innanzi agli occhi soltanto

Dio, invocato il nome di Cristo»), o poco più, ma sempre con inerte solennità liturgica, che non distingue per nulla queste «sentenze» da un testo sacerdotale faraonico o da un rotulo coranico. Il riferimento è semplicemente autoritario, e, appunto, nominale. Dio non entra mai all'interno dei ragionamenti che portano gli «Uditori» a annullare o a confermare un matrimonio, e quindi nel giudizio pronunciato a proposito dell'uomo e della donna che chiedono il «divorzio» e della folla dei testimoni e dei parenti che riempiono la loro vita sociale e familiare. Ciò che i giudici hanno in mano è il codice; e va bene. Questo si può giustificare col fatto che il codice è specifico e specialistico. Ma, intanto, quel codice non è mai letto e applicato cristianamente: ciò che contano in esso sono le sue norme, e si tratta di norme puramente pratiche, che traducono in termini dal senso unico concetti irriducibili come, per esempio, «sacramento».

La piattezza logica che ne consegue è degna dei peggiori tribunali borbonici (se si toglie ai fori meridionali la passione ribollente e l'amore per il diritto sia pure formale). Lo spaventoso grigiore ecclesiastico è ben più tetramente privo di ogni sorta di «calore umano» che quello borbonico. Gli uomini, agli occhi dei giudici della Sacra Rota, appaiono completamente destituiti non solo di ogni inclinazione al bene, ma, quel che è peggio, di ogni vitalità nel compiere il male (o il non-bene). Come conosciuti da sempre nelle loro debolezze, essi non hanno più novità. Il loro disperato desiderio di ottenere dalla vita quel poco che possono, magari attraverso menzogne, ipocrisie, calcoli, riserve mentali ecc. (l'intero armamentario che, tutto sommato, rende gli uomini fratelli) agli occhi dei giudici della Sacra Rota non sembra materia né di meditazione né di commozione né di indignazione. I soli accenti di indignazione in tutte queste sentenze sono di carattere ideologico: hanno cioè come bersaglio la cultura laica e liberale, e, naturalmente, peggio ancora, la cultura socialista. Contro il fascismo vengono pronunciate parole di condanna: ma si tratta della condanna oggettiva che viene indifferentemente pronunciata contro tutte le debolezze umane e i peccati. Fascismo e debolezze umane fanno parte, indistintamente, di una realtà, fondata sui poteri istituiti, che è la sola che la Chiesa sembra riconoscere. Peraltro questi giudici non si lasciano mai andare nemmeno a slanci di simpatia o di approvazione. Gli unici casi, anche in questo senso, sono puramente formali. Vengono per esempio viste con simpatia e approvate le persone che, socialmente, sono considerate «cattoliche e osservanti». Su questo punto i giudici della Sacra Rota non conoscono ritegno: sono pronti a qualsiasi dissociazione e a qualsiasi contraddizione, rimuovendo ogni possibilità di casistica gesuitica (che pare il loro modello logico primo). Per esempio, una ragazza è impotente a causa di una contrazione vaginale di carattere isterico. Questo i giudici lo sanno: e ne tengono anche conto! Ma non si sognano nemmeno lontanamente di collegare tale mostruosa forma di isterismo con l'educazione rigidamente cattolica che era stata impartita a quella ragazza in un collegio di suore – e per cui essi avevano avuto parole di indiscusso elogio. D'altra parte in una causa di nullità di matrimonio dovuta alla impotenza, stavolta, del coniuge, essi non risparmiano a quel disgraziato nessuna delle più atroci condanne con cui si bolla, si emargina, si lincia un impotente, quando tale impotenza è dovuta a omosessualità. Essi sembrano semplicemente pronti a consegnarlo nelle mani di un boia che lo rinchiuda in un lager, in attesa di eliminarlo in qualche forno crematorio o in qualche camera a gas.

Non si è comunque approfondito, da parte loro, se per caso anche lui avesse studiato in un collegio di preti (con conseguente repressione sessuale), non ci si è chiesto se per caso il suo tentativo di matrimonio avesse lo scopo di mendicare patenti di onorabilità o di normalità presso il vicinato, o fosse addirittura la ricerca annaspante di una situazione materna.

Non ci si è nemmeno chiesto, d'altronde, se egli si fosse sposato per interesse, per miserabile calcolo (coprirsi le spalle facendosi mantenere, poveraccio): no. L'unica cosa che ha interessato i giudici è il puro e semplice dato della sua indegnità sociale: la maledizione che lo vuole fuori da quella realtà in cui debolezze umane, peccati e fascismo, trovano una possibilità oggettiva di esistere. Ma ciò che più colpisce (scandalizza) leggendo queste sacre sentenze, è la degenerazione della Carità. Ho detto come *mai* gli estensori di questi testi si riferiscono sinceramente, o almeno con una certa passione, a Dio e alle sue ragioni: Fede e Speranza vi hanno spazio solo in quanto fondamenti di regole: fondamenti a cui non si risale mai, deferendo alle autorità – cioè San Tommaso o qualche luminare di diritto canonico a noi ignoto – la responsabilità normativa del fatto. Quanto al rapporto tra Fede e Speranza e i codici che ne sono nati (nella fattispecie, i codici che regolano gli annullamenti del matrimonio, e che definiscono quindi il matrimonio), i giudici non entrano *mai* nel merito. È vero che il piano puramente pratico su cui essi operano potrebbe consentire loro una giustificazione in proposito: ma, su tale piano pratico, se essi possono ignorare Fede e Speranza, non possono però ignorare la Carità.

Ed ecco l'orrore. La Carità, che è il più alto dei sentimenti evangelici, e l'unico autonomo (si può dare Carità senza Fede e Speranza: ma senza Carità, Fede e Speranza possono essere anche mostruose), viene qui degradata a pura misura pragmatica, di un qualunquismo e di un cinismo addirittura scandalosi. La Carità pare non servire a niente altro che a scoprire gli uomini nella loro più squallida e atroce nudità di creature: senza né perdonarli né capirli, dopo averli così crudelmente scoperti. Il pessimismo verso l'uomo terreno è troppo totale per consentire l'empito del perdono e della comprensione. Esso getta un'indistinta luce plumbea su tutto. E non vedo niente di meno religioso, anzi, di più ripugnante, di questo.

(«Tempo», 1° marzo 1974)

Il carcere e la fraternità dell'amore omosessuale

Il pretesto di questo mio intervento, è un articolo uscito in un giornale che appartiene alla stessa ideologia istituita come opposizione, a cui appartengo io; ed è probabilmente dovuto a un collaboratore del tutto innocente, che non si è reso conto delle enormità che diceva, e che quindi non mi sento di aggredire in una polemica diretta.

Il tema di tale articolo è il «sesso nelle carceri italiane»: tema che è stato suggerito all'articolista da un recente episodio. Un ragazzo quindicenne di Milano è stato sorpreso a commettere un piccolo furto e, anziché venir portato alle carceri dei minorenni, per mancanza di posto, è stato associato al San Vittore. Nella cella in cui si è trovato rinchiuso, c'erano due detenuti (alcuni giornali dicono anziani, altri minorenni anch'essi, o almeno molto giovani), che hanno cercato di approfittare di lui. Egli si è ribellato ed ha dovuto subire la loro reazione violenta. Tutti sanno bene che «non c'è disegno di carnefice che non sia suggerito dallo sguardo della vittima» (e che Maria Goretti, mettiamo, è responsabile del proprio sacrificio almeno quanto il sacrificante). Ciò non toglie che quell'episodio nella cella di San Vittore sia brutale, offensivo, odioso: come tutto ciò che riduce a «cosa» un «uomo». Lo sarebbe stato certo ugualmente (secondo una graduazione irrilevante rispetto alla sostanza), se, invece che di un ragazzo, si fosse trattato di una ragazza, o di una donna, o di un uomo adulto: sostanzialmente, infatti, si è trattato di un esercizio schizoide del potere (nella fattispecie del potere arcaico e individuale della forza fisica) che dissocia l'altro da sé, e lo destituisce da quel minimo essenziale della libertà che è la libertà del corpo.

Ci sono delle leggi che puniscono un episodio simile: e il codice penale italiano – in questo caso con sorprendente saggezza e forse a dispetto del mio amico De Marsico – non fa distinzione di sesso. Non vorrei che quando i progressisti italiani parlano di riforma del codice, intendessero pronunciarsi, reazionariamente, anche in merito a questo. Ne sarebbero capaci – almeno a giudicare dall'articolo a cui ho accennato (che non è certo episodico, al contrario).

Ecco ciò che vorrei dire in proposito.

Il mondo intellettuale italiano «progressista», seppellito con sollievo il '68, ne ha conservato alcune caratteristiche, che gli erano, evidentemente, congeniali. Una tra queste è l'urgenza ricattatoria, l'ansia nevrotica dell'immediatezza delle riforme. L'origine culturale di tale urgenza è nobile: il «Paradise now» della Nuova Sinistra americana pre-contestatrice (cioè un universo culturale tipicamente «riformista»). Il verbalismo e il terrorismo attraverso cui, invece, tale urgenza oggi normalmente si esprime (ed è anche il caso dell'articolo in questione) ha un'origine meno nobile: nasce direttamente dalle inclinazioni culturali della piccola borghesia italiana, eternamente ossessa e sobillata dalla propria «coscienza infelice». «Coscienza infelice» che la rende frenetica, pronta a tutto – massa fluttuante in preda al primo che predichi la preminenza dell'azione sul pensiero (a sua volta improvvisato su un piano per definizione sottoculturale: in cui all'ideologia marxista vengono applicate a braccio le esigenze della sociologia, non marxista ma di moda, più i residui e orrendi luoghi comuni dell'umanesimo qualunquista e del cattolicesimo). Con cieca insistenza, che gratifica lui e ricatta gli altri, l'intellettuale italiano medio non lascia più perdere un'occasione per buttarsi nobilmente a difendere tutta una serie di cause ormai riconosciute giuste dall'intero corpo dell'*intelligentija*: non importa se fino a ieri erano da lui stesso rimosse, ignorate, considerate utopistiche e impopolari. Una di queste cause è la riforma delle carceri. Trascinato da una specie di *raptus* l'intellettuale italiano medio, sapendo di essere totalmente, senza discussione, dalla parte della ragione, appena trova il modo, non manca di esprimere in vibranti interventi la propria indignazione (ripeto, per lui gratificante) a proposito della condizione carceraria, e, in genere, la propria intransigente pretesa di riforme immediate. Anch'io sono d'accordo (ho fatto un film in proposito nel 1962) che tali riforme vanno fatte, e «immediatamente». Ma so anche che se oggi penso ed esprimo questo, ciò avviene ormai nell'ambito di una programmazione generale di tolleranza decisa dal potere: il quale, in questo caso, ha bisogno del mio pensiero autonomo, della mia ideologia marxista e della mia passione radicale, per attuare quelle riforme che esso considera a questo punto necessarie (e di cui non può trovare «ideologi» tra i suoi uomini tradizionali).

È questa tolleranza del potere – nel cui ambito l'oppositore può comportarsi con tanta nobile ed esagitata aggressività – che va analizzata e smascherata. È essa, in ultima istanza, la ragione di tutta una serie di equivoci e di errori di ottica (morale, ideologica, politica). Per esempio: tutti i carcerati sono «buoni», sono «dei nostri». La loro lotta per le riforme va difesa non solo indiscriminatamente (e va bene), ma anche terroristicamente. Ne nascono contraddizioni ridicole. Nel nostro caso, per esempio, i carcerati che hanno cercato di violentare un ragazzo sono «cattivi»: ma «radicalmente» «cattivi», «cattivi» secondo la più retriva morale del vecchio potere. Come possono dunque essere contemporaneamente i nostri buoni fratelli, le cui lotte per riforme suscitano non solo la nostra solidarietà ideologica, ma la nostra simpatia umana? Qui era il caso – per un intellettuale – di affrontare la contraddizione: e di non presentare invece come «cattivi», da additare al linciaggio, quegli sciagurati (come direbbe il Manzoni) che non hanno trovato altra soluzione alla loro povera voglia di far l'amore che esercitare una abbietta violenza su un debole. Altro esempio: la tolleranza del potere in campo sessuale è univoca (e quindi in sostanza più che mai repressiva): essa concede molti più diritti che in passato alla coppia eterosessuale, anche al di fuori della convenzione matrimoniale: ma, prima di tutto, tale «coppia» viene presentata come un modello ossessivamente obbligatorio, esattamente alla stregua, per esempio, della coppia consumatore-automobile.

Non possedere un'automobile e non essere in coppia, là dove tutti «devono» avere un'automobile e «devono» essere in coppia (bifronte mostro consumistico), non può essere considerata che una grande disgrazia, una intollerabile frustrazione. Così l'amore eterosessuale – talmente consentito da diventare coatto – è divenuto una sorta di «erotomania sociale». Inoltre tanta libertà sessuale non è stata voluta e conquistata dal basso, ma è stata, appunto, concessa dall'alto (attraverso un falso cedimento del potere consumistico e edonistico alle vecchie istanze ideali delle *élites* progressiste). Infine, «tutto ciò riguarda solo la maggioranza». Le minoranze – più o meno definibili – sono escluse dalla grande, nevrotica abbuffata. Quelli che sono ancora classicamente «poveri», molte categorie di donne, i brutti, gli ammalati e, per tornare al nostro discorso, gli omosessuali, sono esclusi dall'esercizio della libertà di una maggioranza che, pur approfittando, per sé, di una tolleranza sia pur illusoria, non è mai stata in realtà così intollerante.

L'articolista che ha affrontato, nel nostro articolo, il problema del sesso nelle carceri, facendosi portavoce di tale maggioranza, si è comportato da razzista perfetto. L'omosessuale e l'omosessualità sono visti come forme del «Male»: ma di un Male rimosso e trasferito in un luogo dove è «Altro». Dove diviene, cioè, mostruoso, demoniaco, degradante. Non se ne discute nemmeno: l'avere un rapporto omosessuale è visto come una minaccia apocalittica, una condanna definitiva che cambia radicalmente la natura del condannato. La vecchia sessuofobia cattolica si mescola col nuovo disprezzo laico per chi non sappia apprezzare il bene della coppia eterosessuale, come meravigliosa libertà fruita nientedimeno che dall'enorme maggioranza. All'idea che nelle carceri si abbiano (com'è perfettamente naturale) dei rapporti omosessuali, l'intellettuale medio progressista resta «agghiacciato»: sente di essere di fronte all'intollerabile e si comporta con la tragica calma di chi è profondamente scosso, ma non può, in comune con tutti gli altri, non affrontare gravemente il problema. Sfoglia costernato le statistiche: «Il 22 per cento degli omosessuali si è portato in carcere la sua anomalia, ben il 78 per cento ve l'ha acquistata»! «Il 47 per cento di detenuti ammetteva... di aver avuto rapporti omosessuali con altri prigionieri!» Allibisce davanti al referto di Salierno (che in proposito rivela, certo inconsapevolmente, le sue origini culturali fasciste). Propone riforme immediate (naturalmente), e cioè una forma di «monta legalizzata», in definitiva sul modello delle vecchie case di tolleranza. Ma il risultato del suo intervento, in pratica (e spero suo malgrado), è uno solo: quello di far la spia «pubblica» alla polizia carceraria sul comportamento sessuale dei carcerati, e quindi spingerla a aumentare la sorveglianza e la repressione. E, inoltre, costringe i poveri carcerati o all'astinenza monastica o all'esercizio della masturbazione. Tutto ciò è comico; ma anche tragico. È tragico infatti che un intellettuale che si considera avanzato, colto, umano, non capisca che l'unica soluzione al problema che si era posto, era, prima di tutto, quello di sdrammatizzarlo.

È tragico che egli non capisca – in modo così istituzionalizzato e brutalmente conformistico – che un rapporto omosessuale non è il Male, o, per dire meglio, in un rapporto omosessuale non c'è niente di male. Esso è un rapporto sessuale come un altro.

Dov'è, non dico la tolleranza, ma l'intelligenza e la cultura, se non si capisce questo? Esso non lascia né marchi indelebili, né macchie che rendono intoccabili, né deformazioni razzistiche. Lascia un uomo perfettamente quello che era. Anzi, se mai, l'ha aiutato a esprimere totalmente la sua «naturale» potenzialità sessuale, poiché non esiste uomo che non sia «anche» omosessuale: ed è questo, niente altro, che dimostra l'omosessualità delle carceri.

Si tratta, tutto sommato, di una delle tante forme di liberazione la cui analisi e la cui accettazione forma in genere l'orgoglio di un intellettuale moderno. Chi ha espresso – sia pure in una situazione di emergenza – la propria omosessualità (aiutato da un coraggio certo più popolare che borghese: e di qui la connotazione classista dell'odio contro l'omosessualità) non sarà più, almeno in questo campo, razzista, e persecutore. Nella sua esperienza umana ci sarà un elemento di «reale» tolleranza in più, che prima non c'era. E, nel migliore dei casi, avrà arricchito la propria conoscenza delle persone del suo stesso sesso, il rapporto con le quali non può essere, fatalmente e naturalmente, che di carattere omoerotico, sia nell'odio che nella fraternità.

(«Il Mondo», 11 aprile 1974)

*M. Daniel - A. Baudry: «Gli omosessuali»**

Due studiosi francesi hanno scritto un libro pedagogico sugli omosessuali, destinato a sostituire nelle edicole (certo utopisticamente) le analoghe opere a carattere erotico, scandalistico, commerciale ecc. È un libro che si presenta come onesto, chiaro, esauriente, democratico, moderato. E effettivamente lo è. Contrariamente alle mie abitudini di critico (ma qui è chiaro che non mi presento sotto la veste del critico letterario), comincerò con l'allineare una serie di citazioni particolarmente efficaci per introdurre il lettore a un argomento che è sempre «tabù», come Daniel e Baudry, gli autori del «Libretto», giustamente sostengono.

1. «Bisogna dunque, a tutti i costi, *sbloccare* il tabù. Non è più questa l'epoca in cui – tutti saranno senza dubbio d'accordo – i problemi dolorosi o delicati possono venir passati sotto silenzio o soffocati... Argomenti considerati per lungo tempo proibiti, quali i contraccettivi, l'aborto, le relazioni sessuali tra adolescenti, ora sono oggetto di trasmissioni radiofoniche e televisive, d'inchieste giornalistiche. Sarebbe esagerato dire che la stessa cosa succede – almeno in Francia – per l'omosessualità.»

2. «All'origine di tutto ciò vi è forse una breve frase di San Paolo contenuta nella epistola agli Efesini: "Che queste cose non vengano da voi neanche nominate".»

3. «Anche gli organi di stampa noti per liberalismo e intelligenza conservano su questo punto atteggiamenti sorprendenti e conformisti.»

* Editore Vallecchi, 1974.

4. «In altre società, che pure si sono affrancate dal cristianesimo, la vecchia condanna religiosa, troppo profondamente radicata per scomparire, ha preso la forma di un falso razionalismo e conserva tutto il suo vigore: l'URSS, Cuba, hanno leggi severe contro gli omosessuali in nome della *difesa del popolo* contro i vizi del capitalismo decadente.»

5. «È significativo a questo proposito che Hitler abbia mandato nei campi di concentramento tre categorie di minoritari col fine di sterminarli, con la stessa motivazione di *salvaguardia della difesa della razza*: gli ebrei, gli zingari, gli omosessuali (gli omosessuali, distinti da un triangolo rosa, erano oggetto di trattamenti particolarmente abominevoli. Sono tuttavia i soli a non aver mai ottenuto dopo la guerra il diritto a un indennizzo).» Anzi, possiamo aggiungere, sono gli unici per cui le cose sono sostanzialmente continuate come prima, senza il minimo accenno a una qualsiasi forma di riabilitazione.

6. «Statisticamente parlando, è dunque probabile, che su 15 persone frequentate dal nostro lettore almeno una sia omosessuale. È una costatazione sulla quale val la pena di riflettere.»

7. «... non vi sono esempi di ragazzi che avendo subito delle violenze sessuali siano rimasti omosessuali a causa di tali violenze. Supporlo, anche per un istante, è una evidente assurdità. Al contrario, anzi, il trauma sarà tale da allontanarlo per sempre dall'omosessualità. A meno che la violenza non sia che una pretesa violenza e che il ragazzo, abbia, coscientemente o no, cercato quello che gli è successo.»

8. «Niente permette... di affermare e neppure di sospettare che vi sia il minimo rapporto di causa-effetto tra omosessualità e nevrosi: il nesso, se esiste, sta nel fatto che la condanna sociale dell'omosessualità è nevrotizzante.»

9. «I giudici danno spesso prova di una sorprendente indulgenza nei riguardi di ragazzi accusati di aver brutalizzato, ferito, talvolta, anche ucciso un omosessuale: come se in fondo pensassero: "Gli sta bene." Allo stesso tempo, è frequente che un omosessuale, accusato di un delitto qualunque, si veda condannare

per la semplice ragione che, in quanto omosessuale, egli è colpevole per definizione.»

10. «Bisogna tener conto di una reazione inconscia ben nota agli psicologi: molti, che insultano gli omosessuali, sono spinti soltanto dal rifiuto di ammettere la propria omosessualità rimossa. Jean-Paul Sartre si è espresso con forza su questo punto: "Riguardo a quelli che condannano più severamente Genêt, sono convinto che l'omosessualità è la loro tentazione costante e costantemente rinnegata, l'oggetto del loro odio più profondo: essi sono felici di detestarla in un altro perché in questo modo hanno la possibilità di distogliere lo sguardo da se stessi.")»

11. «"La copertura della omosessualità o della droga [si noti l'accostamento significativo] non ha mai niente a che vedere con il movimento operaio", ha dichiarato Pierre Juquin, membro del Comitato centrale del PCF («Nouvel Observateur», 5-5-1972).»

12. «... la felicità di un quindicesimo dell'umanità non è una posta di cui ci si possa disinteressare a cuor leggero.»

È una dozzina di citazioni legate al senso comune, al minimo e all'ovvio che si possa dire sull'argomento. Il «Libretto» di Daniel e Baudry non è tutto qui. È opera di divulgazione, ma a carattere scientifico, e quindi complesso.

Avrei tuttavia una serie di osservazioni da fare (che il lettore potrà comprendere solo dopo aver letto il testo di cui mi occupo: cosa che gli raccomando del resto caldamente).

Il primo appunto riguarda Freud. È ben noto che solo la psicanalisi è in grado di spiegare che cosa sia l'omosessualità. Anche Daniel e Baudry lo sanno: tuttavia, da una parte, dichiarano, fondandosi oltraggiosamente sul buon senso, la loro insoddisfazione sulle spiegazioni freudiane; dall'altra, indicano in Freud il principale colpevole dell'istituzione dell'omosessualità come «anormalità» rispetto a una «normalità» – quella della società borghese – da Freud accettata passivamente e forse anche vilmente. A me ciò non sembra giusto. Freud quando dice «normalità» (che è sempre un esito formale e schematico) intende sostanzialmente la «normalità» come *ordo naturae* che non ha soluzione di continuità nella storia e nelle varie società. Anche nelle società favorevoli all'omosessualità, la «normalità» era la «media», cioè il comportamento sessuale della maggioranza. «Anormalità» è una parola come un'altra, quando il suo senso sia razionale (e non positivo o negativo).

Questo «resto» di rispetto per le idee del «mondo normale» che permane nel fondo di due autori, che pur mantenendosi moderati, accettano in sostanza il rapporto «rivoluzionario» del FHAR (Front homosexuel d'action révolutionnaire), è dimostrato anche da un altro fatto: essi condannano, quasi adulando l'indignazione della maggioranza, l'irresponsabilità del «pederasta libertino», che esercita il suo interesse erotico sugli «efebi», adolescenti alle soglie della giovinezza. L'accusa è la solita: quella di far propendere un adolescente incerto (bisessuale: il n. 3 della scala Kinsey) verso l'omosessualità. Ma ciò contraddice *tutto* ciò che gli autori hanno detto. Cioè: se un bisessuale è tale, resterà comunque bisessuale: se, per mera ipotesi, dovesse dare una certa preferenza all'omosessualità, *ciò non sarebbe un male.*

Inoltre, il libertinaggio non esclude affatto la vocazione pedagogica. Socrate era libertino: da Liside a Fedro, i suoi amori per i ragazzi son stati innumerevoli. Anzi, chi ama i ragazzi, non può che amare *tutti* i ragazzi (ed è questa, appunto, la ragione della sua vocazione pedagogica).

Ma, a parte questo, indurre un ragazzo (fino a quel punto innocente: il che è solo una divertente ipotesi) a un rapporto omosessuale, non significa distoglierlo dall'eterosessualità. C'è un momento «autonomo» della vita sessuale che è l'autoerotismo, non solo psicologico, ma anche fisico. Un giovane maschio solo in un'isola deserta non cesserà di avere una vita sessuale. Quanto alla definizione dell'età del «minore», Daniel e Baudry si battono strenuamente: un emendamento al codice francese apportato durante il periodo fascista di Vichy, stabilisce l'età del minore a 21 anni. Cosa semplicemente pazzesca. In Italia, dove vige (in questo campo miracolosamente) il codice napoleonico, il limite della minorità è 16 anni (e non 18 come affermano Daniel e Baudry).

Questo «dato», mi porta a un'altra considerazione (polemica nei riguardi di questo libretto, che la saggezza dovrebbe consigliarmi a raccomandare senza polemiche).

Si tratta di questo: Daniel e Baudry tentano di inserire – credendo sinceramente nella bontà dell'idea e nell'efficacia degli effetti – il problema dell'omosessualità nel contesto della nascente tolleranza (esistenzialmente, in pratica, già affermata, anche se le leggi al solito sono in ritardo): tolleranza che riguarda i rapporti eterosessuali (contraccettivi, aborto, relazioni extramatrimoniali, divorzio – per quel che riguarda l'Italia –, rapporto sessuale tra adolescenti); agganciando poi tutto questo al problema (politico) delle minoranze.

Io non credo che l'attuale forma di tolleranza sia reale. Essa è stata decisa «dall'alto»: è la tolleranza del potere consumistico, che ha bisogno di un'assoluta elasticità formale nelle «esistenze» perché i singoli divengano buoni consumatori. Una società spregiudicata, libera, in cui le coppie e le esigenze sessuali (eterosessuali) si moltiplichino è *di conseguenza* avida di beni di consumo. Per una mentalità liberale francese è certo più difficile capire e individuare questo fatto, che per un progressista italiano, che emerge dal fascismo e da un tipo di società agricola e paleoindustriale: trovandosi quindi «indifeso» davanti a questo mostruoso fenomeno. Essere in coppia è *ormai* per un giovane non più una libertà ma un obbligo, in quanto paura di non essere pari alle libertà che gli vengono concesse. Così non ci può essere più limite all'età. I codici che stabiliscono limiti di età sono ridicolizzati (e quindi valgono *solo* per i rapporti omosessuali). Non si illudano i benpensanti e i romantici genitori (così spaventati dall'idea di essere repressivi): tra due adolescenti di sesso diverso, anche giovanissimi, addirittura impuberi, ormai il rapporto erotico è lo stesso che tra due adulti.

Voglio dire, con questo, che Daniel e Baudry si sbagliano sperando che la tolleranza includa tra i suoi obiettivi anche l'omosessualità: ciò accadrebbe se si trattasse di una tolleranza reale, conquistata dal basso. Invece si tratta di una falsa tolleranza, che certo prelude a un periodo di intolleranza e di razzismo peggiori ancora che al tempo di Hitler (anche se forse meno granguignoleschi). Perché? Perché la tolleranza *reale* (fintamente assimilata e fatta propria dal potere) è privilegio sociale delle *élites* colte; mentre la massa «popolare» gode di una orribile larva di tolleranza, che la rende in realtà preda di una intolleranza e di un fanatismo quasi nevrotico (un tempo caratteristico della piccola borghesia).

Così, per esempio, questo libretto di Daniel e Baudry non può essere fruito e capito che dalle *élites* colte e quindi tolleranti: solo esse sono in grado, forse, dato che ne sono ancora affette, di liberarsi dal «tabù» contro l'omosessualità. Le masse invece sono destinate ad accettare ancora di più la loro biblica fobia, se ce l'avevano: se invece non ce l'avevano (come a Roma, nell'Italia Meridionale, in Sicilia, nei Paesi Arabi), sono pronte ad «abiurare» dalla loro tolleranza popolare, tradizionale, per adottare l'intolleranza delle masse formalmente evolute dei Paesi borghesi gratificati della tolleranza.

Qui il discorso si fa politico. Anche il libretto di Daniel e Baudry dedica qualche pagina al «momento politico» della questione. Ma l'analisi vi è dominata da una forma di anticomunismo che, se a proposito dell'omosessualità è perfettamente giustificato, è tuttavia ugualmente sospetto: perché fa parte di quell'ansia di moderazione e di integrazione che domina magari pateticamente tutto il manuale. Ma la carenza analitica di Daniel e Baudry a proposito del rapporto tra l'omosessualità e la politica, non deriva tanto da una discutibile ideologia sull'omosessualità. Infatti dal libro di Daniel e Baudry risulta, almeno implicitamente, che un omosessuale ama, o fa l'amore con un altro omosessuale. Mentre le cose non stanno affatto così. Un omosessuale, in genere (nell'enorme maggioranza, almeno nei Paesi mediterranei) ama, e vuol far l'amore con un eterosessuale disposto a una esperienza omosessuale, ma la cui eterosessualità non sia posta minimamente in discussione. Egli deve essere «maschio». (Da ciò la mancanza di ostilità verso l'eterosessuale che accetta il rapporto sessuale per semplice sfogo o per interesse: cosa che garantisce infatti la sua eterosessualità.) Come unico dato politico che importa, Daniel e Baudry accennano al fatto che non solo i ricchi e i borghesi sono omosessuali, ma lo sono anche gli operai e i poveri. L'omosessualità assicurerebbe dunque una sorta di ecumenia interclassista. Ciò non è privo d'importanza, perché fa dell'omosessualità un problema, dal punto di vista classista, universale, e perciò inevitabile. Il marxismo che lo evada o lo neghi, e per di più con disprezzo, non è meno pericoloso del fascista che al Parlamento francese ha voluto far definire l'omosessualità come una «calamità sociale». Ma non è questo il punto. Il «momento politico» dell'omosessualità va ricercato altrove, e non importa se ai margini, ai margini estremi della vita pubblica. Ricorrerò all'esempio dell'amore tra Maurice e Alec, nello stupendo romanzo di Forster del 1914 e all'amore tra l'operaio e lo studentino in un altrettanto stupendo (ma inedito) racconto di Saba.

Nel primo caso, Maurice, un uomo dell'alta borghesia inglese, vive nell'amore del «corpo» di Alec, che è un servo, un'esperienza eccezionale: la «conoscenza» dell'altra classe sociale. E così, rovesciando i rapporti, l'operaio nello studentello triestino. La coscienza di classe non basta, se non è integrata dalla «conoscenza» di classe (come dicevo in una mia vecchia poesia). Tuttavia – a parte questo scambio di «conoscenza di classe», pratico ma anche enigmatico, che a me, e forse solo a me, sembra di così alto significato) opporrei all'interclassismo, che ho chiamato ecumenico, di Daniel e Baudry questa frase di Lenin (dopo il '17) a proposito degli ebrei: «La maggioranza degli ebrei sono operai, lavoratori. Sono nostri fratelli oppressi come noi dal capitale, sono nostri compagni... Gli ebrei ricchi come i nostri ricchi... opprimono, derubano gli operai e seminano zizzania tra di loro.» Se proprio si vogliono far rientrare gli omosessuali nella «normalità», non saprei indicare un modo migliore di questo di Lenin a proposito degli ebrei, che non *apre* certo su una prospettiva di convivenza tollerante. Del resto Daniel e Baudry sembrano aver dimenticato proprio la più alta risposta ideologica di un omosessuale al pogrom strisciante e feroce dei cosiddetti «normali»: si tratta del suicidio del protagonista omosessuale del *Libro bianco* di Cocteau, che si è tolto la vita perché aveva capito che era intollerabile, per un uomo *essere tollerato.*

(«Tempo», 26 aprile 1974)

Francesco De Gaetano:
*«Avvendure di guerra e di pace»**

A proposito dei rapporti tra «cultura» borghese e «cultura» popolare, ho avuto in questi ultimi mesi amare esperienze. Ho dovuto sperimentare che gli intellettuali italiani non si son mai posti il problema della «cultura» popolare, e non sanno nemmeno cos'è. Credono che il popolo non abbia cultura perché non ha cultura borghese; oppure che la sua cultura sia quella larva di cultura borghese che esso può apprendere a scuola, o in caserma, o comunque nei rapporti burocratici con la classe dominante. Che il popolo dunque viva in una specie di sogno pre-culturale, cioè pre-morale e pre-ideologico. Dove morale e ideologia sono viste come appannaggio esclusivo della classe borghese (o meglio, degli intellettuali stessi, letterati, scienziati o uomini politici).

Attraverso una nozione così estremamente classista, per non dire aristocratica, di «cultura», il popolo viene dunque considerato come una specie di riserva, ai cui appartenenti la cosiddetta democrazia parlamentare consente la possibilità di contribuire alla «cultura» del Paese solo a patto che essi siano capaci di ottenere una «promozione» sociale. Cioè di accettare e far propria la «cultura» della classe dominante.

Parlo in termini molto elementari perché devo essere didascalico. Non per presunzione. Ma per evitare nuovi equivoci. A causa della mia vita personale, della scelta che ho fatto sul modo di trascorrere i miei giorni e di impiegare la mia vitalità e i miei affetti, fin da ragazzo, ho tradito il modo di vita borghese (a cui ero predestinato). Ho trasgredito ogni norma e limite. Ciò mi ha fat-

* Edizione del Formichiere, 1974.

to fare esperienza – un'esperienza concreta, reale e drammatica – dell'universo che si estende sconfinato, sotto il livello della cultura borghese. L'universo contadino (di cui fa parte il sottoproletariato urbano); e anche quello operaio (nel senso che anche un operaio appartiene, spirito e corpo, alla cultura popolare). Ho aggiunto alla mia esperienza esistenziale, anche degli interessi specifici. Cioè linguistici, per esempio. Ma anche etnologici e antropologici. Non ne ho un'informazione scientifica; ma ne ho la conoscenza che deriva da un profondo interesse. È tutto questo che mi fa stupire di fronte alla totale ignoranza della maggior parte degli intellettuali italiani – e non solo dei più miserabili, come Barbato – su questi problemi.

In genere il «popolo» è sentito psicologicamente e miticamente: come un'alterità quotidiana, così ontologica da non meritare di essere approfondita.

Non si cercano nessi fra dialetto e cultura popolare; si ignora la sedimentazione di codici di comportamento dovuti a civiltà precedenti; si considera puramente teorico e «remoto» l'apporto di culti anteriori a un cattolicesimo che è sempre stato religione di classe ecc. ecc. Quel qualcosa di «corporalmente diverso», poi, che definisce una persona del popolo, viene completamente rimosso, o accettato a livello comico.

Gli artisti «naïfs» possono in un certo senso accreditare tali equivoci borghesi sulla cultura popolare, e essere una conferma del giusto rapporto di superiorità, paternalistica, con gli appartenenti alla classe popolare.

In realtà il «naïf» compie un'ingenua operazione di sottomissione, e comunque di accettazione della cultura borghese. La sua buona volontà e la sua fiducia lo spingono a una forma di integrazione, imperfetta a causa della sua incapacità ad assimilare regole e tecniche di un'altra cultura (assimilazione a cui si arriva solo dopo anni di studio, cioè attraverso la trasformazione del proprio essere). Il «naïf» non fa in tempo e non ha avuto i mezzi per una palingenesi piccolo-borghese. Egli resta quel popolano che è. Ma, dal momento in cui prende un pennello in mano, oppure la penna, egli rinuncia alla totale innocenza, e orecchia dalla classe dominante, con cui è in contatto fin dalla nascita, un diverso modo di esprimersi. Non ne può nascere che il «pastiche» cioè una contaminazione fra due modi di essere e due modi di parlare. Ma, di solito, l'opera di un «naïf» è un prodotto che si vuole deciso dalla grazia: da ciò il suo effetto estasiante. Mentre il «pastiche» non lo è, per sua natura (in alcuni grandi scrittori esso può essere entusiasmante: ma non mai, appunto, estasiante). Ciò significa che a prevalere nell'opera del «naïf» è la sua natura popolare, e che il «pastiche» è solo alla superficie. Esistono infatti una poesia e una pittura popolari (prodotto a loro volta di contaminazioni avvenute in epoche precedenti): e sono i loro schemi a prevalere anche nell'opera del più borghesizzante dei «naïfs». Prendiamo le *Avvendure di guerra e di pace* di Francesco De Gaetano. Sono le memorie (molto essenziali: 66 pagine) di un contadino della provincia di Benevento, riguardanti soprattutto la sua partecipazione a due guerre borghesi, quella del '15-18, e quella d'Etiopia (in entrambi i casi egli è finito prigioniero). Una brevissima appendice ci informa dell'ultimo capitolo della sua vita (emigrazione in America). Francesco De Gaetano è praticamente analfabeta (ha fatto la seconda elementare), eppure in fondo alla provincia di Benevento, quand'è ancora adolescente, lo raggiunge la sirena dell'altro universo, quello che egli sente come superiore. Superiore ma estraneo. Irrimediabilmente estraneo. Infatti, non appena – soldatino di leva – parte per la grande guerra, il suo entusiasmo e la sua curiosità screditano di colpo il vecchio mondo con la sua violenza feroce e idiota. Lo sguardo che il ragazzo De Gaetano posa sulle cose, proviene da una tale lontananza, e, appunto, da una tale estraneità, che le impoverisce e le ridicolizza, politicamente e ideologicamente, almeno quanto, al contrario, le valorizza fenomenologicamente. La guerra e la prigionia, attraverso questo sguardo, che, come quello dei veri poeti, vede tutto e sceglie l'essenziale – appaiono come una sola immensa buffonata: anche perché De Gaetano ha molto sentimento, ma non è sentimentale, e quindi la morte non lo sconvolge più che tanto.

Lo sguardo che il giovane De Gaetano lancia sulle cose, nella sua grande avventura, è tanto più poetico quanto più egli vive e si esprime a un livello che dir pratico è poco: si tratta infatti del livello dell'utilitarismo puro, posto al servizio della più assoluta necessità. Mentre il mondo borghese vive l'apocalisse, De Gaetano pensa solo e unicamente a come procurarsi un pezzetto di pane o uno straccio con cui coprirsi. Inconsapevole dell'enormità della sproporzione dissacratrice, egli si «arrangia» pieno di buona volontà, quasi di buon umore: che è l'ultimo tocco all'inconscia anarchia blasfema di ogni suo gesto. Ecco come egli descrive il modo con cui è giunto in punto di morte: «Mi adagiarono sul letto, mi coprirono con alcune coperte, mi dissero sloffi sloffi, che significa dormi, e uno di loro andò via e l'altro rimase per vigilarmi, per vedere quando morivo.»

Alla seconda impresa, quella etiopica, De Gaetano si è fatto più «furbo». Non è più un adolescente, ma un uomo. Quanto al mondo della classe dominante, ha capito di cosa si tratta. Partecipa all'impresa per calcolo. Cercherà infatti di metter su un locale in qualche provincia dell'Impero. Non teme le contraddizioni: vi vola sopra con l'impeto di un uccello trasmigratore. Ha rispetto per le autorità (su cui ha fatto una certa pratica), ma la sua estraneità ad esse sostanzialmente rimane intatta. Accetta il fascismo (visto che per lui non è che una forma come un'altra di potere, e, ai suoi occhi, non si distingue in nulla dal potere liberale) ma, appunto perché è per lui così irreale, si comporta con esso nella più assoluta dissociazione, destituendolo totalmente di ogni valore, abrogandolo nella propria coscienza. Non viene però meno ai patti d'onore, e si comporta dignitosamente, quando l'esercito fascista è sconfitto. E, durante tutti questi alti e bassi, la foga con cui egli vive non si placa mai un solo istante. Se qualcosa lo costringe o lo lega, egli fa come l'uccello dei canti popolari: «Tutte le mattine io andavo al cangello d'uscita, come fanno gl'iucelli in gabia...»

Ora De Gaetano ha settantatré anni e vive da pensionato al suo paese. Egli ha stupendamente descritto questa sua condizione nei tre versi che fanno da epigrafe al libro: «Mendre l'uomo si avvia verso una lunga via / prima di arrivare si perde / e tramonta durante il suo cammino.» Nel vivere e nello scrivere, egli ha accettato gli schemi di comportamento e i canoni retorici intuiti in un mondo a livello infinitamente più alto, ed è anche convinto di averli applicati: in realtà li ha vanificati con un contenuto perfettamente «altro», cioè appartenente a un'altra cultura. Quella che oggi l'acculturazione del più totalitario dei Poteri sta distruggendo. Non è nemmeno pensabile che gli stessi nipoti ventenni di Francesco De Gaetano, ormai «acculturati», e perciò veri servi del potere, possano più essere come lui.

(«Tempo», 12 luglio 1974)

*Ferdinando Camon: «Letteratura e classi subalterne»**

Nel 1970 Ferdinando Camon ha pubblicato un romanzo intitolato *Il quinto stato.* Questo «quinto stato» sarebbe il sottoproletariato contadino, la cui condizione è stata vissuta da Camon in una zona «sottosviluppata» del Veneto cattolico. Il suo romanzo è quindi prima di tutto un romanzo sulla sua infanzia e sulla sua famiglia. Ma è anche un giudizio formulato «ai livelli della più avanzata coscienza politica» su un mondo rimasto sproporzionatamente indietro.

Tale sproporzione però non scoraggia Camon. Sia ideologicamente che esteticamente la sua è un'operazione in «tempi stretti». Egli incombe sull'oggetto del suo romanzo non dubitando un istante della estrema attualità del problema che esso costituisce. Esteticamente, poi, egli lo aggredisce «rivivendolo», cioè rappresentandolo attraverso un lungo monologo interiore in cui si ha la contaminazione linguistica tra il personaggio che dice «io» (un piccolo borghese idealizzato che solo fino a un certo punto coincide con l'autore) e i personaggi del libro che parlano dialetto. Nasce così, all'interno del libro, una violenta tensione tra il «centro» progredito – e parlante un pessimo italianuccio tecnicizzato e scolastico – e la «periferia», parlante un inalterato idioma puramente orale, antico, si direbbe, come la terra. La preoccupazione prima di Camon è stata quella di salvaguardare la stabilità del suo «pastiche», evitando il fenomeno del «rigetto» (com'egli dice), da parte dell'italiano del centro, di quel povero dialetto rimasto ter-

* Marsilio Editore, 1974.

ribilmente ai margini: relitto e vergogna. Va anche subito detto, che pur rovesciandone le ragioni – proiettandole da sinistra, cioè, anziché da destra – Camon è il primo a considerare questo mondo dialettale dei suoi poveri genitori come «relitto e vergogna». *Il quinto stato* è comunque una delle riuscite più originali della narrativa di questi ultimi anni.

Camon (come il lettore avrà già immaginato leggendo questo preambolo) è anche critico. Il suo ultimo libro di critico, *Letteratura e classi subalterne*, affronta per l'appunto in termini ideologici i temi che egli ha dovuto affrontare in pratica nella scrittura. Ciò che ha un particolare interesse in questo libro di Camon è la seconda parte. Anzi, più che particolare, direi proprio eccezionale. Per due ragioni: una soggettiva – riguardante Camon come «persona poetica» –, e una oggettiva – cioè l'assunzione a tema di un libro di quella coscienza di una «cultura popolare» che è sistematicamente assente nel letterato italiano. Soprattutto per quanto riguarda il suo caso personale, le pagine di *Letteratura e classi subalterne* sono forse le più belle scritte da Ferdinando Camon.

È successo questo: dopo la lettura di *Il quinto stato*, un vecchio parente ha scritto a Camon una lunga lettera, che è un testo straordinario. Si tratta di una critica, intollerante e indignata, ma, al tempo stesso, indicibilmente delicata, sul romanzo del «figliol prodigo» o «enfant prodige»: che viene considerato scandaloso e indegno perché adopera e manipola personaggi e fatti veri, con inesattezza, con tendenziosità, con mancanza di pudore, con interesse morale, con furbizia. Insomma, un libro che getta discredito e disonore sulla famiglia Camon e sul suo povero paese contadino, rompendo i patti, cioè l'omertà, il silenzio, il rispetto umano. Tutto ciò è detto in uno «stile» di fronte a cui il critico è impotente sia a dare definizione che a tentare descrizioni. Siamo di fronte alla «civiltà orale» della classe subalterna, ai suoi valori e al suo spirito che si traducono in codici espressivi e interpretativi imparlabili attraverso la lingua della cultura della classe dominante. S'intende che tale imparlabilità è dovuta alla mancanza di terminologia, cioè alla mancanza di un reale interesse per tali codici e di una conseguente tradizione critica su essi. Io sono dunque ora assolutamente impossibilitato a esprimere ciò che figuralmente è il testo di questo parente «umile» di Camon. Esso, per intenderci approssimativamente, sta tra quelli che per noi sono un «pamphlet», una «predica», un «saggio critico», una «invettiva», ma non è assolutamente niente di tutto questo. Le somiglianze a queste «figure» strutturali sono del tutto casuali; come sono casuali i riferimenti a nozioni e a termini discesi all'autore dall'alto: la cultura parrocchiale (a quanto pare molto ben organizzata nel Veneto) e i *massmedia*. Ciò che predomina in tutta questa lettera è la sua «informità», in cui la voce e il sentimento dell'autore si inventano uno spazio totalmente nuovo, preservando in modo perfetto la loro ingenuità: la grazia infantile del moralismo di un vecchio contadino.

La risposta di Camon a questa lettera è del tutto inaspettata. E, devo dire, degna del suo vecchio parente. Anziché accettare con spirito la critica che gli viene mossa dal fondo della sua stessa esistenza e cercarvi magari quanto c'è di vero, Camon se la prende quasi con la stessa indignazione biblica con cui quella critica è stata scritta. E, quel che è ancora più inaspettato, traduce tale indignazione in freddi termini critici, «partendo in quarta» a fare una spietata analisi testuale, tale da demolire punto per punto il testo nemico. Con lucidità scientifica, Camon vi distingue fonti inautentiche, codici interpretativi applicati, interpolazioni, e, soprattutto, vi analizza la particolare ideologia paleocattolica, tipica delle «strutture della penuria», sotto il cui segno quel testo è stato redatto. Facendo tutto questo, Camon abolisce ogni contatto con la «persona» del suo contraddittore: non soltanto non si rivolge a lui, ma non lo annovera nemmeno lontanamente tra i destinatari possibili. È abrogato come interlocutore. Camon si rivolge direttamente al suo destinatario canonico: cioè a un intellettuale della sua stessa cultura, saltando la cultura delle «classi subalterne», vista, almeno sospensivamente, come una realtà di cui possano parlare solo gli «altri».

L'«autodifesa» di Camon è bellissima, ripeto; scritta in «gergo», è vero, ma nel tempo stesso con immediatezza e semplicità (come la sua destinazione pratica richiede). L'arringa dell'imputato che si difende vale – in un altro universo culturale – l'arringa del vecchio parente biblico che l'accusa. C'è, dentro, lo stesso fanatismo e la stessa incertezza esistenziale: la vergogna di essere contadini.

Alla fine Camon giunge alla circostanziata e motivata condanna della condanna del suo vecchio parente: costui è un paleocattolico moralista, sanfedista, in fondo provinciale: insomma, l'archetipo del piccolo-borghese «in natura», prima che egli portasse questa sua mentalità in un mondo nuovo, quello dell'industrializzazione. Non posso dire che Camon abbia torto: le cose stanno oggettivamente così. Ma non posso dire neanche che egli abbia ragione. Per il semplice fatto che la «forma», in cui il vecchio parente contadino si esprime, aggiunge qualcosa a questo contenuto così perfettamente analizzato (anche nei suoi risultati formali particolari) da Camon. E questo «qualcosa» aggiunto dalla forma, è ineliminabile dal giudizio. Esso finisce col vanificare sia l'acredine ingenua sia lo spietato esame critico di Camon.

Ora, questo «qualcosa» aggiunto dalla forma, assomiglia straordinariamente a quel «qualcosa» che c'è in un altro testo analizzato da Camon nel suo libro, un testo-campione pugliese (Mauro di Mauro, *Bello stabile*) che Camon considera antitetico al testo-campione veneto. Se dunque quel «qualcosa» (che è il modo di esprimersi) li unisce, tanto ineffabilmente quanto indissolubilmente, significa che l'antitesi dei testi (cattolico e moralistico il primo, umanistico e individualistico il secondo ecc.) è una antitesi storica il cui senso è parziale. Infatti tutte le civiltà contadine, in primo luogo, *non sono soltanto cattoliche*: non c'è soluzione di continuità tra cattolicesimo, cristianesimo, paganesimo, religioni primitive. In secondo luogo, *non sono nazionali*: esse si inseriscono in un contesto transnazionale, più vasto ancora, addirittura, che il «terzo mondo». Nel cercar di diffondere o meglio di fondare la coscienza della «cultura delle classi subalterne», come con tanta acutezza cerca di fare Camon, non bisogna dimenticare la qualità stilistica dei loro testi «espressivi» che è sostanzialmente identica nelle «culture popolari» di tutto il mondo (almeno com'è stato fino a oggi). Il codice espressivo e interpretativo «umile» è enormemente stratificato, e le sue stratificazioni non corrispondono in alcun modo alle fasi della storia ufficiale.

(«Tempo», 9 agosto 1974)

*Contro l'ufficialità della storia: testimoni inclassificabili**

Ferdinando Camon nel suo volume *Letteratura e classi subalterne* delinea una specie di schema dei rapporti tra lo scrittore colto e la cultura popolare. Tali rapporti sono linguisticamente assai complicati; e del resto lo schema di Camon non pretende certo di coprirli per intero, essendo stato gettato giù per ragioni pratiche, e concernendo soprattutto il rapporto coi «destinatari» (come e cos'è il destinatario «subalterno», o popolare, per uno scrittore colto; e come e cos'è il destinatario colto, per uno scrittore popolare).

In effetti quando uno scrittore colto, mima – attraverso il discorso libero indiretto – la lingua parlata di personaggi popolari, l'arco di tale sua mimesi è praticamente senza limiti. Inoltre innumerevoli sono i linguaggi delle classi subalterne che egli può mimare.

Ma anche quando uno scrittore «subalterno» decide di «scrivere» – attraverso una «mozione» (come dice Camon) che è sempre, per sua natura, inaugurale – ha davanti a sé infinite prospettive, e dentro di sé infinite possibilità. Può avere studiato molto, poco o addirittura niente. Può proporsi come «scrittore» a lettori suoi pari oppure ambire ad avere come destinatari (inconsciamente «adulati») i ricchi e gli istruiti ecc. Il caso più noto e diffuso, ma non più tipico, è lo scrittore «naïf» (ne ho parlato, a proposito di *Avvendure di guerra e di pace*, di Francesco De Gaeta-

* *Le ciminiere di bambù, 99 poesie cinesi dal Balzo in avanti a oggi*, introduzione, traduzioni e note di Anna Bujatti, Officina ed., 1974; Pasquale Sciortino, *Zagara, arance e limoni*, Vallecchi, 1974.

no). Il «naïf» si autopromuove scrittore in una situazione di ancillarità rispetto a una cultura ufficiale di cui egli non conosce che l'esistenza. Questo implica un assoggettamento a quella figura aprioristica che la classe dominante ha e vuol continuare ad avere di lui. Che è una «figura comica». Ne consegue una volontaria attenuazione dei caratteri irriducibili di una persona che viva la cultura, «altra» e profondamente «estranea», della classe sociale dominata.

Ma ci sono anche altri scrittori «popolari» che non sono precisamente dei «naïfs». Per esempio, coloro che hanno scritto su suggerimento (di qualche prete, di qualche sociologo). È il caso degli scrittori della «leggera» (cioè del sottoproletariato dell'Italia del Nord) di cui si occupa Camon, analizzando un libro uscito alcuni anni fa, *Autobiografie della leggera* a cura di Danilo Montaldi. Scrittori di questo genere sono per così dire «trascritti» o, meglio, «registrati». È un'operazione che ho fatto io stesso nel mio primo romanzo, *Il sogno di una cosa* (in un capitolo nel quale un contadino friulano emigrato in Svizzera racconta, in prima persona, la sua avventura); è un'operazione che ha fatto Danilo Dolci, raccogliendo delle biografie di contadini siciliani; ed è un'operazione, infine, che ha fatto Dacia Maraini, con calvinistico puntiglio, nelle bellissime *Memorie di una ladra*. In questo caso il narratore pur avendo lo «stile» di un «naïf», non ne ha però neanche un po' la tendenza eufemistica, il timore reverenziale, l'autolimitazione. Egli racconta, e poiché per lui (per essere spicci) *nomina sunt res*, il suo raccontare trasborda nella vita, restituendone senza fatica «datità» lancinanti.

Per l'ulteriore lavoro che mi auguro Camon voglia svolgere, due libri usciti in questi giorni mi danno la possibilità di individuare due nuovi «casi».

Il primo (su cui non posso essere che laconico, data la mia incompetenza specifica), è una antologia di poesie cinesi, curata in modo particolarmente convincente da Anna Bujatti. Si tratta di poesie cinesi scritte dal *Balzo in avanti a oggi*: il «multimillion poem» composto in Cina, appunto, da milioni di lavoratori-poeti (due milioni di poesie solo nella piccola città di Tangshan). Una frenesia (edizioncine povere, giornali murali, letture pubbliche) che ha distrutto la convenzione del rapporto tra autore e destinatario, cioè tra intellettuale e massa. Tutti sono autori, e tutti sono destinatari: questo era il presupposto ideologico. Siamo in un mondo dove la «classe subalterna» ha preso il potere, e dove dunque non può più avere senso la distinzione tra «letteratura» e «popolo».

Caratteristica di questi milioni di poesie è il tradizionalismo formale. La «forma» è un privilegio di cui il popolo si è impadronito, per esprimervi contenuti nuovi. Esso non ha trovato assolutamente necessario fare dell'avanguardia: per chi non l'ha mai usato, il mezzo è nuovo in sé. Non si può dire tuttavia che la lettura di questa antologia sia entusiasmante come è interessante. I lavoratori-poeti sono presi da un'euforia che appare alquanto funesta. Tutto va bene, tutto è meraviglioso, tutti si amano: è un'ossessione. C'è un povero buon Li Ying, non meglio identificato, che si mette in luce con certe sue bambinucce e certi suoi vecchietti molto simpatici; e anche qualche «collettivo» (il Gruppo di creazione artistica della comune Datia, distretto Xinjin): e non è un caso che si tratti di versificatori contadini, che parlano del loro villaggio, dove, infine, il grande Ottimismo per il famoso Balzo, diviene «creaturale»: ma bisogna tener conto che il mondo agricolo in Cina non ha, pare, connotazioni nostalgiche, bensì progressiste.

Il secondo caso è un romanzo di Pasquale Sciortino, cognato di Salvatore Giuliano. Si intitola *Zagara, arance e limoni*: titolo del tutto inaderente, tanto da far pensare che gli sia stato suggerito. Sciortino è appena uscito dal carcere. Questo è dunque il romanzo di un carcerato, che è un «caso» già ben diffuso e largamente preso in considerazione. La particolarità del caso di Sciortino è che egli è un uomo abbastanza colto. La sua origine «subalterna» non gli ha impedito di conseguire la licenza ginnasiale al Convitto di Catania. Inoltre la sua «carriera» di mafioso, gli ha consentito di frequentare, prima in Sicilia, poi in America, un «ambiente» la cui cultura non è certamente popolare (anche se non, altrettanto certamente, letteraria). In realtà Sciortino è «divenuto» del tutto un piccolo-borghese. E in carcere, evidentemente, si è fatto anche una cultura libresca. Tuttavia i caratteri popolari – appartenenti all'alterità della cultura popolare – restano in lui irriducibili.

Nel suo libro, Sciortino oppone spesso – e molto coscientemente – Mafia e Stato. Ebbene, la sua cultura reale è restata quella della Mafia, anche se poi lo Stato gli ha messo a disposizione una biblioteca carceraria in cui leggere Lombroso e Hegel, De Amicis e Tolstoj. Si guardi l'ultimo periodo della sua scheda biografica: «Interrogato per il procedimento penale a carico dell'On. Mario Scelba... dell'On. Bernardo Mattarella..., del Principe Gianfranco Alliata di Montereale e del deputato Leone Marchesano, si è rifiutato di fare qualsiasi dichiarazione»: non c'è dubbio che ciò che domina sulla lingua di Sciortino, anche in quanto romanziere, è il silenzio della Mafia. Una cultura da Re Artù e da Teatro dei Pupi (quanto a mitografia) che non si pone però come «inferiore» di fronte all'immensa cultura dello Stato: anzi, si pone con violenta aggressività, come alternativa e concorrente.

Il silenzio è però tanto eloquente quanto ambiguo. Eloquenza (del silenzio) e ambiguità caratterizzano il romanzo di Sciortino. L'eloquenza è appunto carolingia nelle latebre ma umanistica, anzi, addirittura illuministica, nello strato storico. Contro lo Stato, la grande, vera, terribile arma è il silenzio: ma anche questa «eloquenza del silenzio» non scherza: essa è tutta un'irrisione, staccata, sprezzante, a suo modo teppisticamente aristocratica. Nell'inventare o nel combinare questa «biografia» di un piccolo delinquente siciliano (che racconta la sua vita ai compagni di cella), sembra paradossale, ma Sciortino ha adottato le stesse misure stilistiche del Marchese De Sade. Ogni sua pagina è – un po' più umilmente, e, quanto a contenuto, molto più prudentemente – una pagina di *Justine* o delle *Centoventi giornate*. Non si creda però che umiltà e prudenza siano dovute a rispetto. Esse sono dovute, invece, a un disprezzo supremo. Sciortino proclama di amare l'«eufemismo», ma evidentemente, per insolenza: per fare una caricatura di quella scrittura ufficiale e universale che egli mima, appunto, sadicamente. La sua filosofia in realtà non conosce limiti nel disprezzare lo Stato e le sue istituzioni culturali. Con una lingua a doppio taglio, da criminale lombrosiano – insondabile e inafferrabile meglio che irrecuperabile – Sciortino scredita e vanifica anche la stessa anarchia, che potrebbe, eventualmente, essere considerata la sua sostanziale ideologia: no, anch'essa è un'istituzione da «polentoni». Padre Vipera, che con una lentezza e una rotondità linguistica da dialogo socratico-boccaccesco, recita nella cella la parte dell'avvocato del Diavolo (cioè del Legalitarismo e del Perbenismo magari pedagogico), non è meno feroce e senza morale del Narratore. I *Dialoghi* (appunto da *Philosophie du boudoir*) che si alternano alla narrazione sono perfettamente sacrileghi, e senza che mai i dialoganti perdano la loro assoluta calma e padronanza di nervi. Accanto all'eloquenza del silenzio «mafioso» c'è, abbiamo detto, l'ambiguità: l'ambiguità di Sciortino consiste strutturalmente nell'avere narrato un'altra biografia anziché la sua propria, parlando dunque della Mafia come sarebbe stata da lui vissuta se egli fosse stato un altro. Deludendo e eludendo con ciò il lettore come ha deluso e eluso la giustizia dello Stato. Né si potrebbe dargli torto: visto che lo Stato ha avuto bisogno della Mafia, è chiaro che Sciortino conosce lo Stato molto bene...

(«Tempo», 16 agosto 1974)

*Il genocidio**

Vorrete scusare qualche mia imprecisione o incertezza terminologica. La materia – si è premesso – non è letteraria, e disgrazia o fortuna vuole che io sia un letterato, e che perciò non possegga soprattutto linguisticamente i termini per trattarla. E ancora una premessa: ciò che dirò non è frutto di un'esperienza politica nel senso specifico, e per così dire professionale della parola, ma di un'esperienza che direi quasi esistenziale.

Dirò subito, e l'avrete già intuito, che la mia tesi è molto più pessimistica, più acremente e dolorosamente critica di quella di Napolitano. Essa ha come tema conduttore il *genocidio*: ritengo cioè che la distruzione e sostituzione di valori nella società italiana di oggi porti, anche senza carneficine e fucilazioni di massa, alla soppressione di larghe zone della società stessa. Non è del resto un'affermazione totalmente eretica o eterodossa. C'è già nel *Manifesto* di Marx un passo che descrive con chiarezza e precisione estreme il genocidio ad opera della borghesia nei riguardi di determinati strati delle classi dominate, soprattutto non operai, ma sottoproletari o certe popolazioni coloniali. Oggi l'Italia sta vivendo in maniera drammatica per la prima volta questo fenomeno: larghi strati, che erano rimasti per così dire fuori della storia – la storia del dominio borghese e della rivoluzione borghese – hanno subito questo genocidio, ossia questa assimilazione al modo e alla qualità di vita della borghesia.

* Si tratta di un intervento orale alla Festa dell'«Unità» di Milano (estate 1974). La stesura scritta è dovuta alla redazione di «Rinascita». Vi si sente la mia «voce» ed è per questo che non escludo dal volume questo scritto ripetitivo e ostinato.

Come avviene questa sostituzione di valori? Io sostengo che oggi essa avviene clandestinamente, attraverso una sorta di persuasione occulta. Mentre ai tempi di Marx era ancora la violenza esplicita, aperta, la conquista coloniale, l'imposizione violenta, oggi i modi sono molto più sottili, abili e complessi, il processo è molto più tecnicamente maturo e profondo. I nuovi valori vengono sostituiti a quelli antichi di soppiatto, forse non occorre nemmeno dichiararlo dato che i grandi discorsi ideologici sono pressoché sconosciuti alle masse (la televisione, per fare un esempio su cui tornerò, non ha certo diffuso il discorso di Cefis agli allievi dell'Accademia di Modena).

Mi spiegherò meglio tornando al mio solito modo di parlare, cioè quello del letterato. In questi giorni sto scrivendo il passo di una mia opera in cui affronto questo tema in modo appunto immaginoso, metaforico: immagino una specie di discesa agli inferi, dove il protagonista, per fare esperienza del genocidio di cui parlavo, percorre la strada principale di una borgata di una grande città meridionale, probabilmente Roma, e gli appare una serie di visioni ciascuna delle quali corrisponde a una delle strade trasversali che sboccano su quella centrale. Ognuna di esse è una specie di bolgia, di girone infernale della *Divina Commedia*: all'imbocco c'è un determinato modello di vita messo lì di soppiatto dal potere, al quale soprattutto i giovani, e più ancora i ragazzi, che vivono nella strada, si adeguano rapidamente. Essi hanno perduto il loro antico modello di vita, quello che realizzavano vivendo e di cui in qualche modo erano contenti e persino fieri anche se implicava tutte le miserie e i lati negativi che c'erano ed erano – sono d'accordo – quelli qui elencati da Napolitano: e adesso cercano di imitare il modello nuovo messo lì dalla classe dominante di nascosto. Naturalmente, io elenco tutta una serie di modelli di comportamento, una quindicina, corrispondenti a dieci gironi e cinque bolgie. Accennerò, per brevità, solo a tre; ma premetto ancora che la mia è una città del centro-sud, e il discorso vale solo relativamente per la gente che vive a Milano, a Torino, a Bologna ecc.

Per esempio, c'è il modello che presiede a un certo edonismo interclassista, il quale impone ai giovani che incoscientemente lo imitano, di adeguarsi nel comportamento, nel vestire, nelle scarpe, nel modo di pettinarsi o di sorridere, nell'agire o nel gestire a ciò che vedono nella pubblicità dei grandi prodotti industriali: pubblicità che si riferisce, quasi razzisticamente, al modo di vita piccolo-borghese. I risultati sono evidentemente penosi, perché un giovane povero di Roma non è ancora in grado di realizzare questi modelli, e ciò crea in lui ansie e frustrazioni che lo portano alle soglie della nevrosi. Oppure, c'è il modello della falsa tolleranza, della permissività. Nelle grandi città e nelle campagne del centro-sud vigeva ancora un certo tipo di morale popolare, piuttosto libero, certo, ma con tabù che erano suoi e non della borghesia, non l'ipocrisia, ad esempio, ma semplicemente una sorta di codice a cui tutto il popolo si atteneva. A un certo punto il potere ha avuto bisogno di un tipo diverso di suddito, che fosse prima di tutto un consumatore, e non era un consumatore perfetto se non gli si concedeva una certa permissività in campo sessuale. Ma anche a questo modello il giovane dell'Italia arretrata cerca di adeguarsi in modo goffo, disperato e sempre nevrotizzante. O infine un terzo modello, quello che io chiamo dell'afasia, della perdita della capacità linguistica. Tutta l'Italia centro-meridionale aveva proprie tradizioni regionali, o cittadine, di una lingua viva, di un dialetto che era rigenerato da continue invenzioni, e all'interno di questo dialetto, di gerghi ricchi di invenzioni quasi poetiche: a cui contribuivano tutti, giorno per giorno, ogni serata nasceva una battuta nuova, una spiritosaggine, una parola imprevista; c'era una meravigliosa vitalità linguistica. Il modello messo ora lì dalla classe dominante li ha bloccati linguisticamente: a Roma, per esempio, non si è più capaci di inventare, si è caduti in una specie di nevrosi afasica; o si parla una lingua finta, che non conosce difficoltà e resistenze, come se tutto fosse facilmente parlabile – ci si esprime come nei libri stampati – oppure si arriva addirittura alla vera e propria afasia nel senso clinico della parola, si è incapaci di inventare metafore e movimenti linguistici reali, quasi si mugola, o ci si danno spintoni, o si sghignazza senza saper dire altro.

Questo solo per dare un breve riassunto della mia visione infernale, che purtroppo io vivo esistenzialmente. Perché questa tragedia in almeno due terzi d'Italia? Perché questo genocidio dovuto all'acculturazione imposta subdolamente dalle classi dominanti? Ma perché la classe dominante ha scisso nettamente «progresso» e «sviluppo». Ad essa interessa solo lo sviluppo, perché solo da lì trae i suoi profitti. Bisogna farla una buona volta una distinzione drastica tra i due termini: «progresso» e «sviluppo». Si può concepire uno sviluppo senza progresso, cosa mostruosa che è quella che viviamo in circa due terzi d'Italia; ma in fondo si può concepire anche un progresso senza sviluppo, come accadrebbe se in certe zone contadine si applicassero nuovi modi di vita culturale e civile anche senza, o con un minimo di sviluppo materiale. Quello che occorre – ed è qui a mio parere il ruolo del partito comunista e degli intellettuali progressisti – è prendere coscienza di questa dissociazione atroce e renderne coscienti le masse popolari perché appunto essa scompaia, e sviluppo e progresso coincidano.

Qual è invece lo sviluppo che questo potere vuole? Se volete capirlo meglio, leggete quel discorso di Cefis agli allievi di Modena che citavo prima, e vi troverete una nozione di sviluppo come potere multinazionale – o transnazionale come dicono i sociologhi – fondato fra l'altro su un esercito non più nazionale, tecnologicamente avanzatissimo, ma estraneo alla realtà del proprio paese. Tutto questo dà un colpo di spugna al fascismo tradizionale, che si fondava sul nazionalismo o sul clericalismo, vecchi ideali, naturalmente falsi; ma in realtà si sta assestando una forma di fascismo completamente nuova e ancora più pericolosa. Mi spiego meglio. È in corso nel nostro paese, come ho detto, una sostituzione di valori e di modelli, sulla quale hanno avuto grande peso i mezzi di comunicazione di massa e in primo luogo la televisione. Con questo non sostengo affatto che tali mezzi siano in sé negativi: sono anzi d'accordo che potrebbero costituire un grande strumento di progresso culturale; ma finora sono stati, così come li hanno usati, un mezzo di spaventoso regresso, di sviluppo appunto senza progresso, di genocidio culturale per due terzi almeno degli italiani. Visti in questa luce, anche i risultati del 12 maggio contengono un elemento di ambiguità. Secondo me ai «no» ha contribuito potentemente anche la televisione, che, ad esempio, in questi vent'anni ha nettamente svalutato ogni contenuto religioso: oh sì, abbiamo visto spesso il Papa benedire, i cardinali inaugurare, abbiamo visto processioni e funerali, ma erano fatti controproducenti ai fini della coscienza religiosa. Di fatto, avveniva invece, almeno a livello inconscio, un profondo processo di laicizzazione, che consegnava le masse del centro-sud al potere dei *massmedia* e attraverso questi all'ideologia reale del potere: all'edonismo del potere consumistico.

Per questo mi è accaduto di dire – in maniera troppo violenta ed esagitata, forse – che nel «no» vi è una doppia anima: da una parte un progresso reale e cosciente, in cui i comunisti e la sinistra hanno avuto un grande ruolo; dall'altra un progresso falso, per cui l'italiano accetta il divorzio per le esigenze laicizzanti del potere borghese: perché chi accetta il divorzio è un buon consumatore. Ecco perché, per amore di verità e per senso dolorosamente critico, io posso giungere anche a una previsione di tipo apocalittico, ed è questa: se dovesse prevalere, nella massa dei «no», la parte che vi ha avuto il potere, sarebbe la fine della nostra società. Non accadrà, perché appunto in Italia c'è un forte Partito comunista, c'è una *intelligencjia* abbastanza avanzata e progressista; ma il pericolo c'è. La distruzione di valori in corso non implica una *immediata* sostituzione di altri valori, col loro bene e il loro male, col necessario miglioramento del tenore di vita e insieme con un reale progresso culturale. C'è, nel mezzo, un momento di imponderabilità, ed è appunto quello che stiamo vivendo; e qui sta il grande, tragico pericolo. Pensate a cosa può significare in queste condizioni una recessione e non potete certo non rabbrividire se vi si affaccia anche per un istante il parallelo – forse arbitrario, forse romanzesco – con la Germania degli anni Trenta. Qualche analogia il nostro processo di industrializzazione degli ultimi dieci anni con quello tedesco di allora ce l'ha: fu in tali condizioni che il consumismo aprì la strada, con la recessione del '20, al nazismo.

Ecco l'angoscia di un uomo della mia generazione, che ha visto la guerra, i nazisti, le SS, che ne ha subito un trauma mai totalmente vinto. Quando vedo intorno a me i giovani che stanno perdendo gli antichi valori popolari e assorbono i nuovi modelli imposti dal capitalismo, rischiando così una forma di disumanità, una forma di atroce afasia, una brutale assenza di capacità critiche, una faziosa passività, ricordo che queste erano appunto le forme tipiche delle SS: e vedo così stendersi sulle nostre città l'ombra orrenda della croce uncinata. Una visione apocalittica, certamente, la mia. Ma se accanto ad essa e all'angoscia che la produce, non vi fosse in me anche un elemento di ottimismo, il pensiero cioè che esiste la possibilità di lottare contro tutto questo, semplicemente non sarei qui, tra voi, a parlare.

(«Rinascita», 27 settembre 1974)

*Fascista**

. . . .

Esiste oggi una forma di antifascismo archeologico che è poi un buon pretesto per procurarsi una patente di antifascismo reale. Si tratta di un antifascismo facile che ha per oggetto ed obiettivo un fascismo arcaico che non esiste più e che non esisterà mai più. Partiamo dal recente film di Naldini: *Fascista*. Ebbene questo film, che si è posto il problema del rapporto fra un capo e la folla, ha dimostrato che sia quel capo, Mussolini, che quella folla, sono due personaggi assolutamente archeologici. Un capo come quello oggi è assolutamente inconcepibile non solo per la nullità e per l'irrazionalità di quello che dice, per il nulla logico che sta dietro quello che dice, ma anche perché non troverebbe assolutamente spazio e credibilità nel mondo moderno. Basterebbe la televisione per vanificarlo, per distruggerlo politicamente. Le tecniche di quel capo andavano bene su di un palco, in un comizio, di fronte alle folle «oceaniche», non funzionerebbero assolutamente su uno schermo.

Questa non è una semplice constatazione epidermica, puramente tecnica, è il simbolo di un cambiamento totale del modo di essere, di comunicare fra di noi. E così la folla, quella folla «oceanica». Basta per un attimo posare gli occhi su quei visi per vedere che quella folla lì non c'è più, che sono dei morti, che sono sepolti, che sono i nostri avi. Basta questo per capire che quel fascismo non si ripeterà mai più. Ecco perché buona parte dell'antifascismo di oggi, o almeno di quello che viene chiamato antifascismo, o è

* Intervista a cura di Massimo Fini. Cfr. nota allo scritto precedente.

ingenuo e stupido o è pretestuoso e in malafede: perché dà battaglia o finge di dar battaglia ad un fenomeno morto e sepolto, archeologico appunto, che non può più far paura a nessuno. È, insomma, un antifascismo di tutto comodo e di tutto riposo.

. . . .

Io credo, lo credo profondamente, che il vero fascismo sia quello che i sociologi hanno troppo bonariamente chiamato «la società dei consumi». Una definizione che sembra innocua, puramente indicativa. Ed invece no. Se uno osserva bene la realtà, e soprattutto se uno sa leggere intorno negli oggetti, nel paesaggio, nell'urbanistica e, soprattutto, negli uomini, vede che i risultati di questa spensierata società dei consumi sono i risultati di una dittatura, di un vero e proprio fascismo. Nel film di Naldini noi abbiamo visto i giovani inquadrati, in divisa... Con una differenza però. Allora i giovani nel momento stesso in cui si toglievano la divisa e riprendevano la strada verso i loro paesi ed i loro campi, ritornavano gli italiani di cento, di cinquant'anni addietro, come prima del fascismo.

Il fascismo in realtà li aveva resi dei pagliacci, dei servi, e forse in parte anche convinti, ma non li aveva toccati sul serio, nel fondo dell'anima, nel loro modo di essere. Questo nuovo fascismo, questa società dei consumi, invece, ha profondamente trasformato i giovani, li ha toccati nell'intimo, ha dato loro altri sentimenti, altri modi di pensare, di vivere, altri modelli culturali. Non si tratta più, come all'epoca mussoliniana, di una irregimentazione superficiale, scenografica, ma di una irregimentazione reale che ha rubato e cambiato loro l'anima. Il che significa, in definitiva, che questa «civiltà dei consumi» è una civiltà dittatoriale. Insomma se la parola fascismo significa la prepotenza del potere, la «società dei consumi» ha bene realizzato il fascismo.

. . . .

Un ruolo marginale. Per questo ho detto che ridurre l'antifascismo ad una lotta contro questa gente significa fare della mistificazione. Per me la questione è molto complessa, ma anche molto chiara, il vero fascismo, l'ho detto e lo ripeto, è quello della società dei consumi e i democristiani si sono trovati ad essere, anche senza rendersene conto, i reali ed autentici fascisti di oggi. In questo ambito i fascisti «ufficiali» non sono altro che il proseguimento del fascismo archeologico: e in quanto tali non sono da prendere in considerazione. In questo senso Almirante, per quanto abbia tentato di aggiornarsi, per me è altrettanto ridicolo che Mussolini. Piuttosto un pericolo più reale viene oggi dai giovani fascisti, dalla frangia neonazista del fascismo che adesso conta su poche migliaia di fanatici ma che domani potrebbe diventare un esercito.

Secondo me l'Italia oggi vive qualcosa di analogo a quanto accadde in Germania agli albori del nazismo. Anche in Italia attualmente si assiste a quei fenomeni di omologazione e di abbandono degli antichi valori contadini, tradizionali, particolaristici, regionali, che furono l'humus su cui crebbe la Germania nazista. C'è una enorme massa di gente che si è trovata ad essere fluttuante, in uno stato di imponderabilità di valori, ma che non ha ancora acquistato quelli nuovi nati dalla industrializzazione. È il popolo che sta diventando piccola borghesia ma che non è ancora l'una e non è più l'altro. Secondo me il nucleo dell'esercito nazista fu costituito proprio da questa ibrida massa, questo fu il materiale umano da cui vennero fuori, in Germania, i nazisti. E l'Italia sta correndo proprio questo pericolo.

. . . .

Quanto alla caduta del fascismo, innanzi tutto c'è un fatto contingente, psicologico. La vittoria, l'entusiasmo della vittoria, le speranze rinate, il senso della ritrovata libertà e di tutto un modo di essere nuovo, avevano reso gli uomini, dopo la liberazione, più buoni. Sì *più buoni*, puramente e semplicemente.

Ma poi c'è l'altro fatto più reale: il fascismo che avevano sperimentato gli uomini di allora, quelli che erano stati antifascisti ed avevano attraversato le esperienze del ventennio, della guerra, della Resistenza, era un fascismo tutto sommato migliore di quello di oggi. Vent'anni di fascismo credo che non abbiano mai fatto le vittime che ha fatto il fascismo di questi ultimi anni. Cose orribili come le stragi di Milano, di Brescia, di Bologna non erano mai avvenute in vent'anni. C'è stato il delitto Matteotti certo, ci sono state altre vittime da tutte due le parti, ma la prepotenza, la violenza, la cattiveria, la disumanità, la glaciale freddezza dei delitti compiuti dal 12 dicembre del 1969 in poi non s'era mai vista in Italia. Ecco perché c'è in giro un maggior odio, un maggiore scandalo, una minore capacità di perdonare... Soltanto che questo odio si dirige, in certi casi in buonafede e in altri in perfetta malafede, sul bersaglio sbagliato, sui fascisti archeologici invece che sul potere reale.

Prendiamo le piste nere. Io ho un'idea, magari un po' romanzesca ma che credo giusta, della cosa. Il romanzo è questo. Gli uomini di potere, e potrei forse fare addirittura dei nomi senza paura di sbagliarmi tanto – comunque alcuni degli uomini che ci governano da trent'anni – hanno prima gestito la strategia della tensione a carattere anticomunista, poi, passata la preoccupazione dell'eversione del '68 e del pericolo comunista immediato, le stesse, identiche persone hanno gestito la strategia della tensione antifascista. Le stragi quindi sono state compiute sempre dalle stesse persone. Prima hanno fatto la strage di Piazza Fontana accusando gli estremisti di sinistra, poi hanno fatto le stragi di Brescia e di Bologna accusando i fascisti e cercando di rifarsi in fretta e furia quella verginità antifascista di cui avevano bisogno, dopo la campagna del referendum e dopo il referendum, per continuare a gestire il potere come se nulla fosse accaduto.

In quanto agli episodi di intolleranza che lei ha richiamato, io non li definirei propriamente intolleranza. O almeno non si tratta dell'intolleranza tipica della società dei consumi. Si tratta in realtà di casi di terrorismo ideologico. Purtroppo le sinistre vivono, attualmente, in uno stato di terrorismo, che è nato nel '68 e che continua ancora oggi. Non direi che un professore che, ricattato da un certo gauchismo, non dà la laurea ad un giovane di destra, sia un intollerante. Dico che è un terrorizzato. O un terrorista. Però questo tipo di terrorismo ideologico ha una parentela solo formale col fascismo. Terrorista è l'uno, terrorista è l'altro, è vero. Ma sotto gli schemi di queste due forme a volte identiche, bisogna riconoscere realtà profondamente diverse. Altrimenti si va a parare inevitabilmente nella teoria degli «opposti estremismi», oppure nello «stalinismo uguale fascismo».

Ma ho chiamato questi episodi di terrorismo e non di intolleranza perché, secondo me, la vera intolleranza è quella della società dei consumi, della permissività concessa dall'alto, voluta dall'alto, che è la vera, la peggiore, la più subdola, la più fredda e spietata forma di intolleranza. Perché è intolleranza mascherata da tolleranza. Perché non è vera. Perché è revocabile ogni qualvolta il potere ne senta il bisogno. Perché è il vero fascismo da cui viene poi l'antifascismo di maniera: inutile, ipocrita, sostanzialmente gradito al regime.

(«L'Europeo», 26 dicembre 1974)

Colpo di testa del capro espiatorio

Insisto. Casalegno si comporta esattamente con l'incosciente aggressività di un malfattore o di una puttana. Spiego perché. Egli premette che le mie idee sono confuse. Poi mi attribuisce una serie di contraddizioni, appunto confusionarie, nate però nella sua testa. Per esempio: prima afferma che io «ho evitato... ragionamenti lombrosiani tra misure del cranio e attività politica», poi afferma che secondo me «i gerarchi democristiani non somigliano ai compagni del duce ma addirittura a quelli di Hitler». Dunque, se prima evito un'analisi fisionomica e poi adopero un confronto fisionomico, sono in contraddizione. La realtà è questa: per me è importante il linguaggio del corpo e del comportamento perché è un linguaggio che equivale a un altro: anzi, spesse volte, è molto più sincero. Quindi ho «letto» le facce del film di Naldini e le facce reali che oggi mi circondano come fossero discorsi: ne ho fatto un confronto che è risultato, per esempio, negativo per i dirigenti democristiani attuali, rispetto ai ridicoli e arcaici servi del duce. Non ho detto, però, che sono tali «dirigenti» ad avere un «soma» o un «sema» nazista. Questa è un'altra confusione del Casalegno. Ho detto che sono i giovani fascisti di oggi a essere in realtà nazisti.

Altro esempio: Casalegno mi attribuisce «una recentissima dottrina sulla perennità del fascismo». Concetto banale che poteva risfoderare soltanto lui, visto che tutti lo pensano, e l'hanno sempre pensato, che in Italia c'è una componente fascista «perenne». La mia «recentissima dottrina» dice invece *esattamente il contrario*: dice cioè che il fascismo è finito (e quindi l'antifascismo è vanificato) perché lo sostituisce qualcosa di peggio: il potere consumistico e la sua ideologia edonistica.

Infatti, Casalegno stesso mi fa poi dire che «quello era un fascismo arcaico, che ormai appartiene all'archeologia e non alla politica». Ci vuole una bella sfacciataggine ad attribuirmi insieme, questa affermazione e l'altra sulla perennità del fascismo.

La realtà è che Casalegno non può accettare la responsabilità della DC nell'avere introdotto in Italia lo «sviluppo» del capitalismo consumistico, il peggiore di tutti i fascismi, gettando a mare tutte le antiche strutture che non possono non essere care a un conformista come Casalegno: democrazia formale, Chiesa, famiglia, costume perbenistico, culturame eccetera.

Quanto all'affermazione di Casalegno su una mia «nostalgia di un passato anche tinto di nero», sia ben chiaro: se egli osa ripetere qualcosa di simile, prendo il treno, salgo a Torino e passo alle vie di fatto.

(«Panorama», 7 novembre 1974)

*Frammento**

In tutta la mia vita non ho mai esercitato un atto di violenza né fisica né morale. Non perché io sia fanaticamente per la nonviolenza. La quale, se è una forma di auto-costrizione ideologica, è anch'essa violenza. Non ho mai esercitato nella mia vita alcuna violenza né fisica né morale semplicemente perché mi sono affidato alla mia natura cioè alla mia cultura.

C'è una sola eccezione. E voglio ricordarla. Si tratta di una decina d'anni fa. Ero stato invitato a un dibattito alla «Casa dello studente» di Roma. Per strada – era verso sera – un gruppo di fascisti mi ha aggredito.[1] Mi hanno gettato addosso un barattolo di biacca, e hanno cominciato a menare le mani e a insultare. C'erano con me dei giovani compagni: ed è stata soprattutto la violenza usata contro di loro che mi ha esasperato. Abbiamo risposto con altrettanta violenza, ed essi hanno battuto in ritirata. Io ho cominciato a inseguire il più scalmanato. La nostra corsa è durata per più di un chilometro attraverso il quartiere di San Lorenzo. Quando stavo per raggiungerlo, egli è salito su un tram, dove, malgrado i calci che egli mi sferrava dal predellino, son riuscito a salire anch'io. Allora egli è tornato a fuggire ed è saltato dal tram in corsa dall'uscita anteriore. Cosa che ho fatto anch'io. È ripresa la corsa forsennata attraverso San Lorenzo, finché egli è scomparso dentro un garage, dove non l'ho più trovato, visto che si era dileguato, a quanto pare, per una porticina del retro. A quel punto pe-

* Inedito.

1 Allora non era un fenomeno quotidiano, e nemmeno frequente.

rò, probabilmente, anche se lo avessi acciuffato, non avrei fatto più niente. La rabbia cieca mi era ormai passata. Ed era stata la prima e l'unica volta nella mia vita che, a tale rabbia cieca, avevo ceduto. Ma l'indignazione suscitata in me da quel miserabile fascista di dieci anni fa non è nulla in confronto all'indignazione che ha suscitato in me in questi giorni, un articolo di un sedicente anti-fascista: cioè il vice-direttore della «Stampa», Casalegno.

In un suo articolo, scritto ricorrendo a tutti i peggiori luoghi comuni «giornalistici» che sarebbero stati vecchi anche per l'ironia di Dostoevskij nel 1869 – egli polemizza contro me, Moravia, Parise e Pannella per un nostro dibattito sul film *Fascista* di Nico Naldini (c'era alla tavola rotonda organizzata da «Panorama» anche Riccardo Lombardi: ma Lombardi è un politico, non è uno scrittore. Quindi Casalegno non lo tocca).

L'articolo di Casalegno è uscito sulla «Stampa» del 22 ottobre 1974. Quindi in questo momento è già vecchio. Se ci torno sopra è perché l'argomento non mi sembra esaurito.

L'attacco di Casalegno contro di me si basa su due punti:

A) Gli intellettuali sono dei «traditori» perché giocano «con le idee e i fatti per faziosità, snobismo, ricerca del successo, paura di lasciarsi distanziare dall'ultima moda».

B) Io avrei «nostalgia di un passato anche tinto di nero», e Almirante, a quella tavola rotonda, «non avrebbe saputo dir meglio di me».

Poiché il primo comma riguarda gli intellettuali in generale, mentre il secondo riguarda la mia persona, ed è quindi, almeno apparentemente, meno importante, comincerò da quest'ultimo, ma non vi dedicherò che poche righe.

Casalegno è giunto alle sue conclusioni estreme – che mi danno praticamente del parafascista – senza avere evidentemente letto nulla di quanto io ho scritto di «scandaloso» in proposito. È chiaro che egli si è attenuto alla semplificazione che dei vili e pericolosi imbecilli – tra cui, evidentemente, dei suoi amici – ne hanno fatto. Questa equivoca semplificazione – che ha, nei miei riguardi, non c'è dubbio, una matrice razzistica – aveva avuto all'inizio qualche diffusione: ma naturalmente, non poteva che restar soffocata sul nascere; e non poteva che stabilizzarsi negli ambienti e nelle teste peggiori.

Tutto ciò che io ho detto «scandalosamente» sul vecchio e nuovo fascismo è infatti quanto di più *realmente* antifascista si potesse dire. Questo ormai è divenuto chiaro a tutti. Ammettiamo tuttavia che qualcuno, per odio inveterato, per interesse politico o semplicemente per stupidità, continui a restare nell'equivoco. Ebbene mi chiedo se costui non dovrebbe pensarci due volte prima di gettare sulla mia persona il sospetto atroce di un sia pur stinto fascismo: se gettare oggi un simile sospetto su qualcuno significa coinvolgerlo non dico nell'atmosfera ridicola dei *golpes*, ma in quella delle bombe e delle stragi.

Soltanto un provocatore, una spia, un infame o un isterico può osare di gettare oggi il sospetto, anche il minimo sospetto, di «nostalgia per un passato tinto di nero» su qualcuno. Spero veramente, per lui, che Casalegno mi abbia additato al «linciaggio» per pura incoscienza; che non si sia reso conto di quello che ha fatto. Che in lui sia scattato solo il puro automatismo di un mestiere sia pur servile.

Riprenderò il discorso su questo secondo «punto» più avanti, per assumerlo a un livello più generale. E passo al primo.

Qui le osservazioni da fare sono due: a) Casalegno, per avere una così bassa opinione delle ragioni psicologiche che spingono gli intellettuali a interessarsi di problemi politici, non può conoscere le opere di quegli intellettuali; e non le può conoscere perché non le vuole conoscere; e non le vuole conoscere perché è un borghese che odia gli intellettuali. Basterebbe che egli leggesse – finalmente con un certo «amore» culturale – due pagine mie, o di Moravia, o di Parise – per avere almeno qualche esitazione sul proprio aprioristico disprezzo. b) (e di conseguenza): la «faziosità», lo «snobismo», la smaniosa «ricerca del successo» che Casalegno attribuisce a noi intellettuali, sono, tecnicamente, delle pure e semplici *illazioni*.

È facile screditare *in limine* e distruggere qualcuno attraverso delle *illazioni* (tanto più che l'uditorio è estremamente propenso, sempre, a trovarsi d'accordo a proposito del *culturame*). Su Casalegno io potrei per esempio ritorcere molto facilmente la «tecnica delle illazioni». Potrei molto logicamente cominciare col chiedermi: cosa ci sta a fare Casalegno alla «Stampa», il cui direttore è una persona rispettabile nel senso vero della parola, e a cui collaborano tanti miei amici, tra i più cari, da Soldati alla Ginzburg, da Siciliano a Pestelli? Cosa ci sta a fare Casalegno alla «Stampa» che, ormai da più di vent'anni, si è pronunciata sempre così favorevolmente sulle mie opere, che sono poi l'unica cosa che conta per stabilire le reali ragioni che spingono un autore ad intervenire anche fuori dal suo campo specifico? E a queste domande potrei rispondermi appunto con un'*illazione*: Casalegno sta lì alla «Stampa» a garantirne l'apertura a destra di fronte alla peggiore borghesia piemontese, e, praticamente, a fare il «guardiano» non dei finanziatori, ma dei «dipendenti dei finanziatori». Certamente questa *illazione* è ingiusta, come tutte le *illazioni*. Eppure non del tutto illogica, come non è illogico che in un intellettuale ci possa essere una certa dose di snobismo e di amore per il successo: sottoprodotti dell'ambizione, che però non hanno alcun potere di modificare quanto egli dice.

L'uomo d'ordine Casalegno (e qui giungo alle considerazioni generali) è stato travolto da due sindromi che sono quanto di peggio travolga oggi la borghesia italiana. La prima è l'odio per la cultura, che trascina a gridare ad ogni momento al «tradimento dei chierici»: cosa che fa, eternamente, dei rappresentanti del «culturame» degli «untori» additati al linciaggio. Infatti loro è la colpa delle spaventose condizioni economiche dell'Italia, loro è la colpa della minacciosa recessione in un mondo povero in cui i valori che risarcivano la povertà sono crollati, loro è la colpa della degradazione urbana e paesaggistica, loro è la colpa del mancato «sviluppo» trasformato in un disastro ecologico, loro è la colpa della politica clientelare e, al limite, della criminalità della DC. Eh sì, perché la colpa non è certamente degli uomini di potere, quelli che Casalegno con tanto zelo difende.

L'altra sindrome, infamante, cui Casalegno non è stato capace di opporre alcuna dignitosa difesa, è la mania che ha preso gli italiani di darsi continuamente dei fascisti tra di loro. Probabilmente questa è una grande verità. Ma, nella fattispecie, caso per caso, tale accusa è criminale. Come ho detto, essa stabilisce automaticamente delle corresponsabilità in atti criminali e addirittura in stragi.

Ecco le ragioni della mia indignazione verso Casalegno, che, per la seconda volta in vita mia, mi ha fatto balenare una qualche idea di violenza.

Naturalmente non c'è da meravigliarsi che il «Popolo» sia intervenuto in difesa di Casalegno contro un rappresentante del «culturame», dando a costui, altrettanto naturalmente, del fascista. Ma – a proposito di necessaria violenza, e proprio evangelica – i finanziatori e i collaboratori del «Popolo» stiano attenti: è precisamente nel Mercato del Tempio, che essi vendono le loro merci e le loro parole.

*Le cose divine**

Il problema filologico dell'*Imitazione di Cristo* consiste addirittura nel sapere chi ne sia l'autore e quando sia stata scritta. I «codici» sono duecentocinquanta. Su tutti hanno preminenza il codice della biblioteca reale di Bruxelles del 1441, e il codice di Arona, che ora è alla biblioteca di Torino. Su questi due «codici» si sono fondate le due più importanti edizioni dell'*Imitazione di Cristo*: l'una attribuisce l'opera a Tommaso da Kempis (circa 1380-1471), l'altra a Giovanni Gersen, abate di S. Stefano in Vercelli tra il 1220 e il 1245. J. Pohl è il curatore della prima di queste due edizioni, Mons. Puyol è il curatore della seconda. È uscita in questi mesi in Italia un'edizioncina economica che ha optato per il testo di Mons. Puyol. Perché, a quanto pare, è più accurato e corretto. E inoltre ha il merito di retrodatare al massimo la data di «uscita» del libro, e di conseguenza di nobilitarlo e renderlo più affascinante. Ciò probabilmente stava a cuore a Elémire Zolla che ne ha scritto una sufficiente prefazioncina (asserendo fra l'altro che il libro «ingiunge di non cercare chi l'abbia composto»: e ogni ricerca filologica è meritevole quindi di sufficienza o disprezzo). Io propenderei ad attribuire questo libro a un'epoca più tarda, e sarei decisamente col Pohl.

Non mi sembra, questa *Imitazione di Cristo*, un libro per specialisti, ossia per chierici. Non mi sembra che la sua fruizione fosse aristocraticamente conventuale (in quel clima di magico spiri-

* *Imitazione di Cristo*, Universale Rizzoli, 1974; Dom Giovanni Franzoni, *Omelie a San Paolo fuori le mura*, Mondadori Editore, 1974.

tualismo caro a Zolla). Mi sembra piuttosto che fosse un libro catechistico, *ad usum delphini*: terroristico, repressivo, lamentoso; addirittura, mi sembra, pre-controriformistico. È vero, la sua prosa è tutta fondata su regole intrasgredibili, di carattere profondamente medioevale: la sua *ars dictandi* sembra applicata con uno stampo, e i *cursus* sono talmente *cursus* da dare, appunto, vagamente nel comico. Ricordando certi ritmi «goliardici» piuttosto che «religiosi», essi, in qualche modo, denunciano la degenerazione e la codificazione linguistica di questi ultimi. I testi religiosi dell'Alto Medioevo sono sempre molto poetici, anche quando sono umili lagne per devoti totalmente passivi e infantili. Qui, nell'*Imitazione* si sente invece l'untuosità della propaganda ecclesiastica, il manierismo pedagogico, per cui l'applicazione di vecchie regole retoriche a un «parlato» molto «volgare», sfiora addirittura il «macaronico». E io, leggiucchiando questo latino, anziché essere preso da qualche incanto mistico e arcaico, non potevo non pensare insistentemente addirittura a Merlin Cocai. Comunque gli insegnamenti pedanti dell'*Imitazione*, che si rivolgono al «tu» dell'iniziato «classisticamente inferiore» (il figlio del contadino che si fa prete), hanno qualcosa di terribilmente pragmatico. Ricordano le regole mediche dei medici salernitani, per esempio. Perciò il pregare o il temere Dio appaiono sullo stesso livello, vagamente comico, del fare i pasti o del cacare. Mi sembra, in conclusione, che la mitica *Imitazione* in questione andrebbe, almeno, antologizzata (anche se il libro è dovuto alla mano di un solo autore, costui è un compilatore, e manipola, indifferentemente, un catechismo corrente al momento della stesura, e gli altri testi religiosi che vi presiedono).

Il linguaggio religioso è da secoli insopportabile, almeno in Italia. La Controriforma ha fissato fino ai giorni nostri tale insopportabilità. Fra l'altro si è aggiunto l'odioso sentimentalismo della sotto-cultura tradizionalistica ottocentesca e anche novecentesca. La lingua italiana liturgica parlata oggi in Chiesa è quasi ripugnante. Tale lunga tradizione linguistica – entrata profondamente nella cultura specifica della Chiesa – può giocare dei brutti scherzi anche ad uomini che sono sostanzialmente fuori da essa. Per esempio i *Giornali* di Giovanni XXIII sono assai brutti: non si sa come abbia fatto a scriverli un uomo come lui. Sentimentali, manierati, superficiali: sembrano testimoniare l'impossibilità per un uomo moderno occidentale di vivere una vera esperienza religiosa. Ma anche nella prosa, per esempio, di Don Milani si insinua una simile degenerazione linguistica. Non parliamo poi delle riviste della sinistra cattolica anche più avanzata: le quali a un laico, che, se riuscisse a leggerle, sarebbe d'accordo magari su tutto, riescono illeggibili (un po' del resto come le prime annate del «Manifesto»: lo stesso grigiore dell'ascetismo, tanto più grigio quanto più «rivoluzionario»: perché, quanto a grigiore ascetico e, ahimè, spiritualistico, anche gli scrittori religiosi della Riforma non scherzano).

Confesso che, coerentemente a quanto ho detto finora, ho provato un senso di, sia pur dispiaciuta, ripugnanza, anche davanti al volumetto (asceticamente e spiritualisticamente nudo e anonimo) delle *Omelie a San Paolo fuori le mura* di Dom Giovanni Franzoni, raccolte dalla Comunità. Ho aperto il libro e l'ho sfogliato: il mio sgomento è aumentato. Come? Anche Dom Franzoni usa questo linguaggio? «Omelie», intanto: ma è esecrabile. E poi tutta quella ridicola tiritera dei parroci sulle «Domeniche» ordinarie o no: «Terza Domenica di Avvento», «Quarta Domenica di Avvento»... «Epifania del Signore»... «Tutti i Santi»... «Maria SS. Madre di Dio»... Possibile? La secolare degenerazione che ha fatto del Vangelo un testo per infernali proliferazioni catechistiche, liturgiche, spiritualistiche, emanando norme che finiscono col sovrapporsi l'una sull'altra in un'involuzione nomenclatoria di carattere tra esoterico e masochistico, pieno di «tabù» e di «cerimoniali di approccio» molto simili ai cerimoniali nevrotici, con tutta un'abitudine gerarchica (Padre, Padrone, Protezione, Punizione) che tormenta classisticamente le masse povere, trasferita com'è diabolicamente al Cielo, ecc. ecc.: tutto questo è riuscito a contaminare anche il «ribelle» Dom Franzoni? Non era la prima cosa da cui doveva liberarsi, in nome di quella «cultura» laica, libera, moderna, minoritaria, che egli aveva scelto contraddicendo l'incancrenita sottocultura vaticana? E poi non doveva dissacrare prima di tutto quel suo San Paolo, il primo creatore del codice e della convenzione cristiana, fondandone in realtà il linguaggio (eclettico, esoterico, sincretistico) proprio nel momento in cui cominciava morbosamente a proclamare la preminenza assoluta del «Vangelo» di Cristo, riducendolo al parossismo dell'autorità?

Ma poi mi son fatto coraggio, e ho cominciato a leggere sul serio queste prediche, che, per una malintesa umiltà (l'uomo religioso alle volte può concedersi di essere oltraggioso, no?) Dom Franzoni ha voluto manieristicamente modellare sulle prediche dei buoni parroci (che non esistono).

Sono prediche straordinarie: cioè non sono prediche. Sono discorsetti improvvisati davanti alla comunità, che fanno il punto evidentemente su problemi che la comunità conosce e dibatte. I riferimenti sono, ancora, riferimenti specialistici: ma la specializzazione è stavolta perfettamente laica: perché la storia è un'illusione laica, ed è come tale che Cristo l'ha evidentemente accettata. Ed è una specializzazione che segue puntualmente l'evolversi degli incidenti storici: incidenti dovuti sempre, sistematicamente, alla violenza del potere. Accuse, imprigionamenti, persecuzioni, morti, stragi: un susseguirsi senza fine, su cui bisogna essere sempre presenti col proprio giudizio. Anche se ciò è inutile: perché solo in un atteggiamento critico di assoluta tensione può essere vissuta la speranza come energia vitale. Quella speranza che il potere si prefigge, sempre e in ogni caso, di sopprimere e distruggere, sostituendola con orribili surrogati che portano il suo nome. Non c'è predica di Dom Franzoni, che, prendendo convenzionalmente il pretesto o dal Vangelo o dalle Lettere di Paolo, non arrivi, implacabile, ad attaccare il potere nel suo ultimo immancabile delitto: in tutte le parti del mondo (è la prima volta che, così, la Chiesa si presenta in concreto come universale). Non c'è predica in cui Dom Franzoni non assuma un problema attuale, non per elevarlo o prenderlo ad esempio: ma per risolverlo, o almeno porsi il problema della sua soluzione.

Ora, tutto ciò, se detto o fatto da un laico, è quasi normale: sia pure nell'ambito di una élite culturale e politica. Detto e fatto da un prete, invece, è quasi commovente. Non mi è capitato poche volte leggendo queste prediche di dover dominare un'eccitata commozione. Ma non per il fatto esteriore che, cose normali per un laico, dette o fatte da un prete, assumano un particolare valore di testimonianza, cioè di «pericolosità o di rischio»: ma per un fatto interiore e quasi inesprimibile. Il parlare da parte di Giovanni Franzoni del processo agli indipendentisti baschi o del processo allo «psicanalista» Padre Grégoire Lemercier, della pillola o dei «blue jeans» Jesus («Jesus» come la nave che ha trasportato i primi schiavi africani in America), di handicappati o di carcerati, e insomma di tutta l'infinita serie di fatti e problemi simili (perché «l'amore è fatto di queste cose qui»), ha una sua originalità oggettiva, un senso che non è lo stesso se trasferito, anche letteralmente, in un altro contesto. Ora, un uomo come Dom Franzoni è stato sospeso dall'autorità vaticana «a divinis». Tanto meglio. Resta però da chiedersi se per caso in Vaticano non si sia completamente dimenticato in che consistano le «cose divine», e se i vescovi che al Sinodo si dichiarano progressisti non siano degli ipocriti, quando l'unico modo di essere progressista, per un prete, è evidentemente esserlo in modo estremistico (ossia cristiano) come Giovanni Franzoni.

(«Tempo», 22 novembre 1974)

Indice dei nomi, delle opere, dei periodici

Indice

Documenti e allegati

Finito di stampare nel mese di gennaio 2023
presso ELCOGRAF S.p.A. Stabilimento di Cles (TN)